华中师范大学"211工程"重点学科项目
教育部人文社科重点研究基地重大项目(2009JJD840004)

地方财政与治理能力

王敬尧 著

商务印书馆
2010年·北京

图书在版编目(CIP)数据

地方财政与治理能力/王敬尧著.—北京:商务印书馆,2010
ISBN 978-7-100-06916-8

Ⅰ.地… Ⅱ.王… Ⅲ.县-地方财政-财政管理-研究-中国 Ⅳ.F812.7

中国版本图书馆 CIP 数据核字(2009)第 240347 号

所有权利保留。
未经许可,不得以任何方式使用。

地方财政与治理能力
王敬尧 著

商 务 印 书 馆 出 版
(北京王府井大街36号 邮政编码 100710)
商 务 印 书 馆 发 行
北京瑞古冠中印刷厂印刷
ISBN 978-7-100-06916-8

2010年6月第1版　开本 880×1230 1/32
2010年6月北京第1次印刷　印张 11¾
定价:22.00 元

目　　录

第一章　导论 ··· 1
　第一节　问题提出 ··· 1
　第二节　研究现状 ··· 5
　　一、相关文献检索 ······································· 5
　　二、核心文献解读 ······································· 8
　第三节　分析框架 ··· 22
　第四节　研究方法 ··· 25
　　一、精英访谈 ··· 31
　　二、小组座谈 ··· 31
　　三、问卷调查 ··· 32
　　四、文本收集与处理 ····································· 33
　第五节　研究对象 ··· 33
　第六节　篇章结构 ··· 39
第二章　财政关系与制度变迁 ································· 44
　第一节　与上级财政关系变化 ······························· 45
　第二节　本级五项财政制度变革 ····························· 55
　　一、税款征收入库制度创新 ······························· 55
　　二、零户统管制度改革 ··································· 58
　　三、政府采购制度改革 ··································· 63

四、政府性收入统管改革 …………………………… 67
　　　五、国库集中支付制度创新 ………………………… 71
　第三节　县乡七轮财政体制变迁 ………………………… 74
　第四节　财政体制创新 …………………………………… 82
第三章　财政结构与财政能力 ……………………………… 88
　第一节　财政收入分析 …………………………………… 90
　第二节　财政支出分析 …………………………………… 100
　第三节　财政平衡分析 …………………………………… 117
　第四节　政府成本分析 …………………………………… 126
　　　一、政府成本概述 ………………………………… 126
　　　二、政府机构与编制 ……………………………… 131
　　　三、供养人员与官民比 …………………………… 140
　　　四、行政成本结构 ………………………………… 143
　　　五、政府提供公共服务的成本 …………………… 154
　第五节　财政能力评价 …………………………………… 161
第四章　民生财政与服务能力 ……………………………… 170
　第一节　概念指标 ………………………………………… 171
　第二节　民生财政支出 …………………………………… 174
　　　一、义务教育支出 ………………………………… 174
　　　二、农村文化支出 ………………………………… 188
　　　三、医疗卫生支出 ………………………………… 203
　　　四、社会保障支出 ………………………………… 216
　　　五、专项资金支出 ………………………………… 228
　第三节　民众服务需求 …………………………………… 239
　第四节　公共服务绩效 …………………………………… 247

第五节　服务能力评价······················255
第五章　财政风险与应急能力··················266
　　第一节　财政结构风险······················268
　　第二节　财政管理风险······················272
　　第三节　应急预案制度设置··················286
　　　　一、总体应急预案························286
　　　　二、森林火灾应急预案····················292
　　第四节　风险危机管理······················303
　　第五节　应急能力评价······················305
第六章　讨论与总结··························311
　　第一节　研究发现··························311
　　　　一、财政关系与制度变迁··················311
　　　　二、财政结构与财政能力··················314
　　　　三、民生财政与服务能力··················321
　　　　四、财政风险与应急能力··················326
　　第二节　互赖地方治理模型··················331
　　第三节　进一步研究的问题··················338
参考文献··································340
　　一、中文部分······························340
　　二、英文部分······························353
后记······································355

图 目

图 1-1　县级治理能力研究框架 …………………… 23
图 3-1　Y区GDP走势图 …………………………… 89
图 3-2　Y区第一、第二、第三产业比重 …………… 90
图 3-3　Y区全地域财政收入 ………………………… 91
图 3-4　Y区全地域财政收入占GDP比重 ………… 91
图 3-5　Y区一般预算收入中税收收入与非税收入比较 … 93
图 3-6　Y区财政一般预算收入非税收入主要构成 … 93
图 3-7　Y区过千万元税种税收收入 ………………… 95
图 3-8　Y区过千万元税种构成 ……………………… 95
图 3-9　Y区增值税收入 ……………………………… 96
图 3-10　Y区增值税收入构成 ……………………… 97
图 3-11　Y区企业所得税分行业收入 ……………… 97
图 3-12　Y区企业所得税分行业构成 ……………… 98
图 3-13　Y区财政预算外收入 ……………………… 100
图 3-14　Y区财政支出相关项目 …………………… 102
图 3-15　Y区财政支出相关项目所占比重 ………… 102
图 3-16　Y区财政收支预决算变动 ………………… 104
图 3-17　Y区财政收支部分项目预决算增减数额 … 104
图 3-18　Y区财政收支部分项目预决算增减幅度 … 105

2　地方财政与治理能力

图 3-19　Y 区部分项目收支及其所占比重 …………… 106
图 3-20　Y 区 2003 年财政收支决算分级情况 ………… 107
图 3-21　Y 区 2004 年财政收支决算分级情况 ………… 107
图 3-22　Y 区 2005 年财政收支决算分级情况 ………… 108
图 3-23　Y 区 2006 年财政收支决算分级情况 ………… 108
图 3-24　Y 区 2007 年财政收支决算分级情况 ………… 109
图 3-25　Y 区 2003 年财政部分收支项目决算分级情况 …… 110
图 3-26　Y 区 2004 年财政部分收支项目决算分级情况 …… 110
图 3-27　Y 区 2005 年财政部分收支项目决算分级情况 …… 111
图 3-28　Y 区 2006 年财政部分收支项目决算分级情况 …… 111
图 3-29　Y 区乡镇本级预算收支总况 ………………… 113
图 3-30　Y 区部分收支项目及其所占比重 …………… 113
图 3-31　Y 区 2005 年各乡镇财政一般预算收支 ……… 114
图 3-32　Y 区乡镇财政供养人口数 …………………… 116
图 3-33　Y 区财政收支 ………………………………… 117
图 3-34　Y 区 2005 年乡镇债务村级比例 ……………… 120
图 3-35　Y 区 2005 年乡镇村级债务余额 ……………… 121
图 3-36　Y 区村级财政收入来源 ……………………… 124
图 3-37　Y 区村级财政支出项目 ……………………… 125
图 3-38　Y 区 2005 年各乡镇债务情况及与各乡镇财政收支
　　　　差额比较 ……………………………………… 126
图 3-39　Y 区行政与事业部门机构数 ………………… 137
图 3-40　Y 区行政与事业部门年末人数 ……………… 138
图 3-41　Y 区行政与事业部门机构平均人数 ………… 139
图 3-42　Y 区行政与事业部门人均支出 ……………… 139

图 3-43	Y 区几项人均指标	141
图 3-44	Y 区财政供养人员与官民比	141
图 3-45	Y 区政府运行相关指标增长率	142
图 3-46	Y 区行政管理支出中财政拨款数与实际支出数	143
图 3-47	Y 区行政管理支出构成	144
图 3-48	Y 区行政管理支出获补助情况	145
图 3-49	Y 区政府成本中会议费与招待费支出比重	147
图 3-50	Y 区政府财政教育支出与相关指标增长率	155
图 3-51	Y 区政府财政医疗卫生支出与相关指标增长率	156
图 3-52	Y 区政府财政社会保障支出与相关指标增长率	156
图 3-53	Y 区政府自身运行与公共服务支出	158
图 3-54	Y 区政府自身运行与公共服务支出构成比例	158
图 3-55	Y 区政府自身运行的成本构成	159
图 3-56	Y 区政府提供公共服务的成本构成	159
图 3-57	Y 区政府自身运行的成本构成比例	160
图 3-58	Y 区政府提供公共服务的成本构成比例	161
图 4-1	Y 区教育财政拨款与实际支出	179
图 4-2	Y 区教育实际支出分项变化	181
图 4-3	Y 区教育实际支出分项结构	181
图 4-4	Y 区财政支出相关项目	191
图 4-5	Y 区财政支出相关项目比重	192
图 4-6	Y 区公共文化财政拨款与实际支出	193
图 4-7	Y 区公共文化实际支出分项变化	195
图 4-8	Y 区公共文化实际支出分项结构	195
图 4-9	Y 区医疗卫生和一般预算支出	207

图 4-10　Y区医疗卫生财政拨款与实际支出 …………… 208
图 4-11　Y区医疗卫生事业实际支出分项变化 ………… 210
图 4-12　Y区医疗卫生事业实际支出分项结构 ………… 210
图 4-13　Y区社会保障和一般预算支出的变化 ………… 220
图 4-14　Y区社会保障财政拨款与实际支出 …………… 221
图 4-15　Y区社会保障实际支出分项变化 ……………… 223
图 4-16　Y区医疗卫生事业实际支出分项结构 ………… 223
图 4-17　Y区涉农专项资金分项投入 …………………… 237
图 4-18　Y区涉农专项资金分项投入比例 ……………… 238
图 4-19　Y区五项主要公共服务财政支出 ……………… 252
图 4-20　Y区五项主要公共服务财政支出占GDP的比重… 252
图 5-1　一般预算收支决算比较 ………………………… 268
图 5-2　财政支出与支农支出 …………………………… 270
图 6-1　互赖地方治理模型 ……………………………… 332

表 目

表 1-1　CNKI 篇名主题词检索 ················ 6
表 1-2　CNKI 关键词相关性检索 ··············· 7
表 1-3　政府治理模式的演进 ················· 14
表 1-4　Y 区人口结构与变化 ················· 35
表 1-5　Y 区各乡镇结构 ···················· 35
表 1-6　Y 区财政经济发展的进程 ·············· 36
表 1-7　Y 区农业发展情况 ··················· 37
表 1-8　Y 区规模工业企业发展情况 ············· 38
表 1-9　Y 区乡镇企业发展情况 ················ 38
表 1-10　Y 区居民收入变化情况 ··············· 39
表 2-1　中央与地方分税制收入划分 ············· 47
表 2-2　中央与地方分税制财政支出范围 ·········· 48
表 2-3　Y 区财政收支体制上交 ··············· 49
表 2-4　中央和地方财政收入及比重 ············· 49
表 2-5　改革开放以来中央与地方财政自给能力 ····· 50
表 2-6　分税制以来地方财力及中央补助 ·········· 53
表 2-7　改革开放以来国家财政农业支出 ·········· 54
表 2-8　国家财政 1980 年以来民生性支出 ········· 55
表 2-9　Y 区政府采购效果及分布 ·············· 67

2 地方财政与治理能力

表 2-10	Y区乡镇财政体制改革	77
表 2-11	Y区财政体制创新	83
表 2-12	财政制度对县乡财政关系的影响	86
表 3-1	Y区2005年本级政府性债务	118
表 3-2	Y区乡镇债务审计认定	119
表 3-3	Y区主要部门	131
表 3-4	Y区机构编制结构	133
表 3-5	Y区所辖乡镇政府机构与编制	135
表 3-6	Y区事业单位机构与编制	135
表 3-7	Y区政府自身运行相关情况	140
表 3-8	Y区预算外行政支出	146
表 3-9	Y区政府成本中会议费与招待费支出	147
表 3-10	财政预算收支决算表	150
表 3-11	Y区招商引资支出与全年全社会固定资产投资比较	151
表 3-12	Y区偿债、消化财政赤字等支出	152
表 3-13	教育支出与相关指标	154
表 3-14	医疗卫生支出与相关指标	155
表 3-15	社会保障支出与相关指标	157
表 3-16	自变量与因变量原始数据	164
表 3-17	变量输入/剔除	164
表 3-18	模型1回归结果汇总	165
表 3-19	方差分析	165
表 3-20	相关系数表	165
表 4-1	Y区义务教育基本情况统计	177

表4-2	Y区教育财政拨款基本情况	179
表4-3	全国和Y区人均教育经费	183
表4-4	全国和Y区人均教育经费占人均财政支出比例	183
表4-5	Y区文化场馆支出	189
表4-6	全国和Y区人均文化支出	196
表4-7	全国和Y区人均文化支出占人均财政支出比例	196
表4-8	乡镇文化干部对于文化服务方式的建议	201
表4-9	农民认为农村文化活动偏少的原因	201
表4-10	农民群众与乡镇文化站之间的联系	203
表4-11	Y区医疗卫生事业发展状况	205
表4-12	Y区医疗卫生财政支出基本情况	207
表4-13	全国和Y区人均医疗卫生支出	212
表4-14	全国和Y区人均医疗卫生支出占人均财政支出比例	213
表4-15	新型农村合作医疗资金构成	216
表4-16	Y区社会保障基本情况	217
表4-17	Y区社会保障财政支出基本情况	219
表4-18	全国和Y区人均社会保障支出	225
表4-19	全国和Y区人均社会保障支出占人均财政支出比例	226
表4-20	2006年Y区财政专项资金统计表	232
表4-21	2007年Y区财政专项资金统计表	234
表4-22	Y区支农支出	244
表4-23	公共服务绩效评估指标构成	249
表4-24	Y区公共服务绩效评估指标	251

表 4-25	变量输入/剔除	258
表 4-26	模型 1 回归结果汇总	258
表 4-27	方差分析	259
表 4-28	相关系数表	259
表 5-1	Y 区一般预算收支决算比较	269
表 5-2	Y 区本级财政一般预算收入决算	269
表 5-3	Y 区支农支出	270
表 5-4	Y 区一般预算部分支出项目比较	271
表 5-5	财政支农预算与实际执行情况	272

第一章 导论

第一节 问题提出

郡县治,天下安。郡县是中国历史上最稳定和最重要的地方政府,两千多年来,行政建制延续至今,其名称和范围并无多大变化。古有"皇权不下县"之说,这表明县在历史上是国家与民间社会的分界线,是沟通国家与社会的关键层级。即便是现在,县制也是中国行政体制的基层枢纽,所有涉及基层民众的公共政策最终都通过县级政府来执行。为了落实这些政策,县级政府设置了与其上级政府甚至中央政府机构对应的县级机构。可以说,县级政府既是公众的政府,又是缩小的"中央"。[①] 按照《国际社会科学百科全书》的解释,地方政府一般可以认为是公众的政府,它有权管理一个较小地区的公众政治,它是地区政府或中央政府的分支机构。地方政府在政府体系中是最低一级,中央政府为最高一级,中间部分就是中间政府(如州、地区、省政府)。这里的"地方政府"显然指距离公众最近的县级政府。一些学者称县级政府为

[①] 参见刘汉屏:《地方政府财政能力问题研究》,北京:中国财政经济出版社2002年版,第2页。

2　地方财政与治理能力

"地方国家",①认同其为国家治理中的重要环节,承认县级政府在中国政治稳定、经济繁荣以及社会管理方面发挥着无可替代的作用。近代以来,县在整个政治体系中的地位得到各方面的重视,被视为现代政治的基础。在国家建构的框架中,县是最全面的微观单位。这说明县制存在和发展的基础是县治。

在整个中国地方治理的体系中,省级政府的作用更多的是体系内的上下级互动,执行中央国家政策。当然省级政府也有自己的利益偏好与行动,这些利益偏好充分体现在对辖区内各市县的领导工作中。地级市政府越来越多地关注政府所在城区的建设和发展,很难满足所辖县区的公共需求,而且还设置相关制度从县区汲取资源。乡镇政府尽管与民众直接接触,但乡镇政府并不具有实质上的独立性。乡镇在其产生与变革的历史进程中体现出"不确定性":其内部结构因时因政策而变,乡镇政府本身也处于变化之中,事实上成为县级政府的政策执行机构,比如司法、征税、教育、公共服务等诸多方面。针对地方治理中的相关问题,乡镇政府由于资源有限,主要是向上级政府汇报,扮演协助、协调的角色,最终能"拍板"、"兜底"的是县级政府。相比之下,只有县级政府既离民众较近,又具有相应的独立性,具有独特的地位。学术界批评的县级政府"政企不分"、"政事不分"、"未能有效供给公共产品"等,是基于对县治改革的期待,而不是要削弱。事实上,县级政府直接关系到党和国家的方针政策在广大农村的落实效果,也是民意表达的最前沿,事关社会的稳定与发展。因此,研究县级治理具有重

---

①　杨雪冬:《市场发育、社会成长和公共权力构建——以县为微观分析单位》,郑州:河南人民出版社2002年版,第3页。

要的价值。

财政乃庶政之基。如果说县治是县制的基础,那么县级财政就是县治的基础。县级财政是县级政府运行和发展的基础,它既是县治产生绩效的命脉,也是地方财政运行的"晴雨表",因为县级财政是具有财政运行能力的最低政府级次,处于财政收入的最初端和财政支出的最末端,所有收支矛盾、体制矛盾、条块矛盾和经济运行问题都在县级财政有集中反映。[①] 当前,县级财政运行的艰难处境在很大程度上说明地方财政运行的诸多矛盾已经到了激化和可能引发综合征的关键时期,如果不尽快调整,财政运行困境就会转化为财政风险、社会风险甚至政治风险。此乃县治的财政逻辑。这提示我们,县级财政是影响县级治理的核心变量,研究县级治理无法越过县级财政这一环节。县级改革是以财政改革为突破口,财政制度的变革会引起政府间财政资源和各政府层级财政结构的变化,进而引起政府财政能力的变化,这表明财政压力引发制度变迁。事实上,古往今来的若干重大社会变革,其根本原因都与财政压力有关,就是熊彼特说的,社会转折总是包含着原有财政政策的危机,[②] 这在当下的县级改革中体现得比较明显。因此,研究县级财政能更好地理解县级治理面临的挑战和机遇。

民生乃和谐之本。民生问题关系到老百姓的基本生活和切身利益,事关社会的公平、正义、和谐,是构建和谐社会的核心和基

---

① 参见贾康:《地方财政问题研究》,北京:经济科学出版社2004年版,第28页。

② 参见暴景升:《当代中国县政改革研究》,天津:天津人民出版社2007年版,第18页。

础。党的十七大报告指出,必须着力保障和改善民生,努力使全体人民学有所教、劳有所得、病有所医、老有所养、住有所居,推动建设和谐社会。县级治理的基本状况是城乡、区域、经济社会发展仍然不平衡;农业稳定发展和农民持续增收难度加大;劳动就业、社会保障、收入分配、教育卫生、居民住房、安全生产、司法和社会治安等方面关系群众切身利益的问题仍然较多,城乡贫困人口和低收入人口还有相当数量,统筹兼顾各方面利益难度加大。民意表现为就业难、看病难、上学难、饮水难、行路难、住房难、养老难、增收难、维权难等等,这些都或直接或间接地与地方财政的供给逻辑有关。因此,中央要求围绕推进基本公共服务均等化建设,加快形成统一、规范、透明的财政转移支付制度,提高一般性转移支付规模和比例,加大公共服务领域投入,增强基层政府提供公共服务的能力。这表明,研究县级财政的民生支出具有评价县级治理的公共服务能力的政策价值。

县级政府一方面自主性地实施公共政策,为辖区民众提供公共服务,同时也嵌套于所在社会环境之中,政府的行为无法离开相应的社会经济环境。自主性和嵌套性这两方面同时决定政府的特点和公共政策的执行绩效。生活在这一环境中的民众与民间力量的参与和配合,对于政府公共政策的制定与执行绩效具有直接影响。社会是一个复杂的系统,随着社会的转型,民众的需求也发生了很大变化,县级政府不可避免地面临治理危机的考验,并在处理危机中发展。因此,考察县级政府的应急反应机制,是评价一个地方政府治理绩效的重要方面。

基于提供公共服务是政府职责的认识,基于民众公共服务需求的现实状况,我们要问:为何财政供给数量不断增加,而民众的需求缺口也不断增大？县府的银两到底要多少才能既使政府的积极性提高，又使民众需求满足达到最佳状态？县级政府运行成本与公共服务绩效之间具有什么关系？提供公共服务的财政资金从何而来？使用的效果又如何？如何使用是有效的？并且依据什么来判定公共服务供给能力的强弱及其质量好坏？这些都是尚待解决的问题，也正是本书研究的切入点和主要目标。

第二节 研究现状

一、相关文献检索

《中国期刊全文数据库》(CNKI)是国内重要的信息数据检索平台之一，根据相关性，选择"农业"、"文史哲"、"政治军事与法律"、"教育与社会科学综合"、"经济与管理"等几个类别对1999年至2008年间的全部期刊进行查询。按照本研究可能涉及的关键词对篇名和主题词进行查询（见表1-1）。

检索发现，宏观理论研究的居多，伴随着研究范围缩小以及研究对象的具体化，文献数量急剧减少。这说明宏观背景的研究已经具有一定的基础，但进行政策或理论的检验的精细化研究还不够，还有很大的拓展空间。从这一现象也可以推测，研究方法还需要进一步更新。一般意义上讲，一种理论的提出逻辑应该是在对若干案例的描述、分析基础上提炼出相关概念，进而通过更广范围的检验来修改完善，最后才可能形成具有普适性的理论。

为了对地方政府财政状况与其治理能力的相关研究有更清楚的认识，本研究对1999年至2008年间发表在中文核心期刊上的相关论文进行了检索。检索词由体现研究对象的第一组词语（包

表 1-1 CNKI 篇名主题词检索

	篇名主题词	涉及文献数量(篇)		篇名主题词	涉及文献数量(篇)
财政方面	财政	27 130 191	公共服务方面	公共服务	2 396
	地方财政	871 319		地方公共服务	9
	县乡财政	447 132		地方政府公共服务	41
	县级财政	274		乡镇公共服务	9
	县级财政行为	0		乡村公共服务	0
	县级财政结构	0		公共服务能力	65
	县级财政收支	7		公共服务均等化	196
	县级财政支农	14		基本公共服务均等化	127
	县级财政困境	24		县级政府公共服务	3
	乡级财政体制	3		县乡政府公共服务	0
	国外地方财政	3		国外地方政府公共服务	0
治理方面	治理	37 231	政府方面	政府	98 331
	政府治理	412		地方政府	3 939
	地方治理	74		县乡政府	51
	地方政府治理	48		县级政府	293
	县乡治理	0		县级政府管理	22
	县政府治理	0		县级政府改革	3
	乡镇治理	16		县乡关系	1
	乡村治理	292			
	村级治理	54			
	国外地方治理	1		国外地方政府	6
绩效评估方面	绩效评估	1 594	政府能力方面	政府能力	215
	政府绩效评估	493		地方政府能力	23
	地方政府绩效评估	98			
	县级政府绩效评估	3		县级政府能力	8
	财政绩效	34			
	地方财政绩效	0			
	县级财政绩效	0		国外地方政府能力	0
	国外财政绩效	0			

注：查询范围是 CNKI 五个目录的全部期刊；查询日期是 2008 年 9 月 16 日。

括"地方政府"、"县级政府"、"地方财政"、"县级财政"等)和体现政府治理能力第二组词语(包括"地方治理"、"政府能力"、"公共服务"、"公共政策"、"危机管理"、"社会稳定"等)中任意两个组合而成,两组词之间的检索逻辑关系为"+"。检索项为篇名、关键词和摘要,各检索项之间的关系为"-"。例如,以"地方政府"和"地方治理"为检索词组合,分别在篇名、关键词和摘要中进行检索,可以找出在篇名、关键词或摘要中同时包含这两个词语的所有文献为22篇(见表1-2)。

表1-2 CNKI关键词相关性检索

检索词组合	涉及文献数量(篇)	检索词组合	涉及文献数量(篇)
地方政府、地方财政	473	县级政府、地方财政	22
地方政府、县级财政	22	县级政府、县级财政	19
地方政府、地方治理	28	县级政府、地方治理	0
地方政府、政府能力	36	县级政府、政府能力	7
地方政府、公共服务	394	县级政府、公共服务	15
地方政府、公共政策	106	县级政府、公共政策	1
地方政府、危机管理	29	县级政府、危机管理	0
地方政府、社会稳定	58	县级政府、社会稳定	3
地方财政、地方治理	0	县级财政、地方治理	0
地方财政、政府能力	0	县级财政、政府能力	0
地方财政、公共服务	36	县级财政、公共服务	2
地方财政、公共政策	4	县级财政、公共政策	0
地方财政、危机管理	0	县级财政、危机管理	0
地方财政、社会稳定	20	县级财政、社会稳定	3

注:查询范围是CNKI收录的核心期刊,查询时间是2008年9月16日。

尽管不排除有少量文献中因同时出现两个以上的检索词而出现重复计数的情况,但总体上看,表中左栏数值明显高于右栏数值。这表明,笼统讨论地方政府或地方财政的文献相对较多,而专注于县一级地方政府和县级财政的文献则相对较少。以"公共服务"和"公共政策"为例,笼统地对地方政府公共服务和公共政策进行讨论的文献分别为394篇和106篇,而在县级层面对公共服务和公共政策进行探讨的文献则分别仅为15篇和1篇。在治理能力的其他各个方面也存在相同的趋势。

此外,表1-2上部的数值也明显高于表格下部对应项目的数值,而且数值差距明显。这表明,尽管从地方治理、政府能力、公共服务、公共政策、危机管理、社会稳定等多个角度对地方政府治理能力问题进行探讨的研究至少在数量上已经有了一定的积累,但是将地方政府财政尤其是县级政府财政与上述问题结合起来探讨的文献还相当少。这为本研究留下了极大的空间。

二、核心文献解读

相关文献检索结果提供了研究领域的大致背景,由于是基于期刊论文的考察,难免有许多遗漏,特别是关于专著和国外研究成果的考察涉及较少。本书根据研究主题和研究内容选取地方治理、县级政府、地方财政、公共服务等几方面来进一步考察学术界对这些问题的研究成果。

(一)地方治理

治理作为一个过程,代表政治系统的驾驭能力。[1] 但治理与

---

[1] A. Gamble, "Economic Governance," in J. Pierre (ed.), *Debating Governance*, p.110. Oxford: Oxford University Press, 2000.

政府统治之间有重大区别。俞可平将治理定义为一系列活动领域里的管理机制，它们虽未得到正式授权，却能有效发挥作用。与统治不同，治理指的是一种由共同的目标支持的活动，这些管理活动的主体未必是政府，也无须依靠国家的强制力量来实现。[①]史茂思提出了治理的四项特质，这四项特质是：(1)它不是政治系统，也不是活动，而是一种过程；(2)强调相互调适(accommodation)关系，而非宰制(domination)；(3)同时包括公私部门；(4)强调持续的互动。[②]斯托克亦提出治理的五项命题，[③]这五项命题是：(1)治理包括政府与非政府部门的行动者；(2)在处理社会及经济议题时，对责任与边界的界定并不是非常清楚；(3)在集体行动中，行动者彼此间存有权力互赖的关系；(4)治理系一个行动者拥有自主性且自我管理的网络；(5)治理强调政府运用新的政策工具或技术来指导或驾驭以成就目标，而非一味依赖权威或命令。罗茨列举了六种定义。这六种定义是：(1)作为最小国家的管理活动的治理，它指的是国家削减公共开支，以最小的成本取得最大的效益。(2)作为公司管理的治理，它指的是指导、控制和监督企业运行的组织体制。(3)作为新公共管理的治理，它指的是将市场的激励机制和私人部门的管理手段引入政府的公共服务。(4)作为善治的治理，它指的是强调效率、法治、责任的公共服务体系。(5)作为社

[①] 参见俞可平主编：《治理与善治》，北京：社会科学文献出版社2000年版，第2页。

[②] M. S. Smouts, "The Proper Use of Governance in International Relations," *International Social Science Journal*, p. 84. 1998.

[③] G. Stoker, "Governance as Theory: Five Propositions," *International Social Science Journal*, pp. 19-26. 1998.

会—控制体系的治理,它指的是政府与民间、公共部门与私人部门之间的合作与互动。(6)作为自组织网络的治理,它指的是建立在信任与互利基础上的社会协调网络。① 斯托克认为治理是一制度安排,不仅有助于解决日趋复杂的社会问题,更可透过公私部门行动者的密切互动,创造一个有利于治理活动的社会制度环境。② 国内研究当以俞可平、杨雪冬等人提出的"治理理论"、"善治理论"和"多层治理结构"为代表。俞可平认为:"善治就是使公共利益最大化的社会管理过程。善治的本质特征就在于它是政府与公民对公共生活的合作管理,是政治国家与公民社会的一种新颖关系,是两者的最佳状态。"他还提出:善治必须具备合法性(legitimacy)、透明性(transparency)、责任性(accountability)、法治(rule of law)、回应(responsiveness)和有效(effectiveness)。③ 虽然学者无法提供一个全观性的定义,但我们不难发现,治理所隐含的基本内涵有:政府内涵的改变;统治的新过程;既有的管理规则面对一个变迁的情境;统治社会的新方法。④

地方治理就是在治理理论的指导下地方政府如何通过改革提高能力以适应不确定因素的挑战,如何促进公民参与,如何促进多

---

① 参见罗茨:"新的治理",《政治学研究》1996年第154期。转引自俞可平主编:《治理与善治》,北京:社会科学文献出版社2000年版,第2页。

② R. P. Stoker, *Reluctant Partner: Implementing Federal Policy*. Pittsburgh, PA: University of Pittsburgh Press. pp. 138-139, 2000.

③ 参见俞可平主编:《治理与善治》,北京:社会科学文献出版社2000年版,第9页。

④ R. A. W. Rhodes, "The New Governance: Governing without Government," *Political Studies*, pp. 652-653, 1996.

中心网络的建立、发展,如何在多中心合作中起到核心作用,结合市场和民间社会的力量来提供公共服务。① 孙柏瑛倡导"不同层级政府之间、地方政府与私企之间、政府组织与公民社会之间广泛的合作与伙伴关系"②,并认为当代地方治理指的是,在一定的贴近公民生活的多层次复合的地理空间内,依托于政府组织、民营组织、社会组织和民间的公民组织等各种组织的网络体系,共同完成和实现公共服务与社会事务管理的过程,以达成以公民发展为中心的、面向公民需要服务的、积极回应环境变化的、使地方富有发展活力的新型社会管理体系。③ 何增科等人认为,地方治理改革是地方党委和政府为了回应和满足公民对党与政府所提出的要求(包括政治参与的要求)而进行的政府改革与创新。公共服务提供方式的创新也可以从提供优质、高效的公共服务和维护社会公正方面直接增强政治合法性。④ 这是因为改革开放以来,中国社会利益分化和利益多样化趋势日益明显,人们日益成为利益主体和权利主体,相应地其利益意识和权利意识逐步苏醒。为了维护和增进自身的利益与权利,许多人通过各种方式向各级党委和政府

---

① 参见娄成武、张建伟:"从地方政府到地方治理——地方治理之内涵与模式研究",《中国行政管理》2007年第7期,第100页。

② 孙柏瑛:"当代发达国家地方治理的兴起",《中国行政管理》2003年第4期,第47页。

③ 参见孙柏瑛:"全球化时代的地方治理——构建公民参与和自主管理的制度平台",《教学与研究》2003年第11期,第27页。其详尽论述参见孙柏瑛:《当代地方治理》,北京:中国人民大学出版社2004年版。该书已成为很多地方治理论坛的讨论书目之一。

④ 参见何增科、王海、舒耕德:"中国地方治理改革、政治参与和政治合法性初探",《经济社会体制比较》2007年第4期,第69页。

反映自身的利益与要求并努力影响政策制定过程,党和政府对这些要求与期望以何种方式作出回应和在多大程度上满足其要求,在很大程度上影响到人们对党和政府的政治支持。他们还指出:地方治理改革的大量事实证明,政治参与是政治抗争的替代品,公民政治参与的制度化将成为化解干群矛盾、增强互信、减少群体性事件等体制外政治抗争行为最有效的手段。杨雪冬提出分析地方治理改革中技术创新的基本框架,他认为来自社会的要求和压力正在成为一种越来越强大的力量,迫使地方政府改革自己,这需要政府之间以及政府与社会之间形成有效的支持性互动,建立良好的制度才是地方治理改革的根本目的。[①]

治理能力是判断地方政府治理绩效的重要指标。从方法或技术上讲,判断政府的能力有多种路径,可以针对面板资料展开历史性分析,可以现场观察政府行为进行现场估计,还可以通过逻辑推理进行应然性期待。既可以正面褒奖政府能力强大,也可以从负面论证政府能力的不足;既可以定性地进行价值评判,也可以量化地开展绩效评估。但无论如何,从实证角度看:第一,必须要有行为主体——政府;第二,还要有行为客体——民间社会;第三,要有主体的行动——作为或不作为;第四,要通过相关的事件或行动来考察。

关于治理能力的构件,有几种代表性意见:一是从资源获取和能力运用角度分为政府集体行动的能力与政府获取资源的能力,包括社会汲取能力、合法性能力、政治强制能力、社会干预能力、改

---

① 参见杨雪冬:"技术创新与地方治理改革:对三个案例的分析",《公共管理评论》2004年第1期,第63页。

革适应能力等。① 二是按照能力的性质分为权利能力、政策能力、权威能力、组织能力。② 三是分为汲取财政能力、宏观调控能力、合法化能力、强制能力。③ 四是从国家与社会关系角度分为深入能力、汲取能力、商议能力。④

从上述研究可以获得如下启示:第一,治理理论发展的过程也是治理实践推进的过程,从传统的公共行政到新公共管理,再到新公共服务,无疑表明治理模式的转变与演进(见表1-3)。第二,在治理模式转换的过程中,政府越来越重视民间社会的作用,并通过执政方式的变革来寻求民间社会的参与和支持,但对直接面对地方民众的县级政府的治理研究还缺乏一种全景解释。第三,将国家能力与政府能力同等使用,没有对不同层级政府的能力进行区分。第四,着重于宏观层面的分析,理论探讨比较丰富,实证研究相对缺乏。第五,治理理论在对实践的指导过程中,也有不断改进、完善的过程。面对我国的现实情况,宏观地方治理理论与特定地区、特定层级的地方政府实践结合的状态还需进一步研究。

---

① 参见胡宁生、张成福等:《中国政府形象战略》,北京:中共中央党校出版社1998年版,第240页。

② 参见辛向阳:《新政府论》,北京:中国工人出版社1994年版,第198页。

③ 参见王绍光、胡鞍钢:《中国国家能力报告》,沈阳:辽宁人民出版社1993年版,第222页。

④ 参见陈恒钧:"国家机关能力对政策执行效果之影响",《公共行政学报》2003年第8期,第81页。

表 1-3 政府治理模式的演进

相关项目	公共行政	新公共管理	新公共服务
理论与认识论基础	政治理论,朴素社会科学所提出的社会与政治评论	经济理论,基于实证社会科学更为复杂的对话	民主理论,包括实证、解释及批判及后现代知识途径
理性与人类行为	有限理性"行政人"	技术与经济理性"经济人"或自利决策者	策略或形式理性,多元理性检验
公共利益观点	政治性决策并由法律表现	代表个人利益的整合	对于共同价值对话的结果
公务人员向谁负责	委托者与选民	顾客	公民
政府角色	划桨者:单一政治界定目标的政策设计与执行	导航者:扮演市场力量的催化剂	服务者:协调公民与社群团体利益谈判,制造共同价值
政策目标达成机制	按政府各机关既有方案行政	创造机制与诱因,通过民营与非营利机构达到目标	建立公共、非营利及私人单位联盟,以满足相互的需求
问责途径	科层制:行政人员向政治领袖负责	市场导向:自利的汇集将形成广泛人民团体所希望的结果	多面向:公共服务人员必须关注法律、社群价值、政治规范、专业标准与公共利益
行政裁量	允许行政官员有限裁量权	因企业精神有宽泛裁量权	有限但强调问责的裁量权
组织结构假定	机关内自上而下的权威,并对服务对象控制或管制	分权化公共组织,对机关单位保留最小控制	合作性机构,对机构内外采取共同领导权
公共服务人员激励基础假定	薪资与福利,文官服务的保障	企业家精神,要求政府精简的意识形态	公共服务,对社会有所贡献

资料来源:R. B. Denhardt & J. V. Denhardt, *The New Public Service*. Arwork, New York:M. E. Sharpe, Inc. pp. 28-29,2003。

(二)县级政府

20世纪二三十年代是中国学术研究的重要时期,对地方治理和民间社会的研究在学术史上占有一席之地。史文忠是较早涉猎县级政府治理研究的学者之一,他的研究包括县制历史、地方自治制度演进、县政改造(县政组织、县财政、土地行政、县教育、县建设行政、县警察行政、救济农民行政、县司法行政)等,①是基于县级层面的全观性考察,为个案解剖提供了空间。但新中国成立以来,人们更关注宏观层面的政治意识形态问题,地方治理研究出现断裂。20世纪80年代改革开放以来,学术研究随着学科恢复逐渐兴起,遵循中国改革与发展的逻辑,农村社会成为学术研究的重要领域,但主要集中在农村社区。直到近年学术界才开始考察基层政府治理问题。从仅有的少量文献来看,县级政府研究成果还是最近几年出现的,特别是基于县级政府的个案分析。

杨雪冬以河北涞源县为个案,集中探讨地方国家主动性和自主性增强、国家运行的基本机制、经济结构与财政的关系、政绩和政治责任制、市场经济条件下的精英生产、权威个体行为、政治话语的变化等问题,提出地方国家概念,分析国家、社会与市场的互动关系对国家建构的影响,并从理论上概括公共权力建设如何促进构架建构。② 王圣诵从历史的角度考察了一个县级政府权力的结构变迁,从决策权和管理权两方面分析县乡政府权力的运作特点,提出乡镇地方自治框架,并提出县级政府管理模式创新的政策

---

① 参见史文忠:《中国县政改造》,县市行政讲习所1937年版。
② 参见杨雪冬:《市场发育、社会成长和公共权力构建——以县为微观分析单位》,郑州:河南人民出版社2002年版。

建议。① 周庆智从政治社会学角度研究了一个县的行政结构及其运行。他将县级政府作为本身具有利益偏好的行动者，通过实证研究质疑流行观点，即基层政权与国家权力的关系不是单向的"授权—执行"的关系，进而提出县政质量低效的根源在于：行政权力的性质与县级制度性规则的缺陷。② 胡伟认为现有研究成果关于政府行为的研究大多集中在乡镇一级而较少关注县级政府行为研究，他选取一个县为个案，并以1984年县级机构改革、1994年分税制改革、2002年国企改制为拐点，描述县级政府的行为模式，历史性地将县级政府行为分为：主导型政府行为、推动型政府行为和服务性政府行为。并从嵌入性、意识形态、路径依赖等方面来界定县级政府的行为特征。③ 这些研究以比较丰富的第一手资料为基础，从制度分析的角度考察县级政府运作，对本书的研究颇有启迪。但美中不足的是：较少涉及财政这一核心问题，同时基于政府部门职责文本的分析让人怀疑与实际运作的差距。王敏从财政学角度通过一个县的财政收支状况，考察了县级财政困难程度，进而专门分析这种困难对以县为主的农村义务教育所带来的影响，并提出完善农村义务教育资金供给机制的政策建议。④ 该研究探讨了县级财政与义务教育的相关性，但缺乏更深层次的其他相关性

---

① 参见王圣诵：《县级政府管理模式创新探讨》，北京：人民出版社2006年版。

② 参见周庆智：《中国县级行政机构及其运行——对W县的社会学考察》，贵阳：贵州人民出版社2004年版。

③ 参见胡伟：《制度变迁中的县级政府行为》，北京：中国社会科学出版社2007年版。

④ 参见王敏：《县级财政收支分析》，武汉：武汉大学出版社2007年版。

追问。暴景升专门研究了财政与县政的关系,他从历史的角度考察县制沿革和县政功能,以此来解读县制"长寿"的原因,并从财政的角度分析县政的困境所在,最后从财政结构、政府职能、财政预算等方面提出了政策建议。① 该研究也具有较大启发意义,但有一事实不可忽视,即存在于不同地域的县级政府会具有不同状况,差异性较大。在相关类型特征呈现之前,很难有全观性的政策适应,具有风险性。这或许正是县政改革不敢轻易实施的原因所在。

上述研究成果表明,可以从多角度、多学科研究县级治理问题,换言之,县级治理中有诸多问题值得研究,其中,县级财政与县级治理的研究还远远不够,实有深入研究之必要,特别是不同区域的个案分析。只有在个案研究的基础上,才会有类型特征的产生,也只有针对类型特征的分析,才能有全观性的认识。因此,个案研究仍然是必不可少的基础性工作。

(三)地方财政

随着财政体制改革的不断深化,优化地方财政支出结构已势在必行,②从体制上改善财政支农结构,③或从财政支农的规模来

---

① 参见暴景升:《当代中国县政改革研究》,天津:天津人民出版社2007年版。

② 参见李红:"我国地方财政支出结构问题研究",《财政研究》2003年第6期,第43页。

③ 参见陈锡文主编:《中国县乡财政与农民增收问题研究》,太原:山西经济出版社2003年版;陈锡文主编:《中国政府支农资金使用与管理体制改革研究》,太原:山西经济出版社2004年版;陈锡文主编:《中国农村公共财政制度:理论·政策·实证研究》,北京:中国发展出版社2005年版。

反思结构问题,①产生了一大批成果。从财政支出方面看,县级政府的作用是极为重要的,但财政自给能力十分虚弱,其财政自给能力与其承担的支出责任极不对称以及过低的财政自给能力扭曲了地方财政的决策行为。② 财政自给能力指在不依赖高层级政府财政援助的情况下,各级政府独立地为本级支出筹措收入的能力,财政自给能力=本级自有收入/本级公共支出。政府间的转移支付对平抑地区财政收支能力差异通常起着重要作用,而地方财政努力是地区财政收入差异的一个重要原因。有学者对转移支出进行了分类比较,建立了模型并进行检验,他们认为税收返还和总量转移支付抑制了地方财政努力,使政府间的转移支付无法起到缩小地区人均财政收入差异的作用,③必须考虑财政级次问题,中央、省、县(市)三级财政是今后财政体制的基本级次。④

从研究方法上看,现有成果较多采用实证研究,或者通过对某一事项或地区的实地调查,在对调查对象作出详细、明了的描述之后,得出相关的结论并在此基础上对某些理论予以回应。⑤ 或者

---

① 参见何振国:《财政支农规模与结构问题研究》,北京:中国财政经济出版社 2005 年版。
② 参见王雍君:"地方政府财政自给能力的比较分析",《中央财政大学学报》2000 年第 5 期,第 21 页。
③ 参见乔宝云、范剑勇、彭骥鸣:"政府间转移支付与地方财政努力",《管理世界》2006 年第 3 期,第 50 页。
④ 参见田发、周琛影:"地方财政体制变革下的县乡财政解困",《经济体制改革》2007 年第 4 期,第 105 页。
⑤ 参见湖北省财政厅"降低地方政府运行成本"课题组:"湖北省地方政府运行成本实证分析与研究",《财政研究》2003 年第 5 期,第 36 页。

进行类型分析，进而提出对应的政策建议。① 或者采取定量方法进行专项考察。② 或者采取案例分析剖析成因。③ 应该说现有文献对地方财政的研究比较全面，但较少进行县级财政收支结构与县级公共服务、县级政府运行成本及县级治理关系的综合性研究。事实上，收入与支出问题是县级财政的核心问题，但放在其他学科领域的视野中观察，就不是简单的财政收支问题，具有许多复杂的面向。一旦从另外的角度来考察县级财政收支结构的内涵，就会发现县级治理是一个系统性行动。比如，从公共服务角度考察县级财政结构在县级治理中的合理性或者从财政收支结构分析县级治理中的公共服务绩效，无疑都是很好的角度。

（四）公共服务

由于社会的转型，政府的治理方式也由公共行政演进到新公共服务（见表1-3），越来越多地体现公共服务的执政理念，这是很多发达国家经历过的阶段。公共服务作为政府的基本职能已经超出了阶级、阶层和居住区域的界限，是政府在自己所辖范围内向有机会在此长期或短期生活的所有人提供的普遍的和无差别的服务。④ 近几年来，对农村公共服务的关注不断成为研究公共服务

---

① 参见周永松、屈浩：``湖北省特困县财政问题研究''，《财政研究》2000年第1期，第73页。

② 参见吴理财：``地方财政约束下的农村基础教育问题——湖北京山县'留守孩子'问题调查引起的思考''，《人文杂志》2005年第5期，第135页。

③ 参见周飞舟、赵阳：``剖析农村公共财政：乡镇财政的困境和成因——对中西部地区乡镇财政的案例研究''，《中国农村观察》2003年第4期，第25页。

④ 参见马庆钰：``公共服务的几个基本理论问题''，《中共中央党校学报》2005年第1期，第58页。

的重要取向。

县级财政的重要功能之一就是提供县级公共品,由于县级政府提供的公共产品主要与县级内的"三农"相关而成为提供主体,因此,应建立财政支农长效机制。张新有针对性地设立了两个模型:固定人口规模农村公共品的最优供给模型与可变人口规模农村公共品的最优供给模型,①该研究提出"农村公共产品供给行业生产环节的划分"与"公共产品供给主体与筹资选择的模式",颇有参考价值。有学者从参与式公共服务视角研究我国农村公共服务变革问题,②或者讨论农村公共服务中的公平问题。③ 专项研究农村医疗保健服务,④探讨新型合作医疗供给与财政的关系。⑤ 随着公共服务的推进,对公共服务进行评估提上议事日程,有学者建立了农村乡镇公共服务体系综合评价模型。⑥

公共服务与基层政府的改革和适应分不开,特别是关乎公共

---

① 参见张新:"论农村公共产品供给与地方财政改革的路径依赖——一个基于地方公共物品理论的分析框架",《财政问题研究》2006年第8期,第76页。

② 参见应若平:"参与式公共服务的制度分析——以农民参与灌溉管理为例",《求索》2006年第7期,第75页。

③ 参见龙兴海:"农村公共服务观察:公平问题及对策",《求索》2006年第11期,第67页。

④ 参见刘华、何军:"中国农村医疗保健体系的经济学分析",《农业经济问题》2006年第4期,第23页。

⑤ 参见顾昕、方黎明:"公共财政体系与新型农村合作医疗筹资水平研究——促进公共服务横向均等化的制度思考",《财经研究》2006年第11期,第37页。

⑥ 参见姜岩、陈通、田翠杰:"农村乡镇公共服务体系评价研究",《经济问题》2006年第6期,第51页。

服务的乡镇事业单位改革将直接影响政府提供公共服务的数量与质量,在这方面有比较丰富的研究成果。项继权等人研究认为,农村传统的乡镇事业单位体制已不适应日益增长的农民群众的公共需求及农村市场经济和社会发展的需要,必须进行根本性的改造,构建适应市场经济发展,以农民需求为导向,政府主导、多元供给的新型农村公共服务体系。① 此外,何精华等人对长江三角洲农村公共需求满足状况的量化分析也很有启发意义。② 公共服务在新农村建设中的需求与供给最为明显,地方政府面临考验。③ 而如何搭建农村村级社会公共服务的有效平台,已成为改善农村公共服务水平、提高资源利用效率的一项紧迫课题。④

以上研究很有启发意义,但自乡镇实行综合改革以来,农村公共服务的供给主体和供给方式都在逐渐发生变化,一方面是"以钱养事"机制的实施,另一方面是为了顺利实行"以钱养事",供给主体由原来的乡镇政府逐渐上移到县级政府。实践的进程超过了理论的总结与思考,因此,研究县级政府公共服务是对以往研究的推

---

① 参见项继权、罗峰、许远旺:"构建新型农村公共服务体系:湖北省乡镇事业单位改革调查与研究",《华中师范大学学报(人文社会科学版)》2006年第5期,第2页。

② 参见何精华、岳海鹰、杨瑞梅、董颖瑶、李婷:"农村公共服务满意度及其差距的实证分析——以长江三角洲为案例",《中国行政管理》2006年第5期,第91页。

③ 参见李芳凡、郑则文、罗建平:"论公共服务型乡镇政府的构建——对赣州市新农村建设中的乡镇政府的调查",《江西社会科学》2006年第5期,第249页。

④ 参见刘宇南、薛元:"重庆村级社会公共服务建设情况调研",《宏观经济管理》2006年第10期,第51页。

进,也是对社会实践的跟进。

第三节 分析框架

通过上面文献检索与解读,发现研究县级治理存在较大空间,特别是基于县级财政的县级治理能力分析,还是一个较少涉及的领域。前面分析的治理能力,不同学者基于不同学科背景、从不同角度提出了治理能力的构件。[①] 由于本书是从县级财政入手,从公共服务的供给与需求来分析县级治理能力,因此,根据实地调研资料,本书在前人研究的基础上提出县级治理能力的构成要件为:财政能力、服务能力和应急能力。财政能力是指政府从社会取得政策执行所需要的资源并提供民众所需资源的能力,可以通过收入能力、支出能力和平衡能力等指标来衡量;服务能力是指政府向民众提供其所需要的服务的能力,可以通过提供公共服务的对应性、普及度和贯彻力等指标来衡量;应急能力是指地方政府与民间社会互动中,能够规避风险并进行有效的危机管理,确保社会的协调与稳定的能力,可以通过应急制度设置、财政预备费和其他可调资源等指标来衡量。这三种能力构成县级治理能力的理解框架,根据这一思路,本书建立了"县级治理能力研究框架"(见图1-1)。本书并不打算用一个现成的理论框架去解释现实社会现象,而是争取从现象靠近事实,找寻事实之间的关联,最后试图回答或解释

---

① 本书将地方治理能力(local governance capacity)、政府治理能力(government capacity)、政府能力(governmental capabilities)放在同一水平使用,可以互换。

第一章 导论

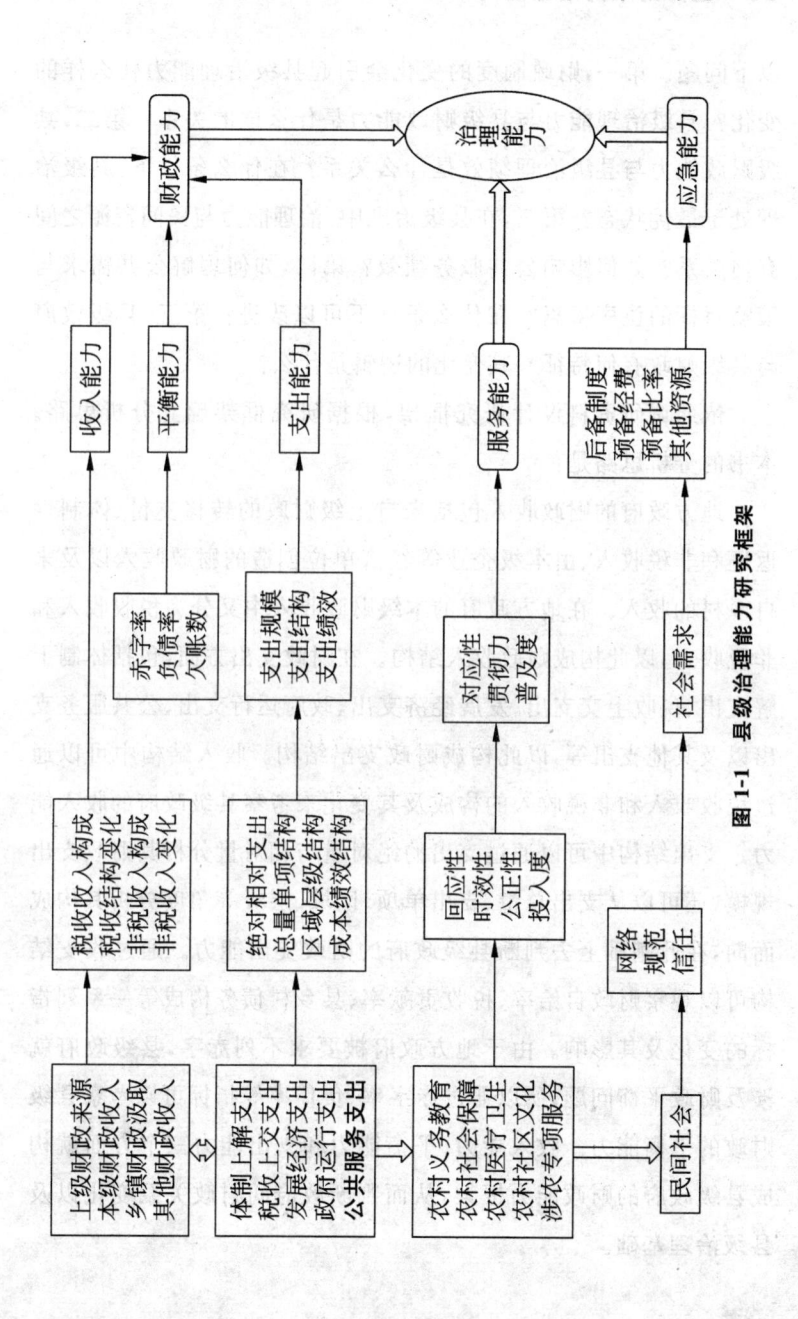

图 1-1 县级治理能力研究框架

```
                                    治理能力
                  ↗                     ↑                    ↖
              财政能力                服务能力              应急能力
           ↗    ↑    ↖                  ↑                     ↑
      收入能力 平衡能力 支出能力      对应性                后备制度
                                    贯彻力                预备经费
         ↑      ↑      ↑            普及度                预备比率
                                                          其他资源
      税收收入构成  赤字率  支出规模                          ↑
      税收结构变化  负债率  支出结构   回应性              社会需求
      非税财政收入  欠账数  支出绩效   时效性                  ↑
      非税收入变化          绝对相对支出  公正性            网络规范
         ↑                  总量单项结构  投入度              信任
                           区域层级结构      ↑                ↑
      上级财政来源           成本绩效结构   农村义务教育     民间社会
      本级财政收入               ↑         农村社会保障
      乡镇财政汲取          体制上解支出   农村医疗卫生
      其他财政收入          税收上交支出   农村社区文化
                           发展经济支出   涉农专项服务
                           政府运行支出
                           公共服务支出
```

以下问题。第一,财政制度的变化会引起县级治理能力什么样的变化？县级治理能力与县级财政能力是什么样的关系？第二,县级财政能力与县级治理绩效是什么关系？在什么条件下,县级治理处于最优状态？第三,在县级治理中,治理能力与民间资源之间有何关系？如何影响公共服务绩效？第四,如何理解公共需求与策略目标的位序偏离？在什么条件下可以改进？第五,县级政府与县级财政有何特征？其变化的逻辑是什么？

依照调研资料设计研究框架,根据研究框架确立分析思路。本书的分析思路是：

地方政府的财政收入包括来自上级财政的转移支付、体制性返还和非税收入、由本级企业等经济单位创造的财政收入以及来自乡村的收入。在地方政府的本级财政收入中又分为税收收入和非税收入,以此构成财政收入结构。在财政支出方面,包括体制上解支出、税收上交支出、发展经济支出、政府运行支出、公共服务支出以及其他支出等,以此构成财政支出结构。收入结构中可以通过税收收入和非税收入的构成及其变化来考察县级政府的收入能力。支出结构中可以通过支出的绝对量与相对量分析其财政支出规模,还可以从支出总量、支出单项、区域、层级等角度分析其构成面向,在此基础上去判断县级政府的财政支出能力。通过收支结构可以观察财政自给率、税收贡献率、县乡村债务构成等一系列指标的变化及其影响。由于地方政府被要求不列赤字,县级政府就涉及财政平衡问题,所以通过赤字率、负债率等指标可以考察县级财政的平衡能力。收入能力、平衡能力和支出能力三个方面就构成县级政府的财政能力框架,从而判断政府间财政关系变化以及县级治理基础。

在支出结构中,本书将对政府运行成本和公共服务支出进行专题考察。政府成本考察以分析财政供养人员数量与官民比为起点,通过养人成本与养事成本的比较,去考察县级财政的成本结构及其比重。与此同时,本书将重点考察县级政府提供公共服务的财政投入及其效果,先对调查问卷进行分析,了解民众的需求位序,接着选择政府财政投入量比较大的农村义务教育、农村社会保障、农村医疗卫生、农村社区文化和涉农专项服务等五个方面进行专题考察,选择对应性、普及度和贯彻力(包括回应性、时效性、公正性和投入度)指标来评估其公共服务绩效,进而判断其公共服务能力。

由于县级距离民间社会较近,维持社会稳定是其重要职责,无论是主动维护还是被动维护。随着自然界的变化和社会转型以及地方治理方式的改变,不确定性因素不断增加,地方政府将面临越来越多的考验,必须具备一定的应对能力。所以,通过考察其后备制度设置情况、预备经费数量、预备比率以及其他可以调动的资源(包括存在于民间社会的网络、规范与信任),可以判断其应急反应能力水平。

财政能力、服务能力和应急能力共同构成考察县级治理能力框架,所以,本书的主要目标是评价县级政府运行中,特别是提供公共服务过程中所体现出来的治理能力。

第四节 研究方法

政治研究主要有两种途径:规范的和实证的。虽不能说从规范研究到实证研究是一种历史的演进过程,但当今的政治分析以实证研究为主却是不争的事实。它可以是基于对研究的客体或个案的特征的统计比较的定量分析,也可能是以研究者对同样的客体和个案的信息完备的理解为基础的定性分析。[1] 实证分析涉及阐述并运用一种客观的共同语言来描述并解释政治现实。规范分析涉及阐述并检测主观目标、价值和道德规则,以便在运用已有的知识中为我们提供指导。没有实证基础的规范分析,如果走到极端,得出的价值判断将与现实毫无关联。缺乏对规范性问题的敏感性的实证分析,则会导致创造出一种"真空"中的事实结构,或者是我们尚不能充分理解其意义的观察的集合。[2] 本书主要在实证研究的方法理论指导下展开研究,同时兼顾规范分析方法的应用。

实证研究的发展也可以从两个方面省视:一是以实证资料的汇集、处理与分析为重点,对政治现象的点和线进行研究,比如早期的选举研究和精英研究等。这种研究与"一般理论"的关联较弱,后来的研究以一般理论为指导,试图通过实证研究来修正、填补或更改相关架构。二是以建构一般性理论为主的工作。代表人物是伊斯顿,他认为实证政治学之所以进步不大,不是因为"田野工作"不够,而是过分忽视一般性理论建构,事实积累较多,缺乏充分而适当的解释。[3] 当然,他所构建的一般性理论也引起争议,被

---

[1] 参见吕亚力:《政治学方法论》,台北:三民书局2002年版,第204页。

[2] Jarol B. Manheim, Richard C. Rich, *Empirical Political Analysis: Research Methods in Political Science* (6th Edition), (Hardcover, 2005), p. 2.

[3] David Easton, *The Political System: An Inquiey into the State of Political Science*, New York, pp. 77-78, 1953.

认为缺乏解释现象的能力,①充其量只能称为"概念框架"。② 但不可否认,这些概念框架可以帮助我们发掘探究的正确角度,指导我们汇集适当的资料,提供安排处理资料的基本原则,或者提供微观分析的场合,帮助我们发现新的问题或验证诸多命题。③

无论一般理论还是概念框架,在任何绝对意义上都是无所谓对错的,而只是更有用或不太有用,有用的理论始于对我们想解释的事件的全面了解。一个理论要在解释观察到的现象上有用,必须满足以下标准:可检测;逻辑合理;可交流;一般的;用词简练。④理论通过将概念联系起来并用于构建解释而使概念有用,并通过陈述概念之间的关系而将其联系起来,这些陈述以从假设中推出的命题的形式出现。命题通常假设概念之间有某种主要的关系,要么是协变关系,要么是因果关系。协变关系表明两个或以上的概念同时变化;一个增(减),另一个也增(减),协变关系不能告诉我们是什么使两个概念同时变化。当一个或更多概念的变化导致或带来另一个或更多概念的变化则存在因果关系。日常生活中,大多习惯于用因果关系去思考概念之间的关系,但因果关系的存在必须满足相关条件。一是主张的因果关系必须一同变化,或协变的;二是原因必须在结果之前;三是在假定的因果关系之间必须

---

① Morton Davies and Vanghan Lewis, *Models of Political System*, London, esp. Part 1, 1971.

② 吕亚力:《政治学方法论》,台北:三民书局 2002 年版,第 207 页。

③ 参见吕亚力:《政治学方法论》,台北:三民书局 2002 年版,第 208 页。

④ Jarol B. Manheim, Richard C. Rich, *Empirical Political Analysis: Quantitative and Qualitative Research Methods* (7th Edition), Longman Press, p. 41.

能找到因果关系(意思是,必须能找出一个因素变化导致另一个因素变化的过程);四是因果现象的协变性必须不是由于它们同时与第三个因素有关系。最后一个条件提示我们警惕虚假关系。在把假设前提作为因果作用的产物构建我们理论之前,必须要谨慎地考察这些假设前提,以图揭示可能存在的虚假关系。① 解决这个问题的很好办法就是画出理论的因果模型。通过简单的图表来清晰地确定理论中假定的各种关系,因而可以更轻易地看到我们观点暗含的意思。协变和因果关系都可以是正相关或负相关。这意味着这两个概念可以以相同方向,也可以按相反方向变化。如果是同一方向变化,就是正相关。② 从本质上看,理论假设是陈述我们认为是事实的东西,它告诉我们在观察现实时应该期待会发现什么,它提供了为理论架构的实用性搜集证据的基础。

通过实证观察获得证据要求我们从非常一般的理论过渡到更具体的组织观察的水平。在这一过程中,我们就要通过变量来思考。变量使我们可以将抽象概念的陈述转换成有更精确实证所指的陈述,以便评价陈述的实证准确性。我们对指标进行比较就是概念的可操作化。如果不正确地将概念可操作化,指标之间的关系就不可能是它们应该代表的对概念之间关系的准确反映。可操作化几乎不可避免地需要简化或去掉某些含义,因为指标很少能完全反映一个概念的全部内容,尽管几乎总是必须省略某些含义,

---

① Jarol B. Manheim, Richard C. Rich, *Empirical Political Analysis: Research Methods in Political Science* (6th Edition), (Hardcover, 2005), pp. 22-24.

② Jarol B. Manheim, Richard C. Rich, *Empirical Political Analysis: Research Methods in Political Science* (6th Edition), (Hardcover, 2005), p. 25.

我们还是要尽可能地使概念可操作化中漏掉的含义最少。必须找出尽可能地代表概念含义的指标,并使之尽可能准确地代表概念的某些方面。① 将变量可操作化,目的是要想办法将抽象概念量化,以便根据这些概念所暗示的特征对现实中的现象进行有意义的比较。

从这一点说,不仅实证研究和规范研究的相关性越来越强,定量研究与定性研究的关系也越来越紧密,若干实践证明二者并不存在不可逾越的鸿沟。② 二者在研究设计、关注面向、抽样方法、数据收集、数据分析、证据标准等方面具有各自的特点,二者主要有以下区别:第一,定性研究者寻求对某些现象的洞见,并将这种洞见转化为要领化的理解或理论,他们经常在进行观察时形成自己的理论。批评者认为这些理论只适用于实际观测到的案例,结果的有用性很有限。第二,定性研究者不大可能将其研究设计建立在实验逻辑的基础上,他们通常关注:谁或什么将被观察,在何种情况下观察,如何进行观察,采用什么方法以确保获得所需的信息,以及数据如何被记录,他们认为只有用这种方式才能全面而准确地描述和理解行为、信念、价值观众、社会交往等等。第三,定性研究者较少将结论概括到更大的总体,而更关注对具体案例获得洞见,从而构建对更广泛的现象的理解结果。定量研究的抽样经常建立在概率逻辑之上,并设计来产生统计上的代表性。它通常

---

① Jarol B. Manheim, Richard C. Rich, *Empirical Political Analysis: Research Methods in Political Science* (6th Edition),(Hardcover,2005), p.76.

② 参见周凤华、王敬尧:"Q方法论:一座沟通定量研究与定性研究的桥梁",《武汉大学学报(社会科学版)》2006年第3期,第401页。

是在数据收集之前进行的。相反,定性研究的抽样,经常随着研究的进展而产生。第四,由于缺乏对统计代表性的关注和方法的高度耗时的本质,与定量研究相比,定性研究通常建立在更少的案例之上。第五,定性研究的数据通常由词语(或转换成词语的声音或意象)而不是数字组成。对定性研究而言,数据收集通常需要对研究的现象进行观察(甚至是参与其中),研究者经常与这些现象有紧密关联。定量研究数据分析通常事先就计划好了以函数数据可以必需的形式获得,然后在所有的数据收齐后执行该计划。定性方法的数据收集和分析一般是同时进行的。第六,定量研究者一般能使用某些已广泛接受的分析标准来确定哪些是支持或反对其理论的有效证据,而定性研究者必须依赖于自己的能力来清晰地描述,提供可信的分析,并对自己的解释作出合理的辩论以确立其结论的价值。第七,定量研究靠数字化数据给研究对象提供一个准确的形象,定性研究一般是对观测的事物的叙述性描写和解释,经常有大段的引用研究对象的话或复述他们自身的"故事"。[1] 但定性与定量研究都从研究问题着手,都必须准确反映他们观察到的现实。这两种传统经常可以融合,同时运用两种方法可获得对研究对象更全面的了解,或者是使用由一种方法获得的结果来引起由另一种方法探索的问题。有时,这两种方法可以在一项研究中互补地使用,一种方法产生的结果为另一种方法的发现提供证实。

---

[1] Jarol B. Manheim, Richard C. Rich, *Empirical Political Analysis: Research Methods in Political Science* (6th Edition), (Hardcover, 2005), pp. 314-318.

在操作层面上,本书根据地方财政本身的特点,主要采取精英访谈、小组座谈、问卷调查、文本收集与处理等方法收集相关数据和资料信息。

一、精英访谈

精英访谈是本书研究的重要方面,因为政治学的很多重要问题只有在了解某些较深卷入某一政治过程的关键个人或某类人的思想和行为之后,才能回答。我们的工作是了解研究问题的关键信息,从而发现事实和模式,力争真正了解要研究的事件。

本书根据研究内容确立专访对象:区财政局长、预算股长、农业股长、社保股长、经管局局长、教育局局长、社保局局长、卫生局局长、农业局局长、地税局局长、发展与改革局局长、民政局局长、区委政策研究室主任、分管区长等。同时选择经济发展水平相对高、中、低的三个乡镇作为三种类型,将这三个乡镇的乡镇长(书记)、乡镇财政所所长、村书记(主任)作为专访对象,试图从这些主要责任人身上了解需要的独特信息。由于我们的研究只是同时进行观察的几个县级单位中的一个,根据以往经验,先采访最愿意交流或掌握信息最多的人,比如乡村干部等。在研究的后期采访最重要的角色和持不同意见者。访谈单独进行,一人半天时间交流。从 2004 年到 2007 年,实施专访 101 人次,获得 90 万字的采访录音。

二、小组座谈

小组座谈有几大好处:第一,与其他更多地受研究者影响的方法相比,小组座谈能让人更准确认识到人们究竟在想什么;第二,与询问孤立行动人的各种方法相比,小组座谈产生的结果能更准确地反映社会现实;第三,使我们能够以其他方法所不能的方式去研究群体动力;第四,小组座谈比大型调查花费少得多而且比直接观察耗时短得多,并且不要求精致的测量工具和程序,通常执行起来比以采访为基础的研究甚或直接观察所要的准备少得多;第五,当初次进入一个不知该如何着手研究的全新领域时,小组座谈可以帮助研究者找出该提出什么问题,该使用什么方法;第六,在研究后期,即使研究者对某一领域有足够的了解以形成假设,也可能对如何将关键概念可操作化不太肯定,小组座谈可以提供信息;第七,当研究者用其他方法收集到有明显模型的数据时,可能仍不能理解数据中观察到的统计关系,小组座谈可以提供答案;第八,小组讨论经常可以帮助我们了解公民是如何看待问题、评价服务以及对新的政策会如何反应,这可以用来评价现有政策的工作效果。在研究过程的不同阶段,本书根据不同目的进行小组座谈,目的是依靠参与者之间的互动产生对研究主题的深刻认识。这为问题意识的产生、设计收集数据的指标、加深对收集数据的理解具有很重要的作用。本书先后进行村民代表、乡镇干部、财政所、财政局、区级涉农单位、乡镇综合改革办公室等小组座谈11次,访谈录音29万字。

三、问卷调查

问卷调查是调查者运用统一设计的问卷搜集资料的一种研究方法,其最大优点是,它能在广阔范围内,对众多调查对象同时进行调查;匿名性;节省人力、时间和经费;便于对调查结果进行定量研究。无论研究者是否参与了调查,或者参与多少,都可以从问卷上了解被访者的基本态度与行为。这种方式是其他任何方法也不可能做到的。本书在研究过程中先后进行了两次问卷调查。第一次问卷是关于农村税费改革前的农民负担情况、税费改革的影响以及还存在的问题,是在经济条件较好和经济条件较差的两个乡镇对乡镇干部与村庄主要干部进行的,发放问卷100份,收回有效问卷81份。第二次问卷使用的是中国农村问题研究中心设计的面向全国农村公共服务需求的问卷,对Y区农民进行的调查,发放问卷2619份,收回有效问卷2600份,其中有效农民问卷2511份。

四、文本收集与处理

本书在县级财政的调研过程中,涉及绝大多数政府部门,加之媒体网络报道资源,先后收集相关文本资料5717份,其中包括采访录音形成的文本,部分文本资料以资料清单形式列入附录。本书对文本资料的处理分成以下阶段,首先将所收集资料分类,分别是财政体制改革、部门预算、农村税费改革、专项支农资金、乡镇改革、事业单位改革、义务教育、新农村建设、医疗卫生、农村文化、社会保障、乡镇财政等12类。在此基础上形成8份研究报告,每份报告包括基本状况、变化历程、存在问题和政策解读几个方面。最后在调研报告基础上,对数据进行综合处理,提炼问题,确立表达逻辑。

第五节 研究对象

选择Y区[①]作为研究对象,它是作者同时进行地方治理观察

---

① Y区原本是一个县,后来改为市辖区级单位,按照学术规范,此处进行了技术处理。在Y区正式成立前,文中所提及的"Y区"就是指原来的县级单位。

的中部地区三个县级单位之一,Y区除了呈现出一般县级单位的特点之外,选择它做个案还基于下述方面的考虑:第一,地理位置特殊。不仅长江横贯全境,而且Y区是国家重大水利工程所在地,既具有得天独厚的旅游资源,又是库区移民安置的前沿地区,社区重建和资源调配的任务重,这增加了地方治理的复杂性。第二,在中国地方财政制度创新中,湖北省是一个重要的创新区域,一直是全国财政制度创新的热土,许多改革尝试在全国具有首创性。进入20世纪90年代后,湖北省的县市一级的财政制度创新表现得特别活跃,Y区就是其成功典范。第三,Y区是湖北省8个市辖区之一,区与市之间有着特殊的关系,"省直管县"的财政政策在市区之间更为复杂,有利于观察政府层级之间的财政关系。第四,由于Y区编制控制比较严格,因此,乡镇综合改革中未造成系统震荡,有利于了解财政改革政策的延续性状况。

Y区地跨东经110°51′至110°39′,北纬30°32′至31°28′之间。东西横距71公里,南北纵距103公里。最高海拔2 005.5米,[①]最低海拔43.8米,相对高差1 961.7米,具有山地、河谷、丘陵等地貌类型。Y区距市10公里,距省会公路365公里、水路716公里、铁路572公里、航空280公里。

Y区级行政区划多变,1949年设10区258行政村,1952年增加为14区260个乡,1956年合并为7区81乡646个高级农业生产合作社。1958年改为12个人民公社下辖68个乡级管理区和5个

[①] 最高点在西部原始森林区的大老岭,为迎接2008年百年奥运盛会,当地旅游部门在山顶上修建一观景台,使高度增加到2 008米,从而增加旅游文化价值。

表 1-4　Y 区人口结构与变化　　　（单位:人）

	1997	1998	1999	2000	2001	2002	2003	2004	2005	2006	2007
A	571 793	572 814	576 823	595 921	596 352	515 054	514 489	517 264	516 397	517 483	519 069
B	471 792	466 912	469 713	476 736	424 900	409 140	402 330	394 890	395 097	394 656	394 831
C	100 001	105 902	107 110	119 185	171 452	105 914	112 159	122 374	121 300	122 827	124 238

注:A 为总人口数;B 为农村人口数;C 为城镇人口数。

资料来源:根据 Y 区国民经济与社会发展统计公报（1997—2007）整理。

表 1-5　Y 区各乡镇结构

单　　位	人口（人）	面积（平方公里）	居委会（个）	村委会（个）
小溪塔街道	144 643	305.4	9	30
樟村坪镇	26 108	456.6	1	14
雾渡河镇	32 989	394.8	1	18
太平溪镇	28 959	152.2	3	20
三斗坪镇	35 609	178.3	1	19
乐天溪镇	40 430	251.2	1	15
分乡镇	39 025	319.1	1	16
龙泉镇	50 612	210.5	0	19
鸦鹊岭镇	57 358	244.9	1	19
下堡坪乡	23 972	253.8	0	20
黄花乡	38 363	345.7	0	20
邓村乡	28 453	311.4	0	19

注:本表为 2007 年数据。

镇委会,高级社改为611个生产大队3594个生产小队。1961年设13区76公社643大队4622个生产队。1975年撤区并社,设19个社和76个管理区565个大队4173个生产队。1984年恢复区乡建制,设13区6镇1林场64乡551个村民委员会4139个村民小组。1992年将管理区改为乡镇,Y区设11镇和9乡。2002年实行乡镇合并,Y区下辖3乡8镇1街道。目前,Y区全区国土面积3424平方公里,辖区12个乡镇(街办)、445个村(居委会),人口51.9万,其中农业人口39.48人,城镇人口12.42万(见表1-4、表1-5)。

Y区自然资源丰富,有"矿产之乡"、"石头王国"、"橘乡茶都"之称。其蕴藏量达8.96亿吨的磷矿资源,成为亚洲之最;石墨矿全国稀有,花岗岩品质纯正,硫铁矿储量丰富,镁橄榄石、重晶石、透辉石、白云石等储量都很丰富;茶叶、柑橘成为品牌;天麻、香菌、木耳、薇菜、奶牛属新兴产业。水资源丰富,境内有中小河流49条,水能蕴藏量19万千瓦,可供开发11万千瓦时,现已有装机容量4.3万千瓦。Y区交通便利,长江黄金水道横贯东西,高速公路直达该区,铁路穿区而过。同时,Y区旅游资源独特而丰富。

表1-6　Y区财政经济发展的进程　　(单位:万元)

年份	GDP	财政收入	上级补助	财政支出	上解支出	净收入	全省排名
1995	233 420	19 078	9 542	17 052	10 383	841	10
1996	281 426	22 838	10 426	20 343	15 578	5 152	10
1997	334 572	26 198	10 689	22 255	16 655	5 966	9
1998	413 676	32 266	10 624	26 204	18 504	7 880	8
1999	457 102	36 515	11 426	29 625	20 786	9 360	7
2000	503 229	40 566	12 701	32 163	24 166	11 465	6

资料来源:Y区财政志及各年度社会经济统计资料。

Y区经济发展呈上升趋势,作为市辖地区的中心腹地,起到基础性作用,1995—2000年在全省十强县市的排名中不仅入围,而且不断进步(见表1-6)。2001年由原来的县改为Y区,尽管体制发生了变化,但仍然保持着增长势头。2005年、2006年、2007年在全省县级经济发展与综合考核中分别排名第五、第八和第六位。

从Y区产业结构来看,为适应经济改革和社会发展需要,其产业结构处于不断调整中,第一产业总体上呈现下降趋势,第二、第三产业发展迅速。具体而言,第一产业存在波动,有的年份还存在负增长。在第一产业结构中,种植业仍占主要地位,但畜牧业发展很快,林业呈下降趋势(见表1-7)。第二产业在Y区经济结构中所占比重较大,发展速度也比较快,特别是2006—2007年,利税增长率明显,幅度较大(见表1-8)。乡镇企业的发展状况不够理想(见表1-9),虽然总产值小幅增加,但利税贡献率不断下降。

表1-7　Y区农业发展情况

	1997	1998	1999	2000	2001	2002	2003	2004
有效灌溉面积(公顷)	14 113	14 188	14 480	13 819	12 851	11 952	11 489	10 747
农业总产值(万元)	81 713	81 950	92 786	95 219	86 111	85 409	92 448	112 250
种植业产值(万元)	53 279	51 423	62 337	62 889	56 255	53 331	60 886	112 192
畜牧业产值(万元)	23 038	23 999	24 188	25 072	22 588	23 967	24 868	72 622
林业产值(万元)	2 468	2 779	2 546	3 213	3 447	4 166	2 565	2 021

资料来源:根据Y区国民经济与社会发展统计公报(1997—2007)整理。

表 1-8　Y 区规模工业企业发展情况　（单位：亿元）

	1999	2000	2001	2002	2003	2004	2005	2006	2007
工业总产值	30.3	34	30.75	32.08	35.4	34	44.11	62.6	93.5
实现增加值	8.4	9.7	8.46	9.06	10.4	11.5	14.83	21.7	30.1
产品销售收入	24.8	28.5	23.88	23.24	25.1	28.8	36.4	54.6	83.7
利税总额	3.1	3.4	2.4	2.5	2.6	2.7	5.45	9.5	11.0
效益综合指数	117	118.9	121.2	124.5	122.4	122.2	153.4	180	183

资料来源：根据 Y 区国民经济与社会发展统计公报（1997—2007）整理。

表 1-9　Y 区乡镇企业发展情况　（单位：亿元）

	1997	1998	1999	2000	2001	2002	2003	2004
乡镇企业总产值	102.01	136.57	153.95	122.92	125.3	130.1	141.7	151
乡镇工业产值	61.7	66.4	53	59.1	59.2	60.2	64.6	69.2
乡镇企业增加值	28.9	30.7	24.5	25.8	27.4	28.37	29.9	32.5
企业利润总额	11.12	13.27	13.61	13.2	14.5	3.93	9.1	9.9
营业收入	110.52	136.1	142.05	118.7	119.4	124.9	133.1	145

资料来源：根据 Y 区国民经济与社会发展统计公报（1997—2007）整理。

无论是金融机构还是城乡居民，其10年间存款数量都在不断地增加，但贷款差异较大。居民存款增加与其收入增加有关，城乡居民的纯收入差异较大（见表1-10）。在贷款结构中，金融机构贷款占较大比重，工商贷款保持基本稳定，农业贷款不断增加，乡镇企业贷款不断降低。这与其对地方经济的贡献有关,贡献大、实力强、信誉度高,才能获得贷款。

表 1-10　Y 区居民收入变化情况　　（单位:元）

	1997	1998	1999	2000	2001	2002	2003	2004	2005	2006	2007
农民人均纯收入	2 404	2 559	2 664	2 717	2 797	2 827	2 983	3 383	3 703	4 072	4 780
居民人均纯收入	5 081	5 148	5 450	5 845	6 081	6 956	7 300	7 706	8 236	8 812	10 264

资料来源:根据 Y 区国民经济与社会发展统计公报(1997—2007)整理。

总体来看,Y 区的经济社会发展取得了较大进步,也和其他县级单位一样存在着一些困难,比如,农业基础薄弱,抗御自然灾害的能力较差,农民增收难度大,经济结构不够合理,农业产业化程度依然不高,经济质量不很高,县级经济发展不平衡,统筹协调发展的任务艰巨,就业再就业及移民安置任务大等等。但 Y 区正在通过制度创新来发挥优势,弥补"短板"不足,近几年变化非常明显。

第六节　篇章结构

本书分为六章,具体篇章结构安排如下:

第一章"导论"。本章简要介绍了研究缘由、研究现状、研究框架、研究方法、研究对象。中国的现实越来越表明县级财政关乎县级发展进程,解剖县级财政有利于了解县级治理的特点。本书在相关文献检索分析的基础上提出考察县级治理能力的分析框架。简单勾勒了研究对象——湖北省 Y 区概况,包括地理区位、10 年经济社会发展简况等。

第二章"财政关系与制度变迁"。财政制度的设置与变迁是财政关系的确立与财政分配的基础,本章从对上财政关系、对下财政关系和本级财政关系三个层面考察 Y 区财政关系变化情况。研究表明,对上(中央、省、市)的财政关系具有明显依赖性,这虽与其他县级单位并无实质性区别,但作为市辖区关系与其他省直管县的县级单位在财政政策分享方面有所不同。Y 区对下(乡镇)实行了七轮县乡财政体制改革,体现出县级单位的财政分配主导性和财政均衡调节作用,在县乡财政关系中体现了分税制特征。Y 区在本级财政制度改革方面实行了零户统管、税费直达、三分两统、政府采购、国库集中收付等改革措施,其中很多成分具有首创价值,具有自主创新性特征。这也表明县级财政自有的特点及其运行空间。财政制度决定财政分配关系,体现为财政收支结构变化,又直接影响财政能力,因此,财政制度是分析财政能力的前提和基础。

第三章"财政结构与财政能力"。这一章的主要目标就是通过 Y 区财政收支数据来分析其财政结构特点,先从总体上分析其财政收支状况,再分项目类别考察不同层级的财政收支状况,具体包括总体收入、本级收入、公共支出等几方面。重点考察了 2003—2007 年间其县乡财政预决算及其变动情况。对这些面板数据的分析表明,Y 区的财政质量不高,县乡村财政质量呈递减趋势,并且乡村负债严重。Y 区的财政增长较快,但财政自给率和税收贡献率不高,这一方面表明 Y 区是农业大县但还不是农业强县,另一方面也表明其财政制度变革的效应还没有显现出来,县级经济的发展才刚刚起步。在此基础上进一步分析 Y 区的政府运行成本和公共服务成本,主要分析政府机构运行成本,包括供养人员成本、执行公务成本以及招商引资、债务偿还、会议招待等方面的成本。研究发现,一般预算的1/5用于政府机构运行,但政府运行实际支出还是高于财政拨款,高出的部分是通过上级补助和预算外资金来补充的。政府运行成本中财政供养人员花费比例较大,提供公共服务中公用经费增长较快,这是实行区乡机构改革和"以钱养事"政策的结果。招商引资成本增长较快,这是成本控制的重要领域。本章最后基于中口径宏观税负的财政能力衡量标准考量,选择财政自给率、财政一般预算中税收收入比重、财政一般预算占全部财政收入比重、财政一般预算收入占GDP比重等指标来考察Y区财政能力。研究发现Y区中口径宏观税负偏低,这表明其财政能力不强,这种财政能力自然会在公共服务领域得以体现。

第四章"民生财政与服务能力"。本章先分析Y区财政在公共服务领域的投入特点,选择医疗卫生、社会保障、涉农专项资金、义务教育、农村文化等五个方面来分析Y区民生财政的支出状况。接着对Y区农民公共服务需求问卷进行分析,以考察民众的需求位序。本章基于大量第一手资料的分类处理,分别从发展概况、财政投入特点、财政结构影响三条路线来分析五个方面的财政支出,考察Y区庶政状况。研究发现,民生财政支出逐年增加,但增幅差异较大,这既与国家政策压力有关,也与Y区的本级财政有关。民生财政投入更多地依赖于上级政府的转移支付,产生了一定的效应,村民的生存、生产与生活状况有较大改善。研究发现,农民的需求位序与政府的投入重点存在偏离,农民在生产指导、生病救治、饮水安全以及道路交通等方面的需求非常明显,但政府在这些方面的投入尚显不足。在此基础上,本章先以定性方式分析上述五个方面的财政支出绩效以及存在的问题,然后以对应性、普及度、贯彻力等相关指标进行定量评估。研究发现,Y区在五个方面的财政投入中,除医疗卫生外,其余方面都有较快增长,高于同期GDP增长率,提升了服务质量和普及度,体现了Y区公共服务均等化能力增强。本章最后基于经济因素、财政因素、制度因素、主观偏好等综合考量,选择人均公共服务支出、人均GDP、财政自给率和财政支出相对规模、公共服务支出占财政支出比重等几个指标进行综合分析。研究发现,人均GDP和财政支出占GDP比重的增加有利于提升公共服务能力,但其他方面的财政支出增长速度加大使得地方政府的财政支出偏好并未发生显著变化,这表明Y区的公共服务能力并无明显提升。由于公共服务不能充分满足民众需求,在县级治理中就充满着不确定因素,这将影响县级政府的治理绩效。

第五章"财政风险与应急能力"。只要公共管理中存在风险和不确定性,就需要政府的危机处理和应急反应。财政风险可以分为显性风险和潜在风险,可以通过实施应急预案和使用预备费并调动其他资源来解决显性风险,潜在风险也应引起高度重视,要防患于未然,否则潜在风险就会转化为显性风险。Y区的财政预算中没有直接表明总预备费数量,这本身就是一种潜在风险,不能对应急预案实施提供保障。在民生财政支出中,因县乡政府并无足够的财政支撑,更无体现防范风险的财政制度安排,财政预算数与实际执行数有较大差距,一方面涉及饮水、交通等民生亟须解决的重要方面难有实质性改变,同时,政策目标与社会实际不完全符合,县级财政是落实上级转移支付政策的对应性配套支出,并未对政策空隙予以弥补,加大了偏离程度。再加上上级的财政资源到达县级政府后未能得到整合利用,而且乡镇政府和政府部门出于自己的部门利益而导致财政资源供给不足并浪费严重,这无疑增加了风险,并由财政风险向其他风险转化。县级政府承担社会稳定的政治责任,县级政府最后选择加大维持社会稳定的掌控力度,与民众沟通协商不够,执行成本不断增加。由于原本应急反应能力不足,增加了风险可能性,进一步削弱了应急反应能力,形成恶性循环。财政风险的增加意味着县级政府应急反应能力降低,这直接影响县级治理能力。县级政府应更多地改善与民间社会的关系,由控制型管理方式向沟通协商型治理方式转变,减少不确定性因素,节约公共政策执行成本。

第六章"讨论与总结",本章是对全书的总结提升。首先对全书的研究进行概括,总结财政能力、服务能力和应急能力等三个方面对Y区治理能力的影响。研究发现,关于县级治理能力的分析框架在理解县级政府财政支出绩效方面具有一定适用性,Y区治理能力体现在财政能力和服务能力有所增强,但离民众需求还有相当差距,其应急能力也有待提高。这与现阶段县级经济的发展战略有关,在整个公共服务过程中,仍然体现县级政府的强势作用,较多对应上级政策考核,对底层社会的需求考虑仍显不足。本章基于对良治的期待,提出了地方治理中地方政府与民间社会基于公共服务供需的互赖模型,即在互赖中治理,在治理中互赖。地方政府公共政策执行必须结合民间社会资源,以提升治理绩效并降低治理成本,在互动合作过程中提升县级治理能力。

第二章 财政关系与制度变迁

本章将从三个方面对Y区财政体制、地方财政关系及其制度进行评析,即与中央、省、市等上级政府的财政分配关系变化(对上),县级五项财政制度变革(本级),县乡七轮财政体制变迁(对下)。从根本上说,财政是社会资源的二次分配。一定的财政是基层政府存在及运作的前提,也是地方治理的基础。地方政府的财政状况在相当程度上决定和影响着地方治理能力与地方治理绩效。对地方政府来说,财政能力和财政状况不仅受制于地方财政来源,也受制于国家财政制度,尤其是中央与地方及各级地方政府之间的财政关系及其制度安排,因此,地方财政能力及其治理能力体现为国家财政对地方财政资源的分配,反映各级政府之间的财政关系及其利益。

Y区的财政制度除了体现上级财政制度精神外,自身创新可追溯到始于1986年的乡镇财政体制改革,在这一改革过程中,Y区先后推出了一系列全新的制度,包括:税款直达、零户统管、工资直达、乡镇优抚经费直达、政府资金三分两统、国债生态资金县级报账、城建资金集中收付、基建资金集中收付、政府采购制度、预算外资金管理制度、对口支援制度等等。这不仅对县级财政影响较大,而且对县级治理的作用也不可忽视。

第一节 与上级财政关系变化

自 1978 年中国实行经济体制改革以来,中央和地方政府的财政分配关系经历了 1980 年、1985 年、1988 年和 1994 年四次重大改革。这种变革对 Y 区与上级政府之间的财政关系产生了重大影响。Y 区作为一级地方政府,"对上"并不具有多少主导权,基本上是被动接受上级政府(主要是中央、省一级)的制度安排。

1979 年,执行"收支挂钩、总额分成"的财政体制,其分成比例为:Y 区为 35％、上级 65％。1980 年财政体制第一次较大幅度变革,省对县实行"划分收支、分级包干、一定五年不变"(即 1980 年到 1984 年)的体制。省结合 1979 年收支基数,核定该县收入包干基数为 812.9 万元,支出包干基数为 960.4 万元,省定额补助 147.5 万元。1981 年,省确定其上解比例为 20％,省定额补助 132.75 万元。1982 年,省财政将地方留用收入由固定收入、调剂收入分成改为"总额分成"办法,Y 区分成比例为 80％,上解比例为 20％,当年省定额补助 147.5 万元。1983 年,因财政收入大幅度增长,省对其财政体制又作了进一步调整和改进,其主要内容是:一是通过调整任务,将中央财政借款扣减了 1980 年的支出包干基数 114 万元;二是上交比例改为按收入总额上交 36.5％;三是卷烟酒类产品工商税划归中央,财政收入超 1982 年税收基数的增长部分,上交中央 60％,地方分成 40％;四是省每年定额补助 376 万元,从该年开始,每年按 5％递增。当年上解支出 1 186.5 万元。1984 年继续实行 1983 年财政体制。省定额补助 406 万元,上解支出 1 115.4 万元。实际上这里的"一定五年不变"是指分成的政策不变,至于分成的具体比例,其主动权掌握在上级政府手中。

1985年,第二次变革。省对Y区实行"划分税种、核定收支、分级包干、定额上交(或定额补贴)、收入超基数比例分成"的新财政体制。收入基数调整为3 161.3万元,支出基数为2 658.9万元,定额上交502.4万元。1986年,仍实行"定额上交"的财政体制。在1985年定额上交502.4万元基础上,减7户地直企业1985年入库基数上划的22.9万元后,当年上交479.5万元。1987年,Y区被纳入8 000万元财政收入目标建设县,在财政体制上,省对其改"定额上交、收入超基数比例分成"为"收入递增包干上交",即以1986年定额包干上交479.5万元为基数,每年递增10％上交,超包干上交基数的部分全留,达不到基数的仍按基数上交,当年定额上交省527.5万元。同年,中央财政开始向地方财政借款,以弥补中央财政赤字,宜昌县承担中央借款270.3万元。

1988年,第三次变革。为了配合国有企业推行的承包经营责任制,中央对地方开始实行6种形式的财政包干体制,即"收入递增包干"、"总额分成"、"总额分成加增长分成"、"上解递增包干"、"定额上解"、"定额补助"。Y区仍实行"收入递增包干上交"体制,省对其重新确定了收支基数。1989年,以1988年上交数为基数,递增10％。1990年,其财政收入按期实现8 000万元。这表明当时在财政税收上有较大增长。

1991年,Y区进入所在省的财政收入亿元县建设行列,省财政为了照顾第一批亿元县目标结算上交后出现的实际困难,决定其1991年递增10％后不再递增,改为定额上交。1992年,地、市合并,实行市管县体制。Y区前身所在县财政体制隶属关系和结算关系也改为市对县。省、市确定其1990年兑现亿元县合同上交部分不递增,作为专项上交;确定其财政体制仍为"递增包干上交",递增比例由10%改为5%。1993年,随着分税制财政体制改革的日益临近,省与县的收支范围按分税制原则进行了划分。

1994年,第四次变革。为进一步理顺中央与地方的财政分配关系,合理调节地区之间的财力分配,中央对地方财政体制作出重大调整,改革原财政包干体制,正式实行按税种划分中央与地方税收的分税制财政体制(见表2-1)。1995年,取消了亿元县基数上交。1996年,为进一步完善分税制财政体制,省取消其递增包干上交财政体制的递增5%上交部分。至此,递增包干上交基数开始固定下来。①

表2-1 中央与地方分税制收入划分

中央固定收入	中央与地方固定收入	地方固定收入
关税,海关代征消费税和增值税,消费税,铁道部门、各银行总行、各保险公司总公司等集中缴纳的收入(包括营业税、所得税、利润和城市维护建设税),未纳入共享范围的中央企业所得税、中央企业上缴的利润等	增值税中央与地方分成比例为3∶1;纳入共享范围的企业所得税和个人所得税中央与地方的分成比例为3∶2;资源税按照不同品种划分,海洋石油资源税为中央收入,其余资源税为地方收入;证券交易税中央分享97%、地方分享3%;出口退税中央负担92.5%、地方负担7.5%	营业税(不含铁道部门、各银行总行、各保险公司总公司集中缴纳的营业税)、地方企业上缴利润、城市土地使用税、城市维护建设税(不含铁道部门、各银行总行、各保险公司总公司集中缴纳的部分)、房产税、车船使用税、印花税、农业特产税(烟叶)、耕地占用税、契税、遗产和赠与税、土地增值税、国有土地有偿使用收入等

---

① 以上内容参见《Y区财政志》,合肥:黄山书社1997年版,第261页、第350—351页。

2002年,省里根据中央对相关税收收入分享改革的方案,决定从当年1月1日起在现行事权划分的基础上,进一步调整分税制财政管理体制(见表2-2)。主要是对企业所得税、个人所得税、增值税 25%部分、营业税实行中央、省与区分享,①印花税等七个小税种由之前的年递增 10%上缴省财政改为定额上交省财政。

表 2-2 中央与地方分税制财政支出范围

中央财政支出	国防税,武警经费,外交和援外支出,中央行政管理费,中央统管的基本建设投资,中央直属企业的技术改造和新产品试制费,地质勘探费,由中央财政安排的支农支出,由中央负担的国内外债务的还本付息支出,中央本级负担的公检法支出和文化、教育、卫生、科学等各项事业费支出
地方财政支出	地方行政管理费,公检法经费,民兵事业费,地方统筹安排的基本建设投资,地方企业的改造和新产品试制经费,支农支出,城市维护和建设经费,地方文化、教育、卫生等各项事业费,价格补贴以及其他支出

1979 年至 2001 年,Y 区 23 年累计上交国家财政收入 55 444.1 万元,占同期本级财政总收入 313 020.9 万元的 17.7%。其中:定额上交 981.9 万元(1985 年 502.4 万元,1986 年 479.5 万元);递增包干上交 17 224.5 万元;亿元县基数上交 1 800.4 万元;分税制体制上交 35 167 万元;中央财政借款 270.3 万元(1987 年),具体情况见表 2-3。

自分税制实行以来,Y 区上交税收的数额不断增加,更由于税种的划分,原本效益较好的税种列入中央税收,从全国来看,中央本级财政收入因加大汲取力度而迅速增加,无论从财政收入的绝

---

① 详细内容见《湖北省人民政府关于进一步调整和完善分税制财政管理体制的决定》(鄂政发[2002]29号)与《区财政局关于分税制财政体制调整有关情况的汇报》,Y 区财政局,2002 年 11 月 8 日。

第二章 财政关系与制度变迁

表 2-3　Y 区财政收支体制上交　（单位：万元）

年份	上划中央	税收返还	合计	递增包干上交 比例(%)	递增包干上交 金额	亿元县上交	分税制上交
1987			797.8	10	527.5		
1988			808.2	10	808.2		
1989			889	10	889		
1990			1 400.5	10	977.9	422.6	
1991			1 498.3	10	1 075.7	422.6	
1992			1 562.8	6	1 140.2	422.6	
1993	7 672.4	7 445.2	1 702.2	6	1 208.7	266.3	227.2
1994	8 662.1	7 804.5	2 393	5	1 269.1	266.3	857.6
1995	9 940	8 081	3 191.6	5	1 332.6		1 859
1996	11 092	8 342.7	4 081.9		1 332.6		2 749.3
1997	11 573	8 598	4 307.6		1 332.6		2 975
1998	12 210	8 973.1	4 569.5		1 332.6		3 236.9
1999	13 984	9 282	6 034.6		1 332.6		4 702
2000	18 095	9 722	9 705.6		1 332.6		8 373
2001	20 179	9 989	11 519.6		1 332.6		10 187

资料来源：根据 Y 区财政资料整理。

表 2-4　中央和地方财政收入及比重

年份	绝对数(亿元) 全国	绝对数(亿元) 中央	绝对数(亿元) 地方	比重(%) 中央	比重(%) 地方
1992	3 483.37	979.51	2 503.86	28.1	71.9
1993	4 348.95	957.51	3 391.44	22.0	78.0
1994	5 218.10	2 906.50	2 311.60	55.7	44.3
1995	6 242.20	3 256.62	2 985.58	52.2	47.8
1996	7 407.99	3 661.07	3 746.92	49.4	50.6
1997	8 651.14	4 226.92	4 424.22	48.9	51.1
1998	9 875.95	4 892.00	4 983.95	49.5	50.5
1999	11 444.08	5 849.21	5 594.87	51.1	48.9
2000	13 395.23	6 989.17	6 406.06	52.2	47.8
2001	16 386.04	8 582.74	7 803.30	52.4	47.6
2002	18 903.64	10 388.64	8 515.00	55.0	45.0
2003	21 715.25	11 865.27	9 849.98	54.6	45.4

注：1.中央、地方财政收入均为本级收入；2.本表数字不包括国内外债务收入。

资料来源：《地方财政研究》2006 年第 5 期，封三。

对量还是占全国财政收入的比重,中央财政收入迅速超过地方财政收入(见表 2-4),中央财政的自给率明显地超过地方政府(见表 2-5)。省市级财政由于有县级财政作基础,影响不大。县级财政因农业特产税减免、农业税取消以及乡镇企业的不景气,加上公共服务的责任分担,县级财政步入困境。

表 2-5 改革开放以来中央与地方财政自给能力

(单元:亿元)

年份	中央			地方(省及以下)		
	本级财政收入	本级财政支出	自给能力	本级财政收入	本级财政支出	自给能力
1980	284.45	666.81	0.43	875.48	562.02	1.56
1985	769.63	795.25	0.97	1235.19	1209.00	1.02
1990	992.42	1 004.47	0.99	1 944.68	2 079.12	0.94
1991	938.25	1 090.81	0.86	2 211.23	2 295.81	0.96
1992	979.51	1 170.44	0.84	2 503.86	2 571.76	0.97
1993	957.51	1 312.06	0.73	3 391.44	3 330.24	1.02
1994	2 906.50	1 754.43	1.66	2 311.60	3 929.62	0.59
1995	3 256.62	1 995.39	1.63	2 985.59	4 828.33	0.62
1996	3 661.07	2 151.27	1.70	3 746.92	5 786.27	0.65
1997	4 226.92	2 532.50	1.67	4 263.20	6 562.72	0.65
1998	4 892.00	3 125.60	1.57	4 983.97	7 672.57	0.65
1999	5 849.21	4 152.33	1.41	5 594.85	8 991.15	0.62
2000	6 989.17	5 519.85	1.27	6 406.05	10 454.27	0.61
2001	8 582.74	5 768.02	1.49	7 803.30	13 134.56	0.59
2002	10 388.64	6 771.70	1.53	8 515.01	15 281.44	0.56
2003	11 865.27	7 420.10	1.60	9 850.00	17 229.87	0.57
2004	14 503.10	7 894.08	1.84	12 241.13	20 592.81	0.59

注:财政自给能力=本级财政收入/本级财政支出。

资料来源:历年《中国财政年鉴》等。

以上主要是中央、省与区(县)间的财政关系变化,地级市与区(县)间的财政关系也发生了变化。Y区2001年前是宜昌县,是一个农业大县,农业人口占较大比重,在改为市辖区后,仍为一个农业大区(都是县级单位),农业人口所占比重在70%左右。在这样的背景下,作为一个市辖区,按照省管县的政策扶持范围却不享受省管县的优惠政策,而省管县的出台与实施正是在"有利于进一步理顺和规范省以下财政分配关系,调动省、市、县(市)加快发展的积极性;有利于掌握县(市)财政实际状况,有针对性地加大对县(市)财政支持力度,指导县(市)提高管理水平;有利于增强县(市)对经济社会事务的调控能力,推动市级财政改革创新,加快城市和县级经济发展"这样的初衷下开始推动的。因而从这个角度看,Y区前身作为农业大县转变为市辖区后没能享受省管县的一系列政策,显然对该区来说是一种不可忽视的损失。由于实行市管县体制,Y区财政体制隶属和结算关系也由省对县改为市对县。2002年市里对县市财政管理体制进行调整,主要内容有"市对各县市实行按一般预算收入总额的3%","三峡南区范围内原直接入库到Y区的税收统一改入市直库"等。[①] Y区的财政收入必然受到影响。

"Y区财政体制上不属于省直管县,归市管,你到省里要转移支付吧,因为它不属于省直管的县,转移支付还得经过市里,享受不了省直管县的政策。Y区3 300多平方公里,70%是山区,51.7

---

① 详细内容见《区财政局关于分税制财政体制调整有关情况的汇报》,Y区财政局,2002年11月8日。

万人,其中有38万人是农民,毫无疑问是一个农业大县,但省上它不按那个政策,因为我们是市辖区。省里应该把Y区纳入县级体制,但现在是宜昌市Y区,这样的体制对Y区的发展有积极的因素,也有不利的因素。不利因素就是我们财政贡献多,农民收益少。以前我们还可以从省里拿到基数,这个农业税什么的,现在市辖区后,除了东部乡镇以外,西部乡镇都是吃补助为主,有的乡镇一年前就没有收入来源。"①

"Y区肯定是一个农业大区,在这个财政体制上,转移支付资金过少,对我们经济发展不利,对我们的农民不利,我建议把Y区纳入省管县体制……还有就是财政投入体制问题。Y区公益建设资金,最主要是上级拨付资金和本级配套资金,因为我们是市管区体制,所以有相当一部分政策我们享受不到,那么转移支付的资金比例就会下降。"②

通过上面的描述可以看出,财政制度与税收制度相连,财政制度变革会带来收支结构变化,同时会带来政府间关系的变化,政府间关系会反过来影响财政结构,如此反复,就不仅仅是一个经济问题、财政问题,会直接关系到社会政治问题。中央政府通过转移支付的方式来弥补地方财政的不足,确保地方政府具有相应的财力(见表2-6),特别是对于民生的支出更是中央财政的重要考量(见表2-7、表2-8)。

---

① 调研录音资料Rlyc070613p.1,其中R表示录音,后三个字母为受访者称呼,之后的六位数字为年月日,a或p表示上午或下午,最后的一位数字表示对该位受访者的受访次序。下同。

② 调研录音资料Rljg070613a.1。

第二章　财政关系与制度变迁　53

表 2-6　分税制以来地方财力及中央补助　　（单位：亿元，%）

年份	地方财力规模 指标值	占比	中央补助地方 两税返还 指标值	占比	所得税返还 指标值	占比	财力转移支付 指标值	占比	专项转移支付 指标值	占比	财政上解
1995	4 383.2	57.8	1 867.3	73.7			290.9	11.5	374.7	14.8	616.9
1996	5 233.6	51.1	1 948.6	72.9			234.9	8.8	488.8	18.3	563.4
1997	5 840.8	48.0	2 011.6	71.8			273.4	9.8	515.9	18.4	562.2
1998	6 707.8	49.0	2 082.8	63.4			313.1	9.5	889.5	27.1	557.5
1999	7 520.6	53.1	2 120.6	53.1			511.4	12.8	1 360.3	34.1	563.3
2000	8 621.9	55.1	2 206.5	46.5			893.4	18.8	1 647.7	34.7	631.7
2001	10 850.2	56.4	2 308.9	37.7			1 604.8	26.2	2 203.5	36.0	637.9
2002	12 731.3	57.8	2 409.6	32.8	597.2	8.1	1 944.1	26.4	2 401.8	32.7	687.9
2003	14 775.7	54.5	2 527.3	31.4	898.0	11.1	2 241.2	27.8	2 391.7	29.7	689.2
2004	17 896.5	57.1	2 711.5	26.5	898.0	8.8	2 933.7	28.7	3 237.7	31.7	677.4
2005	21 466.5	51.8	2 859.3	25.7	898.0	8.1	3 715.8	33.4	3 647.0	32.8	781.0
2006	26 282.9	51.7	3 027.8	22.3	902.4	6.6	5 024.9	37.0	4 634.3	34.1	861.1
平均年增长率	16.5		4.5		10.9		11.2		25.7		3.1

注：财力性转移支付包括原体制补助、一般性转移支付、民族地区转移支付、调资转移支付、农村税费改革转移支付、取消农业特产税降低农业税转移支付、县乡政府机构改革转移支付、结算补助及其他补助。

资料来源：《地方财政研究》2007 年第 11 期，封三。

表 2-7 改革开放以来国家财政农业支出

(单位：亿元，%)

年份	合计	支农支出 指标值	支农支出 占比	农业基本建设支出 指标值	农业基本建设支出 占比	科技三项费用 指标值	科技三项费用 占比	农村救济费 指标值	农村救济费 占比	农业支出占财政支出比重	农业支出占GDP比重
1978	150.7	77.0	51.1	51.1	33.9	1.1	0.7	6.9	4.6	13.4	4.1
1980	150.0	82.1	54.8	48.6	32.4	1.3	0.9	7.3	4.8	12.2	3.3
1985	153.6	101.0	65.8	37.7	24.6	2.0	1.3	12.9	8.4	7.7	1.7
1989	265.9	197.1	74.1	50.6	19.0	2.5	0.9	15.7	5.9	9.4	1.6
1990	307.8	221.8	72.0	66.7	21.7	3.1	1.0	16.3	5.3	10.0	1.6
1991	347.6	243.6	70.1	75.5	21.7	2.9	0.8	25.6	7.4	10.3	1.4
1992	376.0	269.0	71.5	85.0	22.6	3.0	0.8	19.0	5.0	10.0	1.2
1993	440.5	323.4	73.4	95.0	21.6	3.0	0.7	19.0	4.3	9.5	1.1
1994	533.0	399.7	75.0	107.0	20.1	3.0	0.6	23.3	4.4	9.2	0.9
1995	574.9	430.2	74.8	110.0	19.1	3.0	0.5	31.7	5.5	8.4	1.0
1996	700.4	510.1	72.8	141.5	20.2	4.9	0.7	43.9	6.3	8.8	1.0
1997	766.4	560.8	73.2	159.8	20.8	5.5	0.7	40.4	5.3	8.3	1.0
1998	1154.8	626.0	54.2	460.7	39.9	9.1	0.8	58.9	5.1	10.7	1.4
1999	1085.8	677.5	62.4	357.0	32.9	9.1	0.8	42.2	3.9	8.2	1.2
2000	1231.5	766.9	62.3	414.5	33.7	9.8	0.8	40.4	3.3	7.8	1.2
2001	1456.7	918.0	63.0	480.8	33.0	10.3	0.7	47.7	3.3	7.7	1.3
2002	1580.8	1102.7	69.8	423.8	26.8	9.9	0.6	44.4	2.8	7.2	1.3
2003	1754.5	1134.9	64.7	527.4	30.1	12.4	0.7	79.8	4.5	7.1	1.3
2004	2337.6	1693.8	72.5	542.4	23.2	15.6	0.7	85.9	3.7	9.7	1.5
2005	2450.3	1792.4	73.1	512.6	20.9	19.9	0.8	125.4	5.1	7.2	1.3
2006	3173.0	2161.4	68.1	504.3	15.9	21.4	0.7	182.0	5.7	7.9	1.5

资料来源：《地方财政研究》2007 年第 12 期，封三。

表 2-8 国家财政 1980 年以来民生性支出

(单位:亿元)

年份	支出合计	支农支出	文教科学卫生支出	社会保障支出	政策性补贴支出	占财政支出的比重(%)	占GDP的比重(%)
1980	375.0	82.1	156.3	18.9	117.7	30.5	8.2
1985	699.8	101.0	316.7	20.3	261.8	34.9	7.8
1990	1 274.9	221.8	617.3	55.0	380.8	45.1	6.8
1991	1 392.6	243.6	708.0	67.3	373.8	45.2	6.4
1992	1 450.1	269.0	793.0	66.5	321.6	42.8	5.4
1993	1 655.8	323.4	957.8	75.3	299.3	44.2	4.7
1994	2 087.5	399.7	1 278.2	95.1	314.5	45.0	4.3
1995	2 377.6	430.2	1 467.1	115.5	364.9	41.0	3.9
1996	2 850.9	510.1	1 704.3	182.7	453.9	41.8	4.0
1997	3 344.7	560.8	1 903.6	328.4	552.0	42.1	4.8
1998	4 088.2	626.0	2 154.4	595.6	712.1	44.3	4.8
1999	4 980.6	677.5	2 408.1	1 197.4	697.6	46.1	5.6
2000	6 063.3	766.9	2 736.9	1 517.6	1 042.3	46.0	6.1
2001	7 007.9	918.0	3 361.1	1 987.4	741.5	44.1	6.4
2002	8 363.1	1 102.7	3 979.1	2 636.2	645.1	44.2	6.9
2003	8 913.6	1 134.9	4 505.5	2 655.9	617.3	40.4	6.6
2004	10 749.3	1 693.8	5 143.7	3 116.1	795.8	43.6	6.7
2005	12 593.9	1 792.4	6 104.2	3 698.9	998.5	44.2	6.9
2006	15 336.6	2 161.4	7 426.0	4 361.8	1 387.5	45.2	7.3

资料来源:《地方财政研究》2008 年第 2 期,封三。

第二节 本级五项财政制度变革

区本级财政体制主要是指 Y 区区级特别是区直单位在财政运行方面所推行的一些管理制度方式的改革。在区本级财政体制改革过程中,Y 区在部门预算、国库集中收付制度、政府采购制度等方面进行了一系列改革。

一、税款征收入库制度创新

1994 年国家实行分税制财政管理体制改革以后,根据税种划分原则,成立了国税和地税两套机关。改革之初,仍沿用老做法,在各乡镇分别设立国税所和地税所。税务部门在征收入库管理上主要采用自收汇缴和三自纳税两种方式。自收汇缴与手工操作相适应,适用于财务不健全的私营企业和个体工商户。其操作方法为:税务机关在商业银行开设收入过渡账户;纳税人将税款缴入收入过渡户并持现金或转账支票换开税票;税务机关定期(一般按月)分税种填写缴款书,从收入过渡户将税款划缴国库。三自纳税适用于少数核算规范的大中型企业。操作方法为:由纳税人自行填写缴款书(完税证),将税款缴入征收机关在银行开设的收入过渡户,税务机关定期从收入过渡户将税款缴入国库。由于征收机关、银行的占压和技术手段落后,工作效率低下,税务征收管理机构的变化与行政区划不一致等原因,传统征管入库方式不能使税款及时到达国库。

1996年县财税征收机关为贯彻国家税务总局提出"逐步建立以申报纳税和优化服务为基础,以计算机网络为依托,集中征收,重点稽查模式"的要求,于3月份在征收机关设置、内部职能划分上进行了重大改革。改革的内容主要包括两个方面,一是撤销乡镇税务所,按照经济流向设置税务分局。二是征管与稽查分离,组建独立的稽查分局。改革后,县国税局在全县设9个征收分局,1个稽查分局。地税局设11个征收分局,1个稽查分局。同时组建申报纳税大厅。自收汇缴和三自纳税这两种征管方式已不适应需要。为方便纳税人缴税,使用了托收汇缴方式。其操作方法为:税务机关在商业银行开设收入过渡账户;商业银行进驻纳税大厅代理税务机关收纳税款,并将资金存入税务机关收入过渡账户;税务机关定期(一般为一个月)从收入过渡户划缴国库。但仍然存在收入过渡户问题,这导致了其他相关问题的产生。主要有三个:第一,征收与缴库职能不分。税务机关既负责组织征收,又负责将征收的税款缴入国库,征缴缴库职能一体化,缺乏应有的监督制约,客观上形成了国家预算收入部门化的意识。有的征收机关将税款长期不入库,存放在商业银行吃利息,谋取小团体利益。有的专管员将资金外借、挪用,造成税款无法收回。有的甚至侵占税款,触犯国家法律,成为滋生腐败的温床。由于这种体制对于收入征缴缺乏制约,国库监督的方式往往只有采取几年一度甚至一年一次大规模的收入过渡户清理,但结果是问题清得出来,处理不下来,收入"梗阻"依然存在,面对部门利益的强力驱动,监督显得软弱无力、无可奈何。第二,收入过渡账户过多,入库不及时且难协调。收入过渡户使税款在空间上分散存储于各家商业银行及其分支机构,成为商业银行争夺的对象。在时间上集中按月划缴国库,往往因商业银行头寸不足不能及时入库。据不完全统计,1996年5月末全县征收机关开设各类收入过渡账户232个,其中樟村坪镇1个专管员就有4个存折账户。第三,税款经收由商业银行代理,票款同步顺序流转,环节多、在途时间长。税款征收入库的运行轨迹一般为:纳税人—专管员—基层征收机关收入过渡户—县机关收入过渡户—商业银行票据交换资金结算中心—国库。一笔税款从征收到入库的在途时间往往需10天以上,乡镇和基层征收单位在途时间一般超过半个月。为此,Y区1996年开始实行"国库经收、税款直达、微机联网"的税收入库新制度。其主要内容是"一消两设三改四统","一消"指取消征收机关的所有收入过渡账户。"两设"指国库分别在县直商业银行各开设1个和在乡镇所在地商业金融机构各开设1个国库经收账户,把预算资金的管理由过去的事后检查收入过渡户改为事前控制;建设国库、财政、国税、地税计算机网络体系,采用网络通信方式进行收入数据信息传输,征收入库工作由手工操作转变为计算机操作。"三改"指改票款同步为票款分离;改税款顺序运动为逆序运动;改征收机关预算收入的征收缴库职能一体化为征收与缴库职能相分离。"四统"指财政、国税、地税以及其他收入征收机关统一运作程序;统一计算机信息网络接口;统一报表数据;统一定期对账。这些税收入库新制度保证了税款的及时入库。

政策效应:(1)税款直达与国际通则接轨,这一改革一次性注销了征收机关在银行开设的收入过渡账户232个,使造成税款占压的根子得到铲除。取消过渡户之后,征缴职能分离,重要环节建立相互制约机制,使利用过渡户支取现金、截留坐支、挪用预算收入、税款私存、套取利息、延压税款等行为得以遏制。(2)收入解缴核算费用、收入过渡户检查费用、收入在途损失、收入被挪用的损失风险降到最低水平,由原近1 000万元降为"零",财政部门能及时、准确掌握收入进度和国库存款余额,预算的秩序得到保证,收入效益得以提高。(3)征收部门见进账单开票、国库部门见单划款、收入入库由过去很多环节简化为一个环节,减轻了征收机关、商业银行的工作强度,财、税、库部门办事效率大为提高。(4)实现了一定区域内的税款通缴、通入,有利于推进税务及其他非税性财政收入的征管体制的现代化、规范化并与国际惯例接轨的改革进程。

二、零户统管制度改革

乡镇政府一般按上下对口的原则,下设有行政事业单位(俗称"七站八所")。"七站八所"管理权下放后,一人一站、二人一所的单位较为普遍,由于要求上下对口、强调部门或资金的特殊性,各单位都实行财务独立,几乎全部实行以"三自一包"为特征的"多户分管"模式,即自设账户、自收自支、自行核算,会计、出纳甚至单位负责人三职由一人"承包",每个乡镇独立核算的预算单位一般有30个以上。根据1998年宜昌县对乡镇部分单位重点检查的结果,发现财务管理十分混乱,较为突出的是"三多三乱"问题:(1)银行账户多,货币管理乱。平均每个单位有支票账户、存折户、定期存单户等形式的银行账户两个以上;有的单位一人管一本存折或几本存折;白条(票据、借条)抵库,公款私存,私借公款以及违规使用现金结算的问题相当严重。如自购票据、自印票据、自制白条子收付凭证、使用已明文宣布作废的票据等;几乎人人都掌管有收入票据、人人都可自制收支票据;大量支出凭证"四无"(无合法票据、无经办人、无用途、无领导审批)。(2)违规账目多,会计核算及档案管理乱。会计是一门专业性很强的工作,由于"七站八所"人少,没经过专门训练的会计且变动频繁,普遍使用"流水账"、"包包账";一个单位甚至设多套总账,自造乱用会计科目;账账、账实、账证不符;长期不结账、不记账、不报表;会计档案长期不整理或不按规定整理,随意堆放,甚至人走账无,或仅有"封存账"、"断头账"。(3)违纪违规问题多,财务收支管理乱。由于单位银行账户过多过滥,缺乏必要的审批制度,收支违纪违规问题较为突出。如挪用专项拨款;收入不上账;贪污公款;白据、非正规票据甚至无据收款;白据列财务支出;私借私分公款;假公济私,自作主张乱投资,造成公款损失;乱发奖金、补贴、实物;违规报销应由个人负担的费用;违规超限额使用现金结算;违规购置专控商品等。政府有限的财力资源尤其是预算外资金和上级主管部门拨款游离于财政监管之外,相当一部分建设发展性专项资金被用于消费、浪费甚至流入了少数个人的腰包。乡镇部门的专项资金陷入县级主管部门"管得着看不见",乡镇财政"看得见管不着"的怪圈。不少单位会计、出纳甚至单位负责人集于一人之身,自己用钱、自己审批、自己做账。在"多户分管"模式下,"马后炮"式的检查,成本很高,效果不佳。

造成这种混乱局面的原因很多,但核心是"多户分管"体制,因此,治本之策是寻求体制上的突破,针对"多户分管"推出"零户统管"运作模式。整个制度创新过程分为三个阶段:(1)1996年:核定账户、双限管理。即财政给每个单位核定基本结算账户,预算外资金收入先进该账户,收入达到一定限额或未达到限额的限10天,资金收入上解县、乡财政专户,支出由财政审批从财政专户拨回后使用。(2)1997年:一个账户,收入直达。"核定账户、双限管理"无法避免"一手进一手出,坐收坐支"现象。于是实行"一个账户,收入直达",即每个单位只准经财政所核定开设一个银行支出结算户,该账户只准接纳财政拨款,预算外收入一律由单位开票,资金直达财政专户,不再经过单位银行账户中转,支出经财政专户拨回后使用。(3)1998年:先点后面,零户统管。将"多户"向"一户"的改革再向前推进一步,变"一户"为"零户",变"分管"为"统管",把分散、零星的政府资金纳入政府统一规范管理监控的视野。上半年试点,下半年全面铺开。具体内容可概括为"一取消,两直达,三集中,四设立,五建制"。(1)取消单位所有的银行账户,包括过去经过财政审批后开设和未经财政审批开设的银行账户;包括支票户、存折户、定期存单户,存款余额全部转入财政专户。(2)收入支出直达,即单位所取得的各项资金收入直达财政专户,取消单位银行账户后,上级主管部门的拨款及外单位划入的资金由银行自动记入财政所账户,单位向上解款由乡财政专户划解直

第二章 财政关系与制度变迁

达县预外局。单位财务支出从财政专户直达收款单位,不再经过单位银行账户中转。(3)集中办理资金结算;集中会计核算,统管会计与原单位脱钩;集中会计档案,便于查账、审核和管理。(4)设立"总会计",相当于管理监督中心。设立"资金会计",相当于资金结算中心。设立"统管会计",相当于会计服务中心。设立"单位出纳",相当于单位财务收支中心。(5)建立综合财政预算管理制度;建立收支审批制度;建立会计凭证审核制度;建立现金"双限"制度,即限额限范围管理;建立"四定"(定管理人员、定控制制度、定供应数、定期核销)票据管理制度。较为形象地表达,"零户统管"可表述为:单位资金使用权、财务自主权不变;单位无银行账户,无会计;乡镇财政专户集中统一资金结算,财政统一代理会计核算;资金支出审批,会计凭证财政审核。

"零户统管"模式在管理制度方面的创新主要体现在"一个结合、两个不变、两个分离、两个转变、三个突破"。"一个结合"是寓财政监督于会计服务之中,最大限度地降低了监督检查的成本。"两个不变"是单位财务自主权不变、资金使用权不变。"两个不变"较好地处理了财政与单位之间的关系,有利于促进事业的协调发展。"两个分离"是会计主体与会计人员分离;资金使用权与会计核算权分离。"两个转变"是管理理念由分散、粗放、重激励轻约束向集约、精准、完善激励与健全约束并重转变;管理手段由手工操作向计算机操作、电算化、信息化转变。"三个突破"是对每个单位和每个专项资金都必须开设银行账户的突破;对每个独立核算单位都必须设立会计人员和机构自行核算的传统做法的突破;对改革总是重收轻支、重创收激励轻支出约束偏颇观念的突破。初步统计,1998年开始的三年多来,全县各乡镇共注销单位银行账户728个,财政账户127个,精减480多个会计岗位,归集分散在各个单位的财政性资金13 500万元,节省财政支出2 350万元。其价值表现在:一是有利于解决财政职能的缺位和越位问题,为综合财政提供可操作形式,为自下而上逐步统一财政、规范财政管理运行机制、建设公共财政创造了条件。二是有利于将分散的资金集中起来,形成规模效益,有利于政府统一资金调度,集中财力办急事、大事。"零户统管"模式使各单位的财会收支透明化、财会信息公开化,较好地解决了财政部门和各行政事业单位财会信息不对称问题,有利于财政部门管好、用好财政资金,提高财政资金使用效益。三是"零户统管"模式在乡级首先提供了近似国库集中支付制的一种制度雏形,虽然其所覆盖的财力中,一部分现在还不进入国库渠道,但以后势必要逐步进入。单一账户,集中支付,有利于落实对支出资金的严格管理,真正实行跟踪问责。四是"零户统管"模式所体现的是以政府单位为单一会计主体而进行的集中型的会计核算和资金结算,同时又充分保留各政府部门的资金使用权力和责任的监控制度;体现了责任会计中会计分级核算的思想,即既体现资金的统一管理,又体现内部单位的相对自主权。宜昌县在全国首创"零户统管"模式以来,产生了较大的社会影响。1998年10月市政府要求全市推广,12月湖北省财政厅发出通知要求全省推广,截至2001年9月份全国三十多个省市自治区数百个县(市)专程来Y区考察观摩。该项改革1998年获Y区科学技术进步奖特等奖,1999年3月通过了省级科技成果鉴定。以原财政部科研所所长为主任的鉴定委员会高度赞赏该项改革成果,认为该项改革是对现行基层财政会计管理制度的一次深刻变革,是财政会计管理制度的重大创新,为构建与社会主义市场经济体制相适应的国库单一账户集中支付制度和运行机制,迈出了关键的一步,该成果达到了国内领先水平。1999年4月,财政部科研所、中央党校、中国社科院、中国人民大学、中央财经大学、中南财经大学等全国财经界知名专家学者专门就"零户统管"模式进行了探讨,认为"零户统管"模式是适应市场经济要求的,有着强大的生命力和发展前景,对县级以下财政会计管理而言,是一个较好的模式和路子,同时其基本原理对县级行政单位以及省、市级以上内设机构较多的部门和单位的财政会计管理都具有普遍的借鉴意义,在进一步完善的基础上可全国大面积推广。

三、政府采购制度改革

传统的财政支出制度至少存在以下弊端:一是缺乏透明度。表现为:决策过程不公开,往往是领导集体决定就付诸实施,有的部门甚至由个别主要领导拍板决定;支出信息不公开,许多企业不知道政府要采购什么,什么时候采购;支出过程不公开,采购项目决定后,往往由各部门自行组织采购,除采购人员和部门领导外,无人知道采购过程。二是支出管理不规范,支出方式具有浓厚的计划经济色彩。大多数采购资金没有引入竞争机制,没有充分发挥市场对资源的配置作用;支出环节过多,预算批准后财政部门将采购资金拨到预算单位,再由预算单位将资金支付给供应商。在这个过程中,挪用资金或改变资金用途的现象比较普遍,财政部门监督困难;政府自我提供服务的现象比较严重。许多本应由市场采购的服务却由政府各部门设立的机构提供,导致机构庞大、重复设置、人浮于事、效率低下,既不符合精简机构的原则,也增加了财政的负担;缺乏制度约束。采购过程随意性大,操作不规范。三是资金的使用效益不高,浪费严重。过去管理体制只注重支出内容,忽视支出效益,致使财政资金浪费严重,甚至出现"重点支出重点浪费"的情况。主要表现在：不采用竞争的方式，采购价格较高；不能形成批量，采购成本高；不透明、不规范，腐败现象严重；缺乏采购标准的控制，高档次、高消费严重。摆在政府面前的道路有两条：一是在原有的管理体制下通过加强监督来解决存在的问题，向管理要效益；二是改革支出方式，建立新的支出管理体制，通过制度创新获取效益。改革前，全县按照第一种思路做了不少工作，但效果并不理想。主要原因：一是预算单位众多，财政部门不可能及时地跟踪监督每一项支出；二是支出过程不公开，财政部门难以发现问题；三是监督往往是事后的，即使发现问题也难以纠正。对此，县财政局组织力量在有关单位的配合下积极开展调研，认真研究中国香港地区和其他一些国家、地区的经验，提出了建立政府采购制度的设想。先于1993年推行政府大型会议经费财政直管竞价办会制度，这为日后建立全面的政府采购制度奠定了基础。接着在1998年又推出以机关事业单位小汽车"四定"保险为标志的公共服务项目政府采购办法，不久即被其他县市借鉴。针对成熟的国内环境[①]和自身的前期准备工作，[②]1999年宜昌县政府在《政府工作报

---

① 财政部早在1999年4月就发布了《政府采购管理暂行办法》，随后又颁布了《政府采购招标投标管理暂行办法》和《政府采购合同监督暂行办法》；监察部、财政部、审计署联合向全国发出《关于2000年推行政府采购制度工作的意见》，再次表明了党中央、国务院对推行政府采购制度的决心和力度；《政府采购法》已列入《九届全国人大常委会立法规划》，2002年开始实施；我国承诺到2020年对WTO成员国对等开放政府采购市场。

② 基建财务"三审制"、政府专项资金"三专"管理制度、"零户统管"财政会计管理模式、政府性资金"三分两统"模式，这些走在全市前列的支出管理体制方面的改革，使政府性资金90%以上都纳入了政府监控的视野。单位没有钱，想不执行政府采购制度，也没有这个条件。

告》中正式宣布全面推行政府采购制度。

从世界各国的情况看,根据集中程度的不同,可以大致将世界上的采购制度模式分为三种,即集中采购模式、集中与分散相结合的采购模式和分散采购模式。集中采购模式,是指政府所需的物品、工程和服务统一由一个机构采购。其特点是:政府设立专门的政府采购机构,代表政府进行采购活动,政府其他部门无采购权。集中采购模式的优越性在于:可以最大限度地发挥批量采购的价格效应,降低采购成本;有利于加强政府采购的管理和监督,规范采购活动。其弊端是,难以迅速满足政府各部门不同的采购要求。分散采购模式,是指政府所需的物品、工程和服务由实际需要的政府各部门自行采购。这种模式虽然采购权分散在各部门手中,但采购的方式和程序都是法定的,并且受到统一的采购政策的约束。其优越性在于,可以使各部门的采购要求迅速得到满足,不足之处在于难以发挥批量采购的价格效应,不便于监督和管理。集中与分散相结合的采购模式,是指法律明文规定部分采购项目由政府指定的专门机构统一采购,其他项目则由各部门自行采购。这种采购模式取集中采购和分散采购之所长,又在一定程度上克服了二者的不足,是一种较为理想的采购模式。县政府确定了以集中采购为主、分散采购为辅的统分结合的采购模式。主要内容是"三统一分",即"统编预算,分类执行,统一管理,统一支付"。(1)统编预算。政府采购管理部门在预算管理部门编制的财政预算的基础上,分品目和单位编制汇总政府采购预算。(2)分类执行。将政府采购预算中易于集中采购的部分,交集中采购机关执行或委托招标中介机构招标;其他部分批复给各分散采购机关按统一的政府采购程序或方式自行分散采购。(3)统一管理。采购程序、评标办法、信息发布、专家评委库、采购档案、供应商准入、招标文件和合同的基本格式等,由县采购办统一管理。各采购机关均要向政府采购管理部门报送采购的有关材料,备案审查。县采购办还要直接参与监督和管理集中采购项目。(4)统一支付。政府采购管理部门对采购资料进行审查后,通知国库直接将采购资金支付给供应商。

政策效应:Y区结合实际,先后制定了一系列规范性文件,并以此为基础积极探索了具有思路前瞻性、方法系统性、操作可行性、实践有效性的一系列政府采购运行管理新措施。比如,推行政府采购项目主持人制度;推行政府采购业务操作"三合三分"法;推行政府采购资金"零账户集中支付"模式;推行工程项目"无标的招投标"模式等。其影响有:(1)节省了财政资金。至2001年8月止,Y区试行政府采购招标的项目有11大类,50多个品种,三年多来,实现政府采购的预算金额5 814万元,合同金额4 729万元,节减支出1 085万元,节支率达18.66%。(2)提高了采购效率,节省了采购费用。分散采购制度下,每个部门均有人负责采购,采购行为重复,集中采购则由一个专业部门采购,减少了采购次数,且由于量大,供货商会提供良好的服务,如送货上门、包安装、包培训、包维修等等,节省了运输等成本,从而节省采购费用。(3)由于预算资金的存在,部门间财力上的贫富不均已是客观存在的。经费充裕的,消费盲目追高;经费不足的,不甘在办公条件方面长期落后,也会挖空心思攀比。集中采购,统一供应,抑制了消费攀比浪费。(4)规范了财政支出管理。(5)提高了政府消费的质量。供应商能否在采购招标中脱颖而出,取决于他们提供的产品或服务是否价廉物美,是否价廉物美由专业人士组成的评标委员会判定。相对于分散采购而言,集体评判方式一是更内行,二是透明度高,从而能更好地保证政府消费行为的质量。(6)抑制了政府采购中的非公动机,减少公共支出的浪费。一部分人在分散采购时捞"回扣"已是公开的秘密。实行公开招标,将整个采购过程置于社会监督之下,能有效抑制专项经费请客环节的非公动机和阻止采购环节中私人目的得逞,从而减少财政支出中的浪费。2001年文教行政单位的设置购置申请较往年减少30%以上,也为Y区财政通过制度创新走出困境提供了可资借鉴的经验(见表2-9)。

表2-9 Y区政府采购效果及分布

项	目	预算金额（万元）	合同金额（万元）	节支额（万元）	节支率（%）	合同额占采购额比重(%)
按时间分	1999年	1 200	950	250	20.83	20
	2000年	2 114	1 719	395	18.68	36
	2001年	2 500	2 060	440	17.6	44
	合计	5 814	4 729	1 085	18.66	100
按类别分	货物类	2 150	1 849	301	14.00	39
	工程类	1 200	864	336	28.00	18
	服务类	2 464	1 846	618	25.1	39
	合计	5 814	4 729	1 085	18.66	100
按采购机关分	采购中心	4 250	3 452	798	18.78	73
	招投中心	872	709	163	18.69	15
	药品中心	227	188	39	17.18	4
	教仪采购	465	380	85	18.27	8
	合计	5 814	4 729	1 085	18.66	100

注:此表包括县乡两级的采购数额。

资料来源:Y区财政局。

四、政府性收入统管改革

政府性资金的收支行为几经整治,虽有所改观,但由于经济利益的强力驱动和各方面关系尚未理顺等原因,各种收费、罚款及其他形式的政府性收入分配处于较为混乱的状态,其主要表现是"四多四乱"。(1)征收部门多,公共资源配置乱。县乡两级845个行政事业单位中有权向社会收费的达637个,占单位总数的75.5%,全年各种项目的收费总金额约12 000万元。由于政出多门,执政执罚主体混杂,社会判断的标准不一,使政府资金收入分配部门化,分解了政府职能。(2)收费项目多,收入标准乱。除中央和省级以上政府审批的项目以外,各部门擅自设项的名目繁多。据初步统计,县乡两级各种收费项目达1 100多个,上级规定和部门自立的收费标准共计达3 300多个,除此以外,人情标准、关系标准泛滥成灾。(3)征收环节多,收入行为乱。传统的征收管理方式至少要经过5道环节:单位向财政领票—单位开票收款—单位将资金存入银行—单位定期将资金划入财政账户—单位到财政销票。由于环节过多,征收过程全部由执收单位包办,政府财政对随意设立收费项目、擅自扩大收费范围和提高收费标准等扰乱政府分配秩序的"三乱"行为缺乏有效的监督和制约。(4)消费性支出多,开支用途乱。据估计,收费支出中用于消费性支出的占总收入的40%,违纪违规以及用途不正当的占总收入的20%以上。Y区在推出"税款直达"模式之后,1999年又在预算外资金"一个账户收入直达"管理办法的基础上推出了政府性资金[①]"三分两统"管

[①] 所谓政府性资金,是指凭借政府赋予的行政职权,以政府名义或代行政府职能按法律、法规的规定,参与社会产品分配收取、提取的各种资金。政府性资金有广义和一般意义之分。广义的政府性资金包括税收和各种非税收入。一般意义上政府性资金仅指后者,由三部分组成:一是罚款、国土出让金、土地租金及其他收入等预算内收入。二是行政事业性收费、政府性基金等预算外收入。三是保证金、押金、暂扣、预收、代收等其他预算外资金。

理新模式,这一制度创新更具彻底性、系统性。具体内容包括:"一设、两统、三分、四定、五规"。"一设":设立统一规范的政府性资金计算机网络信息系统,实行信息资源共享。"两统":政府性资金统一进入县国库经收账户,统一分配使用,实行统筹安排,综合平衡。"三分":对政府性资金实行收缴分离、罚缴分离和收支分离,保证资金安全完整和分配有序。"四定":一是核定银行账户,规定独立核算单位只能经财政和人民银行批准开设一个支出结算基本账户,多头账户一律取消,任何单位均不得以资金项目和性质特殊为由开设专项资金账户,实行"零户统管"。二是核定收款项目、标准及其代码。由监察、人民银行、财政、物价在各部门、各单位自查自报的基础上,逐户核定各部门、各单位的收费、罚款及保证金押金的收款项目及其标准,并按计算机网络操作的要求给每项合法收款设定一个代码,各家银行据以开发软件程序,无代码的项目即为非法项目。三是核定执收单位及其代码。执收单位自查认为具有向社会收取各项政府性资金资格的,由单位申报并经财政会同编办、人民银行、监察等部门共同审核,对符合条件者核定为执收单位并赋予计算机代码,对不合条件者不核定单位代码。四是核定银行代收网点,由政府授予"委托代收证书"。"五规":一是规范缴款程序;二是规范票据管理;三是规范银行代收网点管理办法;四是规范支出管理,推行"零基预算",严格按编制、按定额核定经费支出指标,假冒往来款名义搞"三乱"行为的非法收入一律回归国库;五是规范监督检查,对坐收坐支、使用白据收款、白据付款、乱设账户、自立项目等违规行为实行"联合检查,查处分离"。

"三分两统"模式在该县于1999年9月全面实施,截至2000

年年底共集中单位执收的政府性资金1.5亿元,通过清理共注销单位违规开设的银行账户51个,废止自立收费罚款项目97个,回收缴销各种票据3 350本,追缴资金221万元,减少乱收费、乱罚款125万元。

政策效应:(1)促进了政府财力分配行为的规范化,有利于加强效益财政建设。"三分两统"模式创造性地将管理的触角延伸到全部政府性资金的收支活动,拓宽了管理的领域,克服了现行"收支两条线"模式只覆盖行政事业性收费和罚没收入的局限性,进而使政府性资金的分配行为建立在规范、有序的基础之上。(2)加快了管理手段现代化步伐,有利于深化机构改革、精减人员和转换政府职能。"三分两统"模式,充分利用计算机技术和网络技术,建立了以开票为起点,资金划转—票据领销—核对账目—支出拨款—分析监控计算机信息网络体系。不仅使政府性资金信息更准确、更快捷,解决了政府性资金信息不对称的问题,还可以通过提高办事效率,推动机构改革和政府职能的转换,进而减少政府财力供给的人数和社会负担。(3)规范了预算管理,推进了国库集中收付制度改革。"三分两统"第一次使政府性资金集中收纳国库由理论变为现实,把全部政府性资金都纳入国库集中统一管理,在政府收入方面实行"零户统管",在支出方面实行"零基预算",为国库单一账户制度的实施探索了可行的路子。(4)推进了"三乱"治理。"三分两统"模式扭转了单位"乱收无票"、"乱支无途"的状况。将执收单位、收款项目、收款标准、银行代收网点、缴款办事程序都向全社会公示,使政务公正、公开、公平真正落到了实处,从而增强了党和政府在人民群众中的威信。

五、国库集中支付制度创新

1996年以来,Y区先后推出的税款直达、零户统管、三分两统财政管理模式,基本实现了政府性资金集中收纳,也为政府性资金集中支付提供了有利的操作平台。在国库(财政)集中支付制度的构建方面,先后实行了人员经费直达个人、专项资金直达劳务提供者或货物供应商以及财政集中上解应交上级资金三种集中支付模式。

人员经费直达个人模式:指"一体五分"工资直达模式和民政优抚救济经费分级管理直达个人模式。(1)"一体五分"工资直达个人模式指以解决拖欠工资为重点,以管理一体化、对象分类、资金分户、负担分项、直达分块、实施分步为基本内容的一种新型工资性支出财政管理机制。"一体",即管理一体化,工资直达以综合财政预算的完整性为基础,用于发放给个人的工资性经费,一律在综合预算中统一安排。只有工资以外的经费,才按进度下拨给单位支出账户。同时,一体化管理人员编制、工资标准和工资信息。不论是县级,还是乡级,财政供养人员编制一律由县编办核准,工资标准一律由县人事局核准,在财政内部对人员、工资的管理信息由过去的县乡两级财政、县财政内部各口分散管理改为县财政局预算股统一归口管理,工资拨付由国库统一直达个人。县财政预算股统一调度资金,集中管理。"五分",具体内容和操作办法:对象分类——对工资性支出对象按全额、差额、自收自支进行明确分类管理;资金分户——在国库增设一个"工资专户",将工资性支出与公用经费分开分户管理,工资性支出资金全部划入专户,统一由专户拨付,公用经费及对个人的代扣款由国库直达单位;负担分项——明确财政预算负担的工资性支出项目和范围以及应由单位自筹的工资项目;直达分块——工资直达分县乡两块进行,县直部分由县财政局根据财政负担的应发数直接从国库划转各代发银行工资散户,乡镇人员的工资由县财政直接将工资资金划入各乡镇工资散户;实施分步——第一步将乡镇财政供给人员工资由过去的现金发放改为委托银行代发,第二步针对部分乡镇仍然存在的拖欠、挪用现象,县财政局在各乡镇开设了工资专户,第三步对所有财政供给人员实行了"编办核编、人事核标、财政核资、银行代发"的办法。
(2)民政优抚救济经费"分级管理、直达个人"模式可概括为"三保四改"。"三保"指确保资金用途不变,不得随意改变;确保资金分配权不变;确保自然减员节余经费使用方向不变。"四改"指预算指标分配主体由县主管部门改为县乡两级政府预算,优抚救济经费支出由县乡两级政府各负其责;预算资金的拨款及方式由曲线下拨改为县财政一条边下拨到乡财政所,实行"零户统管";优抚救济对象领款办法由享受者到民政办盖章领款改为由财政直达个人存折;支出报账核销方式由民政办"报单"销账改为"报表"销账。

专项资金直达劳务提供者或货物供应商模式主要包括四项:(1)国债生态专项资金"县级报账",实行"三权分离四线运行"。"三权分离":即工程建设管理权、质量监督权、资金结算权相分离。工程由项目责任部门负责组织实施,工程质量由监理专家和有关人员负责监督,县财政局负责结算工程款并支付资金。"四线运行":即工程施工线,由项目责任部门负责按规划设计的要求组织实施进行。质量监督线,由监理专家、财政所及有关部门在施工现场进行监督检查。工程资金管理线,工程款按进度拨付,工程款结算由责任单位经办人、负责人、县主管部门、县领导、县财政局领导审核会签后,由县财政局将资金直接支付给工程队。属于乡镇农民工建设的项目,资金由县财政局下拨给财政所,由财政所直接支付给工程队。会计核算线,专项资金设立独立账目,完工单、工程款税务发票、支付会签审批单均集中由县财政局做账。(2)基建专项资金"实物供给集中结算",进行"审"、"供"、"拨"改革。"审":用款单位根据政府批准的计划和定额标准拿出详细用款计划。包括:工程量,购买材料规格单价,人工费及其他费用等具体内容,乡镇经财政所审核后报县财政局。"供":根据经财政所审核的单位用款详细预算,县财政局组织政府采购,并给用款单位开出提货单,责任单位经办人在提货单上签字。责任单位提货后在提货单上签署验收意见。区财政局凭有责任单位经办人签字的提货单和发票做账与结算货物款。财政所凭有责任单位验收意见的提货单作拨款及支款的账务处理。"拨":除材料费以外的资金,按进度下拨给财政所直接支付。建设工程,当年预留10%的质保金,待一年自然检验合格后支付。(3)城建资金"财政集中支付",改革措施是设立专户、统管收入、核定项目、集中支付。"设立专户":在专项资金会计处设立"城建资金"专门账户,用于归集各个渠道的建设资金。"统管收入":把预算内安排的资金、预算外政府性城建专项收入、银行贷款、其他渠道融通资金都纳入专户统一管理。"核定项目":每年年初由县建设局拿出建设资金分配方案,报经县政府审定,由县财政局、县计委联合行文下达,不得随意变更。"集中支付":属于政府采购的项目按政府采购制度的规定操作。(4)政府采购资金集中付款。宜昌县从1991年即开始实行大型会议费财政专管员现场监管集中支付管理办法。每年节约会议费20%以上。1999年7月成立政府采购中心，2000年出台政府采购目录，将集中采购的项目由货物延伸到工程、服务三大类，程序进一步规范。

财政集中上解应交上级资金。为细化支出管理，防止单位假借上解之名乱开支，便于上级财政部门加强预算外资金管理，宜昌县从1996年开始在县乡两级财政实行了预算外资金上解支出（包括证照成本）财政集中上解办法。

政策效应：(1)政府性资金全部由财政集中管理，支出由国库（财政）直接支付，提高了资金支出的及时性、稳定性和支出效益，增强了资金统一调度能力。从此，不再拖欠公教人员工资及预算安排的专项经费。(2)集中支付必须细化预算编制，实行预算编制、执行、监督相分离和制约，这为强化预算约束、推行预算编制制度改革奠定了基础。(3)集中支付改变了政府性资金管理不力、监督松弛、截留挪用、瞒支乱用等财经违规现象，形成了新的资金支出管理机制，为规范财经秩序提供了制度支撑。(4)集中支付使得一切支出都公开、透明、顺畅运行，没有中间环节，保障了国家资金的安全与完整，从制度上遏制了腐败。

第三节 县乡七轮财政体制变迁

"对下"财政体制主要是指Y区与下辖的乡镇政府在财政分配关系上的变化，相对于"对上"的财政体制而言，Y区在"对下"的财政体制上具有主导权，基本上是其下辖的乡镇要接受区级政府的安排。Y区在处理区—乡镇间财政关系上主要体现为乡镇财政体制改革与"零户统管"模式。在区级财政体制改革中已经考察过"零户统管",其实,"零户统管"最开始在区乡之间实行,后来感觉效果很好,才开始在区级部门中实施。所以"零户统管"在乡镇和区级政府部门两个领域都在推行。

合理划分县乡两级政府财政收入和财政支出,建立较为规范的政府间财政转移支付制度,通过体制的调整和完善,切实保证乡镇机关事业单位工作人员工资的及时足额发放和基层政权的正常运转,防止县(市、区)内乡镇间财力差距进一步扩大,促进地方经济及各项事业的持续、稳定和协调发展,这就是改革和完善乡镇财政管理体制的初衷。

Y区在乡镇财政体制改革上,应该说是走在了县级政府在县乡财政改革大道上的前列,迄今已完成六轮乡镇财政体制改革,第七轮财政体制改革正在进行中。在第一轮乡镇财政体制改革开始的前一年1985年,全县才开始成立乡(镇)一级财政,对乡实行增收分成和行政经费包干的管理办法。

1. 第一轮乡镇财政管理体制改革:1986—1988年

前两年所有乡镇都实行"收入超基数比例分成"形式(县乡三七比例分成);第三年在上述形式之外,增加了"增收分成"形式。而且当年新成立的5个乡本级留70%,上交县30%,其他乡镇"县乡一九分成"。

2. 第二轮乡镇财政管理体制改革:1989—1991年

6个乡镇实行"总额分成"体制;4个乡镇实行"收入超基数比例分成"体制;2个乡镇实行"定额上交"体制;4个乡镇实行"定额补贴"体制;3个乡镇实行"收入递增包干上交"体制;1个乡镇实行

"补贴递减"体制。

3. 第三轮乡镇财政管理体制改革:1992—1995年

6个乡镇实行"总额分成"体制;3个乡镇实行"收入超基数比例分成"体制(1994年分税制后改"收入递增包干上交",年递增10%);2个乡镇实行"定额上交"体制;9个乡镇实行"定额补贴"体制。

4. 第四轮乡镇财政管理体制改革:1996—2000年

7个乡镇实行"划分税种、核定基数、递增上交"体制;4个乡镇实行"划分税种、收入全留、超支不补"体制;9个乡镇实行"划分税种、核定收支、定额补贴"体制。

5. 第五轮乡镇财政管理体制改革:2001—2003年

实行两种体制:"划分税种、核定收支、递增上交(年递增5%)"体制与"划分税种、核定收支、定额补贴"体制。

6. 第六轮乡镇财政管理体制改革:2004—2006年

体制形式有三种:"划分税种、核定收支、递增上交(3%)"体制、"划分税种、核定收支、定额上交"体制与"划分税种、核定收支、定额补助"体制。

7. 第七轮乡镇财政管理体制改革:2007—2011年

主要内容概括起来即"简体制、强保障、建机制、严管理",其体制形式仍为三种,即"划分税种、核定收支、递增上交(3%)"、"划分税种、核定收支、定额上交"、"划分税种、核定收支、定额补助"。

Y区针对乡镇的七轮财政体制改革(见表2-10),主要是在县级范围内平衡财政,同时增加区级财政的调配能力,对于乡镇发展和规范管理都是一种促进。

表 2-10 Y 区乡镇财政体制改革

轮次	改革主要内容	适用乡镇	适用时间
第一轮	收入超基数比例分成	所有乡镇	1986—1987年
	在收入超基数比例分成同时，增加增收分成	殷、栗、柏、黄、上等5个乡镇留用增收部分70%，其他乡镇留用10%	1988年
第二轮	总额分成	小、樟、殷、黄、龙、鸦	1989—1991年
	定额上交	栗、桥	
	收入超基数比例分成	邓、太、乐、晓	
	收入递增包干上交	艾、雾、分	
	定额补贴	上、柏、土、下	
	补贴递减	三	
第三轮	总额分成	小、樟、殷、黄、龙、鸦	1992—1995年
	收入超基数比例分成	雾、太、邓（1994年改为收入递增包干上交）	
	定额上交	艾、分	
	定额补贴	其他9个乡镇	
第四轮	划分税种、核定基数、递增上交	小、樟、殷、黄、龙、鸦、乐	1996—2000年
	划分税种、收入全留、超支不补	太、艾、雾、三	
	划分税种、核定收支、定额补贴	其他9个乡镇	
第五轮	划分税种、核定收支、递增上交	小、樟、殷、黄、龙、鸦、乐	2001—2003年
	划分税种、核定收支、定额补贴	其他13个乡镇	
第六轮	划分税种、核定收支、递增上交	小、樟、龙、鸦	2004—2006年
	划分税种、核定收支、定额上交	乐、太、雾、三	
	划分税种、核定收支、定额补助	邓、分、黄、下	
第七轮	划分税种、核定收支、递增上交	小、樟、龙、鸦	2007—2011年
	划分税种、核定收支、定额上交	乐、太、三、黄、邓	
	划分税种、核定收支、定额补助	分、下	

注：表中乡镇的名称，第一轮：殷家坪镇、栗子坪镇、柏木坪镇、黄花镇、上洋乡。第二轮：小溪塔镇、樟村坪镇、殷家坪镇、黄花乡、龙泉镇、鸦鹊岭镇；栗子坪镇、桥边镇；邓村乡、太平溪镇、乐天溪镇、晓峰乡；艾家镇、雾渡河镇、分

乡镇；上洋乡、柏木坪镇、土城乡、下堡坪乡；三斗坪镇。第三轮：小溪塔镇、樟村坪镇、殷家坪镇、黄花乡、龙泉镇、鸦鹊岭镇；雾渡河镇、太平溪镇、邓村乡；艾家镇、分乡镇；第四轮：小溪塔镇、樟村坪镇、殷家坪镇、黄花乡、龙泉镇、鸦鹊岭镇、乐天溪镇；太平溪镇、艾家镇、雾渡河镇、三斗坪镇。第五轮：小溪塔镇、樟村坪镇、殷家坪镇、黄花乡、龙泉镇、鸦鹊岭镇、乐天溪镇。第六轮和第七轮所涉及乡镇名称都在前五轮之内，不再列出。

资料来源：根据Y区财政局提供资料整理。

"从财政收支的这个规模来看，乡镇财力是在增强，但是就乡镇财力本身来看，财政体制改革后，作为乡镇一级的财力本身没有多少剩余的财力，因为我们没有新的财源。村一级属于民间组织性质，它可以搞募捐等手段来弥补自身的财力不足，但是，我们乡镇就不能搞，因为是受政府财政支持的。现在的财政体制决定了我们乡镇这一级没得多余的财力，完全是一个吃饭财政的状况。"①

"对乡镇来说，区里对乡镇要做的工作有这么几点，第一从财政本身反映的问题来看，对乡镇的财政体制应尽可能把它进一步规范，尽可能按照农村财政管理体制这个路去走，能不能达到这个效果，还要看区委区政府的决策，当好他们的参谋；第二点作为乡镇财政，为了支持全区的经济发展，包括乡镇经济发展，还是要站在区的角度考虑发展经济，资金政策到位，乡镇贫困的地方得到转移支付，尽可能巩固发展。"②

"现有的财政体制安排没有考虑到突发性事件的处理。……

---

① 调研录音资料 Rfxz070614a.1。
② 调研录音资料 Rlcy030810p.1。

第六轮的财政体制改革与实际相差很大,你看像我们街办一年的打印和复印费要10万左右,还有水、电、接待等各项费用支出。体制改制后收入的基数相差很远,我们现在属于典型的贡献性的财政。我们每年向区里面要上交2000多万元,虽然区里面有返还,但是我们实际上只用了1100万元左右,这还包括村干部的工资和上面转移支付给农村的财政收入,这个我们不能用,只是过渡性的财政,我们要全部转移支付到农村的。造成我们还不起债的原因和现在财政体制有很大的关系。"[①]

Y区自乡镇财政建立以来二十多年的探索和实践,从最初单一的"收入超基数比例分成",演变成当前的复合型体制,使乡镇财政迅速发展与壮大。每次乡镇财政体制的调整,都起到了一定的促进作用。在体制制定过程中,Y区始终坚持事权与财权相统一、公平与效率并重、扶优帮困突出重点、收入属地征管、简化形式便于操作的原则,在合理确定乡镇财政收支范围的基础上,特别是第七轮财政体制改革,一改过去沿用多年的"三年一轮"为"五年一轮",严格按照"乡财乡用县管"的乡镇财政管理体制要求,出台了"乡财乡用区监管"的新型财政体制管理模式,突出了"简体制、强保障、建机制、严管理",兼顾吃饭与发展的关系,充分调动了乡镇政府当家理财的积极性,这在一定程度上增强了乡镇的财政自主性。

Y区的七轮乡镇财政体制改革本已使其在财政体制改革方面很有影响,而得到高层首肯的"零户统管"财政模式不仅仅是针对政府部门,更为重要的是协调区级与乡镇的财政关系。

为解决乡镇财务管理混乱问题,提高财政支出效益,Y区(原

---

① 调研录音资料Rxxt060614a.1。

宜昌县)1998年9月在全县全面推行"零户统管"改革。即在保持单位资金使用权和财务自主权不变的前提下,取消了单位银行账户和会计,财政统一管理会计人员、资金结算和会计核算工作。同时,以"零户统管"改革为基础,实行了乡镇基建项目资金财政集中支付、民政优抚救济经费直达优抚对象、公教人员工资银行代发等多项配套改革办法。这一改革模式受到了中纪委和湖北省委省政府的高度重视,而且省政府于2001年要求全省各乡镇100%予以推广。

"实际上说这个零户统管,最先发起的,就是我(注:2003年的Y区分乡镇党委刘书记)发起的,因为我那个时候在小丰乡,电视台经济台的那个记者苏明知道。在全国推广的时候也是他跟我第一次座谈,因为我当时站的角度不是从财政这个角度,是从地方政府的这个角度,是加强地方政府组织宏观控制经济的能力,叫做统一账户、分户管理,统一账户把乡镇这个七站八所的钱放到一起来,统一到财政一个账户去了,来分户进行管理,量入为出,来增加政府宏观调控资金的能力,就是这个指导思想,最后是财政系统把它利用了,这个思想符合财政工作的理论,所以财政部门觉得这个办法是好办法,从财政、财务管理的角度研究了一套零户统管,开始这个事情的发起并不是叫零户统管。"[①]

"行政事业单位在银行开设账户过多过滥,我想都把它取消为零,这是一个;再一个就是我们当时想单位不设账户,叫做零户;第三个就是一项工作从零开始,探讨一种新的管理方式和方法,一个单位财务管理需要从零开始,从头再来;第四就是想把一些零散的

---

① 调研录音资料 Rlsj030811a.1.

账户统管起来。我们主要考虑这么几种意思,然后查阅了一些资料后就界定了这个名字。"①

"现在财政部门将零户统管作为一种财务制度来推行,实际上是利益关系的再分配,把这种零户统管的方式,作为控管预算外资金,作为建立公共财政在运作,是按照公共财政的理论。控管预算外资金的运作,运作以后它的积极因素很大,比如,对单位部门的钱加强监督,由事后监督改为事前监督,有前瞻性。负面作用主要是三个方面,第一是政府包揽部门职能,干涉部门财权,把资金捆绑使用往往把钱集中到财政里头,财政部门要用这个钱就成为合理合法的;第二个方面的弊端是不合理的开支有了合理的渠道,比如说我这个部门的钱开支不大合理,那我和财政部门的关系搞好,不合理的搞合理;第三个问题,把所有的钱都捆绑到财政一家身上,大家都找财政部门,在我们湖北凡是零户统管搞得比较好的地方包袱都丢得最多,你把各个部门的钱收起来,我要履行职能就要找你要钱,财政部门虽权力扩大,财政压力也扩大了。它的好处也有,如增加政府宏观调控能力,加强监督和管理,由事后监督到事前监督,再就是把资金捆绑使用、综合利用,在非常良性的政府,非常高效原则的基础上,实行这个制度那是很好的,但是现在的政府运作很多不规范。"②

这表明,人们对"零户统管"还有不同意见,该制度具有局限性。更为重要的是,这会触及部门利益,所以实施起来还有一定难度,其绩效还有待观察。

---

① 调研录音资料 Rysm030811a.2。
② 调研录音资料 Rlsj030811a.1。

第四节　财政体制创新

中国的财政制度创新也是以地方财政制度创新为起点和突破口的。"分灶吃饭"的预算管理体制创新最初起于江苏和四川。1979年江苏实行的是"固定比例包干"体制,同一时期四川实行的是"划分收支、分级包干"体制。这次地方财政制度创新的影响力极其强大,明显增加了其他省市的创新动力,这就是1980年中国财政制度创新的实践动因。分税制改革的尝试则最早出现于天津、辽宁、浙江、新疆等地。湖北是一个重要的创新区域,许多改革尝试在全国具有首创性。比如,在全国率先实行的零基预算制度创新、会计委派制度创新、国库集中收付制度创新、社会保障管理制度创新、政府采购制度创新等等。进入20世纪90年代后,湖北的县市一级的财政制度创新表现得特别活跃,Y区就是其中之一。

正如上文所表达的,Y区在"对上"的财政体制变迁中没有主导权,从全国范围内的分税制改革到分税制的完善与调整,Y区是完完全全的"接受者",在面对这样的一种全国范围内的体制改革面前,它的财源、它的收入、它的支出要在接受了这样的改革的同时作出相应的自身调整与改进。而Y区在本级财政及"对下"的财政体制变迁中具有主导权,但这样的一种主导权又多多少少体现了上级政府在相关方面的精神。

表2-11是对Y区财政体制创新价值的分析,可以看出首创的成分是非常高的,或者说在对Y区财政体制变迁的考察中,自始至终都充满了创新的内容,我们将其归纳为两个方面:

1.财政收入管理制度创新。财政制度包括很多种类,比如:税

第二章 财政关系与制度变迁　83

收制度、国债制度、财政预算制度等,对中国地方财政来说,能纳入创新范围的制度受到一定条件的限制,也就是地方财政制度创新受到制度环境的严格制约。自从中央实行分税制以后,由于地方财政在收入上有明确的边界,如何有效率地组织地方财政收入就成为地方政府关注的重点。在财政收入管理制度上进行创新,各级地方财政既有这方面的权利,也有这方面的动机。

表 2-11　Y 区财政体制创新

制度创新	基本内容	首创成分	价值评价
零户统管	取消乡镇所有银行账户,收入直达、支出直达,集中办理资金结算、核算,设立总会计,建立综合财政预算管理制度、收支审批制度等	全国首创	规范了乡镇财经秩序,提高了乡镇财政资金的使用效益;极大地提升了宜昌县在全国的社会影响力;进一步增强了宜昌县制度创新的积极性,提高了其创新能力
税款直达	财、税、库计算机联网,取消所有征收机关收入过渡户,预算收入由国库部门经收并直达国库	首创部分:国库经收、税款直达、微机联网	彻底取消收入过渡户,利于从根本上解决税款占压和从源头上遏制腐败,利于提高财政收入效益,降低成本和保证财政预算正常执行;简化入库程序,利于提高办事效率,提高财政管理的水平,利于推进税务及其他非税性财政收入的征管体制创新
三分两统	政府性资金统一进入县国库网络经收账户,实行统筹安排,综合平衡;实行收缴分离、罚缴分离和收支分离	全国首创	促进了政府财力分配行为的规范化,加快了管理手段现代化步伐,有利于深化机构改革、精减人员和转换政府职能,而且规范了预算管理,推进了国库集中收付制度创新

续表

制度创新	基本内容	首创成分	价值评价
政府采购	统编预算,分类执行,统一管理,统一支付	部分首创	1993年推行政府大型会议经费财政直管竞价办会制度,借鉴了国内外经验,这一创新起步早,内容全面,较好地发挥了创新功能
集中收付	"一体五分"工资直达个人和民政优抚救济经费分级管理直达个人	部分首创	受益于前期创新,并借鉴外地创新的经验,创新内容具有宜昌县的特色,这一创新增强了政府的资金调度能力,提供了规范财经秩序的制度环境

资料来源:根据Y区财政局提供的相关资料整理。

县级财政性收入由两部分构成,一种是税收收入,一种是非税收入。组织这两类收入的方式和方法存在着很大的区别,同时这两类收入管理存在的问题也各自不同。Y区从财政管理工作实际出发,以提高地方政府可用财力为出发点,运用现代化技术创新手段,加强对政府财政性收入管理,实施了两项管理制度创新,从不同的角度加强了对财政性收入的统管。一是对各种税收收入实行"税款直达"入库制度。由于税收征收机关征缴税收后,从其收入过渡户中划转缴入国库存在时间差,就出现了税款入库的及时性问题,导致税收收入任务完成后,国库却无钱支付的困境。Y区对传统的管理体制进行大胆创新,建立了前文所述的"国库经收、税款直达、微机联网"的管理新机制。即财政、税务、国库以网络为依托,取消所有征收机关收入过渡户,实行税款收入由国库部门经收并直达国库。实行这一税款直达新机制后,税款在途时间减少为零,实现了财政、国库资金同步,加强了财政收入的管理。二是对非税收性政府资金推行"三分两统"模式。Y区从规范政府分配行为、在源头上治理"三乱"抓起,创造性地贯彻中央"收支两条线"会议精神,推出了上文所谈到的以收缴分离、罚缴分离、收支分离、非税性政府资金统一直达国库、财力统一分配为基本内容的"三分两统"管理模式,实现行政事业单位的罚款、国土收入和其他预算外资金等非税性政府资金及时、足额纳入财政统管之下。

2.财政支出管理制度创新。实行分税制后,由于没有建立起地方税收体系,使得县市成为财政支出压力最大的层级。在这些支出压力最大的地方,如何减少支出并提高资金的使用效益,是财政部门最重要的工作。而解决这些问题的出路就是改革现行的财政支出制度。Y区先从乡镇的财政支出制度创新着手,同时又在占支出比重较大的购买性支出制度上进行改革,构建了一套新型的地方财政制度体系。

Y区从1986年开始探索建立乡镇财政体制,先后制定、实施了七轮乡镇财政体制改革,我们可以理解为,Y区乡镇机构的改革是对其乡镇财政体制改革的"反应"。当第五轮财政体制改革开始实施,农村税费改革就在全国部分省市开始试点,而农村税费改革的核心内容触动了乡镇的主要收入来源,收入来源的减少直接影响乡镇的支出方向与能力,甚至其自身的运行可能都会受到影响,因而从这个角度讲,在不断改革与完善县、乡财政体制关系的同时,如何降低行政成本与提高行政效率成为决策者不得不考虑的问题。因而乡镇财政体制改革已实施了一段时期后,乡镇机构的改革是必不可少的,而且很大程度上会影响乡镇财政体制改革的进程与效果(见表2-12)。Y区乡镇机构改革有以下五个方面的

表 2-12 财政制度对县乡财政关系的影响

财政关系	财政制度创新的作用	Y 区的做法与成效
县乡财政收入划分关系	在收入划分方法上进行创新,可以避免财政收入的流失,避免各乡镇间的利益冲突,并调动各乡镇发展经济的积极性	Y 区先后进行七轮乡镇财政体制调整,对理顺财政分配关系、提高乡镇发展经济和社会事业的积极性有着重要的作用
县乡财政支出划分关系	财政支出范围划分方法上创新,可使乡镇更好地发挥职能作用,提供公共产品和公共服务	在制定乡镇财政体制时,将经济增收的利益全部和大部分留给乡镇,以推进乡镇财源建设,通过这种方法,使各乡镇形成了各具特色的财源,乡镇财政实力不断壮大
转移支付关系	通过转移支付制度创新,可以减少资金调拨过程中的渗漏,提高资金的使用效果,并使各乡镇间的公共产品的供给标准与数量大体均衡	根据各乡镇的实际情况,在体制的形式上区别对待,从而使各乡镇提供公共服务的能力大体相当,同时,对部分乡镇的公共产品由县级提供,实行多种形式的转移支付,以使乡镇间的财政分配达到效率性要求

资料来源:根据 Y 区财政局提供的相关资料整理。

主要内容:(1)各乡镇(街道办事处)统一设立 5 个综合性党政工作机构,乡镇与村之间设立的办事处一律撤销;(2)乡镇机关行政编制精简 20% 的任务,党政领导职数按 8 名配备,领导班子成员可兼任综合性工作机构负责人;(3)乡镇(街道办事处)事业单位改革的主要任务是压缩机构建制,合理办公室职能,精简人员编制;(4)改革后的乡镇站所实行以乡镇(街道办事处)管理为主的体制,区直主管部门只负责业务指导;(5)此次乡镇机构改革实行"一次定编定员,三年分流人员"的办法。

　　财政制度改革的主要目的是调整和平衡上下级政府间的财政关系。政府之间的财政关系调整主要是通过税收制度的改革来改变各级政府的财政收支结构,收支结构的变化会直接影响地方政府的财政能力,财政制度作为行政管理制度的基础,其变化必将带来治理行为和治理能力的变化。

第三章 财政结构与财政能力

财政结构通常包括财政收入、财政支出和财政平衡三个方面，地方财政结构反映了地方政府的财政收入来源及其财政支出特征。这在相当程度上反映了地方政府的财政职能，体现为地方政府的财政能力、政务重点及其治理特征。为此，本书在第二章"财政关系与制度变迁"的基础上，具体分析Y区政府的财政来源及其结构，通过相关数据的分析，呈现其财政收入能力、财政支出能力以及财政平衡能力，在此基础上，进一步考察其政府运行成本，进而评价其财政能力。

1997—2007年，Y区GDP总体上呈现较快增长的态势（见图3-1）。GDP总量由1997年的39.17亿元增长到2007年的88.04亿元，10年间增长了125%。但在此期间，有两次明显的回落，一次是1999年，其GDP总量由1998年的63.45亿元回落至55.46亿元，下降了近13个百分点；另一次是2005年，其GDP总量由2004年的81.50亿元跌至63.37亿元，回落了22个百分点。

在第一、第二、第三产业中，第二产业是绝对的强势产业（见图3-2），除2006年的比例略低于第三产业外，其余10年均为三大产业中比例最高的，而且其比例最高的一年曾接近50%（2004年，42.70%），但最近几年比重有所下降，主要是由于第三产业的发展速度加快。而第一产业比重总体上却呈现上升的趋势，由1997年

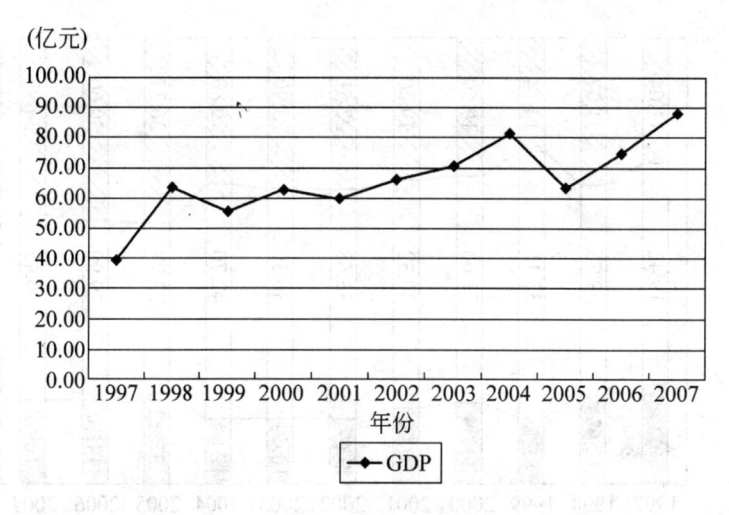

图 3-1　Y 区 GDP 走势图

的 8.71% 增至 2007 年的 16.62%,比重提高了近一倍,第三产业比例同期总体上也表现出上升的态势,由 11.04% 增长到 34.99%,比重提高了两倍有余。这三大产业的绝对值同样都是在增长,但反映出来的效果却不一样:第三产业所占比重的增长意味着该地区经济发展质量的提高,第二产业所占比重的提升意味着此地区工业化水平的不断进展。在现代国家的发展中,第一产业所占比例应该呈下降的趋势,而 Y 区第一产业比重的变化却与此相反。前面讲过,Y 区是农业大县,农业人口占 70%,这说明其农业大县的地位依然没有改变,但这农业大县的特征更多地体现在其农业人口比例偏高,而并非是其农业强县的表现。调查发现,Y 区近几年由于农业产业结构调整,农业综合开发逐渐产生效果,生猪、奶牛、茶叶、柑橘等农产品生产大幅上升,成为农业结构中的核心成分,使第一产业相对有所增长。因此,如果从三大产业的角度看 Y 区的经济发展,其产业结构的调整才刚刚开始。

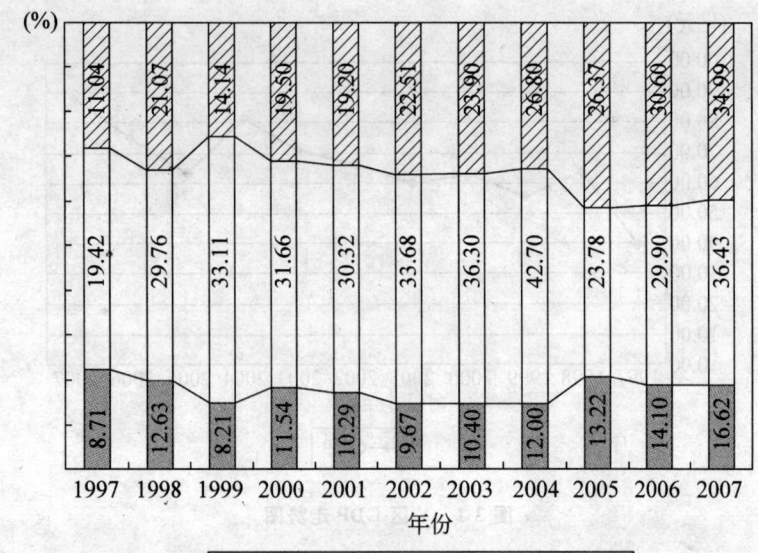

图 3-2　Y 区第一、第二、第三产业比重

第一节　财政收入分析

地方财政收入是依照财政制度规定,由地方财政组织、支配或使用的财政资金。任何政府都有与其事权相对应的财政来源。县级财政收入按照财政来源主要包括四个方面:中央、省市的财政来源,本级财政收入,对乡镇财政的汲取以及其他财政收入。按照财政部门的预算管理可分为预算内收入和预算外收入。按照财政收入形式可分为税收收入和非税收入两部分,税收收入结构和非税收入结构都处在不断的变化当中。因此,分析县级财政收入可以了解其财政收入结构和社会资源的获取能力的变化。

本节的基本思路是,首先分析 Y 区全地域财政收入,在此基础

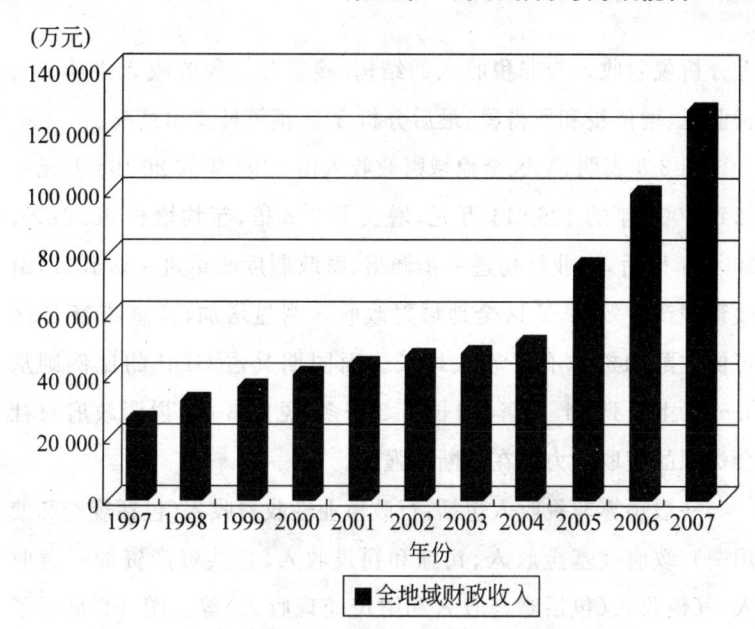

图 3-3　Y 区全地域财政收入

图 3-4　Y 区全地域财政收入占 GDP 比重

上分析税收收入与非税收入的结构,接着分析税收收入主体——营业税、增值税和所得税;最后分析 Y 区预算外支出情况。

图 3-3 表明,Y 区全地域财政收入由 1997 年的 26 198 万元增加到 2007 年的 126 314 万元,增长了 3.8 倍,年均增长 38.22%。2004 年以后,产业结构进一步调整,财政制度改革进一步到位,财政管理产生效果,Y 区全地域财政收入明显增加,这意味着 Y 区可供支配的资源有了较大增长。而同期其占 GDP 的比例则从 6.69% 上升到 14.35%,增长了 2 倍多(见图 3-4),说明政府对社会资源的获取能力是在不断增强的。

一般预算非税收入包括:行政事业性收费收入(包括规费和使用费)、政府性基金收入、罚款和罚没收入、公共资产资源经营收入、其他收入(包括赠与收入和财产变现收入)等。图 3-5 显示了 Y 区财政一般预算收入中的税收收入(见表 2-1)与非税收入的数额与比重,可以明显地看出税收收入占据了绝大比例,除 2005、2006 两年,其余年税收收入所占比重均在 80% 以上,其数额也由 2001 年的近 2 个亿变化至 2003 年的 3 个多亿,税收收入作为 Y 区财政一般预算收入的"绝对主力"构成,是财政收入的主体和关键,具有非税收入无可替代的地位。当然,非税收入也是 Y 区一般预算收入中的重要组成部分,其数额呈增长态势,但非税收入占财政一般预算收入的比重除 2005、2006 两年超过 20% 外,其余年份所占比重都在 15%—20%。由此可见,Y 区财政一般预算收入绝大部分来源于税收收入,虽然可以说非税收入是其财政一般预算收入的重要组成部分,但其对非税收入的依赖还是比较小的。2001—2007 年,Y 区财政一般预算收入中的非税收入中,行政性收费收入、罚没收入与专项收入占据了非税收入的主要部分(见图 3-6)。

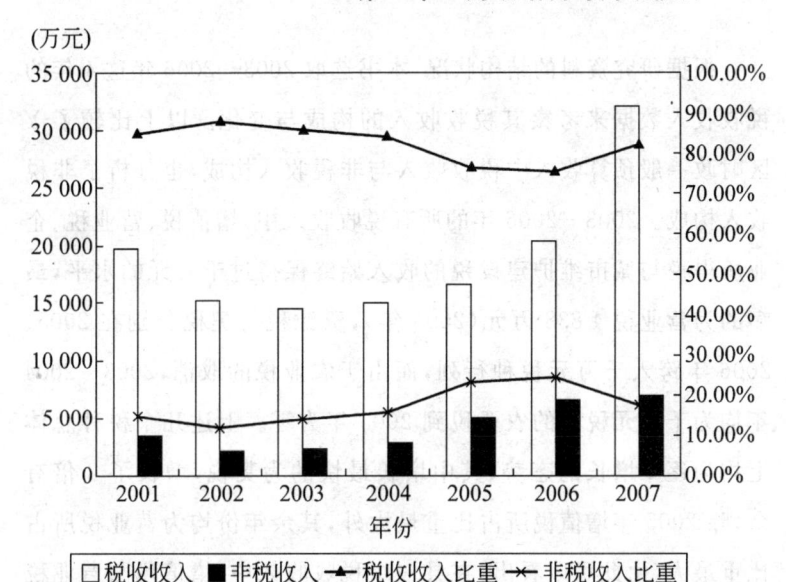

图 3-5 Y 区一般预算收入中税收收入与非税收入比较

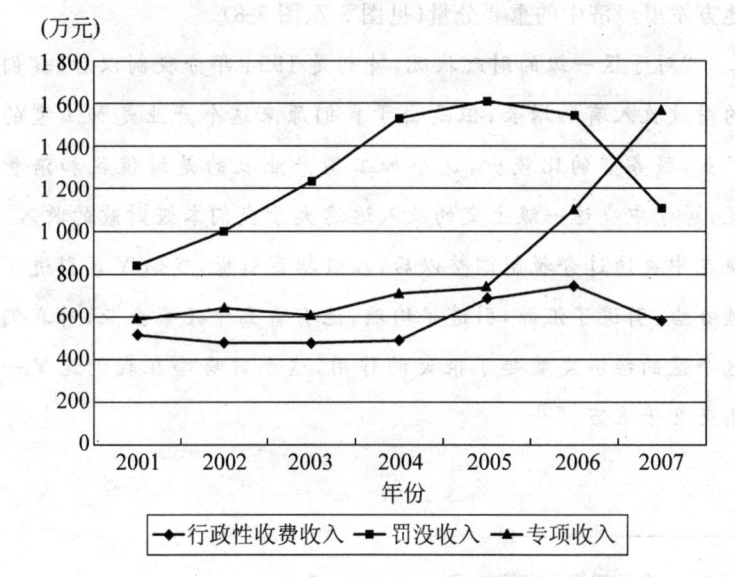

图 3-6 Y 区财政一般预算收入非税收入主要构成

根据研究资料的结构状况,本书选取2003—2006年这4年的税收收入数据来考察其税收收入的构成与变化。以上比较了Y区财政一般预算收入中税收收入与非税收入构成,也分析了非税收入构成。2003—2006年的所有税收收入中,增值税、营业税、企业所得税与城市维护建设税的收入始终保持过千万元的水平,最多的为营业税4 838万元(2006年),资源税与契税分别在2005、2006年跨入千万元税种行列,而由于农业税的取消,2003—2004年均为千万元税种的农业税到2005年为零。上述几个税种总体上均为逐年增长的态势,其中增长最快的为契税,增长了2倍有余,除2005年增值税所占比重最大外,其余年份均为营业税所占比重最大,由此可以看出,在县一级税收收入中,增值税与营业税两税占据了近一半的比例,这也可以从一个侧面说明招商引资在地方发展经济中的重要分量(见图3-7、图3-8)。

"对于区一级的财政状况,特别是1994年分税制以后,我们的财政收入有所增长,但是由于我们原来这个产业是加工型的产业,服务型的比较少,这个加工型产业收的是增值税和消费税,对于中央这一级上交的收入远远大于我们本级财政的收入,现在中央通过分税制调整以后,各级招商引资,我们Y区引进了娃哈哈,引进了汇源,引进了均瑶,还有青岛十几家企业,对我们这个区的经济发展起了很大的作用,这个娃哈哈在我们这里一年交2千多万。"①

---

① 参见调研录音资料Rysm030808a.1。

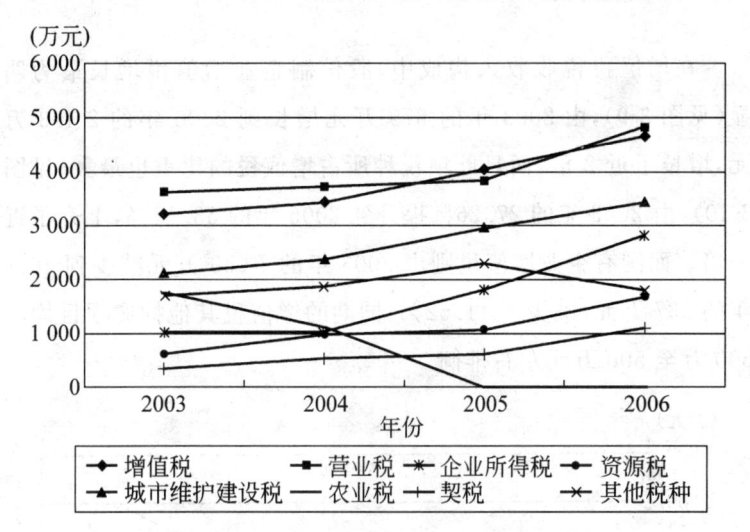

图 3-7 Y 区过千万元税种税收收入

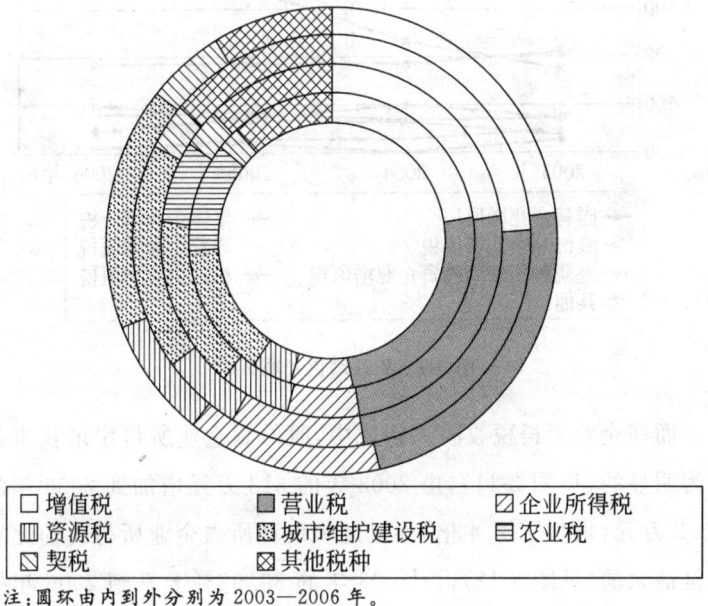

图 3-8 Y 区过千万元税种构成

注：圆环由内到外分别为 2003—2006 年。

在增值税税收收入构成中，股份制企业增值税增长最为明显（见图 3-9），由 2003 年的 879 万元增长到 2006 年的 2 483 万元，增长了近 2 倍，而且此项税种所占增值税的比重也最大（见图 3-10），由 2003 年的 27.26% 提升到 2006 年的 53.11%，上升了近一倍。而国有企业增值税则由 2003 年的 1 059 万元减少到 2006 年的 937 万元，减少了 11.52%，同期的增值税其他构成项目均在 300 万至 500 万元左右徘徊。

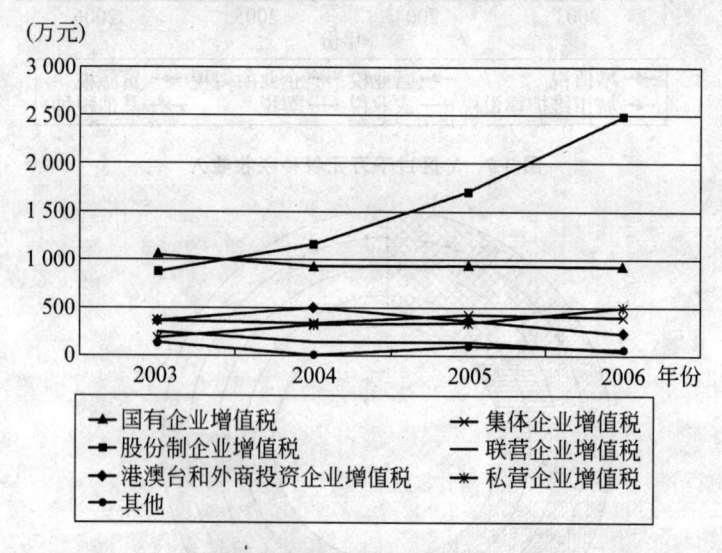

图 3-9　Y 区增值税收入

而在企业所得税收收入构成中，股份制企业所得税增长也是最为明显的（见图 3-11），由 2003 年的 613 万元增加到 2006 年的 2 092 万元，增加了 2.4 倍，而且此项税种所占企业所得税的比重也是最大的（见图 3-12），由 2003 年的 59.92% 上升到 2006 年的 73.95%，增加了近 25 个百分点，而国有企业所得税也同样呈现总

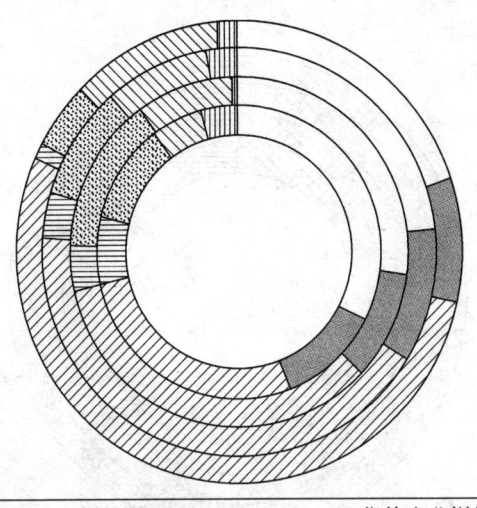

□ 国有企业增值税　　■ 集体企业增值税
☒ 股份制企业增值税　▤ 联营企业增值税
▥ 港澳台和外商投资企业增值税　▧ 私营企业增值税
▦ 其他

注：圆环由内到外分别为 2003—2006 年。

图 3-10　Y 区增值税收入构成

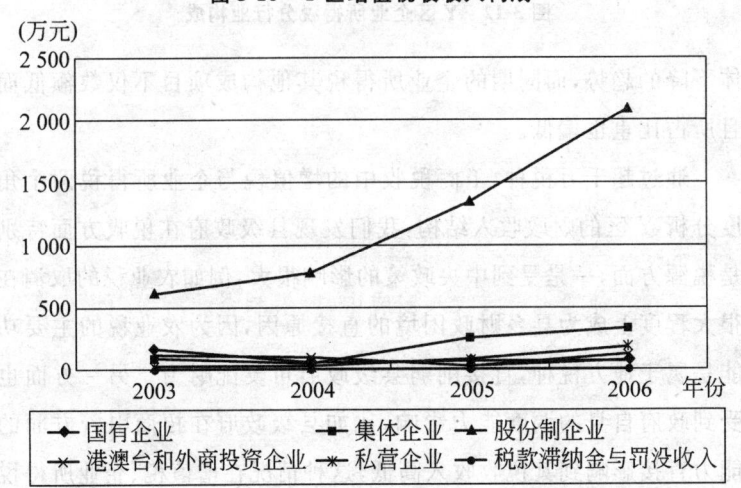

图 3-11　Y 区企业所得税分行业收入

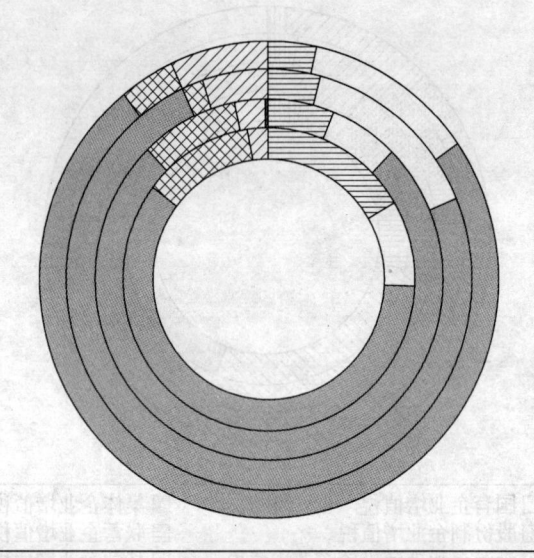

98　地方财政与治理能力

| ▤ 国有企业　　　　　□ 集体企业　▨ 股份制企业
| ⊠ 港澳台和外商投资企业　▨ 私营企业　■ 税款滞纳金与罚没收入

注：圆环由内到外分别为 2003—2006 年。

图 3-12　Y 区企业所得税分行业构成

体下降的趋势，而同期的企业所得税其他构成项目不仅数额低而且所占比重也偏低。

通过超千万税种、工商税收中的增值税与企业所得税两个角度分析 Y 区的财政收入结构，我们发现县级政府在税收方面特别是税源方面，一是受到中央政策的影响很大，例如农业税的取消在很大程度上成为县乡财政困境的直接原因，因为农业税的主要功能是属于地方税种，直接削弱县级政府可支配财力。另一方面也受到政府自身的调度能力影响，比如县级政府在招商引资方面的能力直接影响到其税收收入高低，这种情况在增值税、企业所得税等主要工商税种中表现得尤为突出。当然，这种形式上的增长并不表示Y区的财力一定具有很大提升,因为增值税与企业所得税都是属于共享税种,比如增值税75%属于中央财政,除非总量有特大增长,相比之下,县级财政还是比较有限,地方政府通常会尽可能寻找自己的收入空间。

预算外收入是政府及其所属机构凭借国家权力或国家授权完全采取各种非税收入形式取得的没有纳入预算管理的财政收入。[①]预算外收入作为财政收入,相比财政一般预算收入,在一定程度上体现了政府在预算管理体制外的一种社会资源汲取能力,预算外收入的多少直接影响一个政府在预算管理体制方面的完善与否。Y区预算外收入的变化过程如图3-13所示,总体上呈增长的态势——期间经历了一次较大的波动——由1979年的37.8万元增长到2001年的6 836万元,增长了近180倍,由此可以看出,随着预算外财政收入的快速增长,政府对预算外财政收入的依赖逐年加深,仅有的财政一般预算收入已无法满足政府财政的正常开支,而对于预算外收入的讨论已不再是留与删的问题了,而是如何有效地去控制预算外收入,从而使政府的财政收入及其管理更加规范。

县级税收是县级财力的保障,从Y区财政收入结构可以看出,其税收绝对额有所增加,但其结构不尽合理。分税制规定地方税种有18种(见表2-1),对省级层面而言具有真正意义的只有12种,县级层面更因为规模小、税源分散、征管难度大、征收成本高而难以稳定增长。很多属于地方的税种尚未开征,但开征权不在地方政府。一些税种已经老化,但取消权也不在地方政府。在财力

---

① 参见刘汉屏:《地方政府财政能力问题研究》,北京:中国财政经济出版社2002年版,第102页。

(万元)

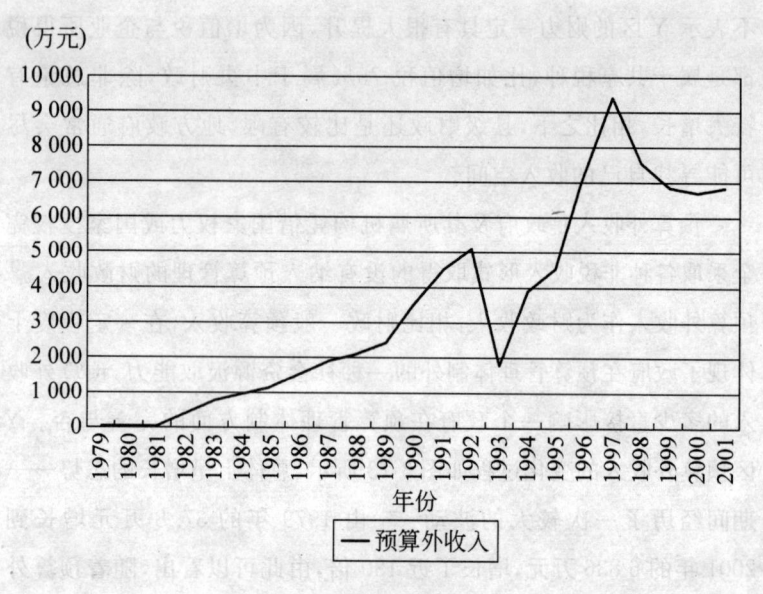

图 3-13　Y 区财政预算外收入

逐级向上集中的同时,事权却逐级下移,这样,税收规模虽有所增加,但在财力与事权的比较之下就显得偏低。虽然税收收入占据主体地位,但大多是共享税,属于县级财政的数量有限。况且随着增值税征收范围扩大,更多的税种纳入共享范围,中央税和地方税的交叉性增强,县级财政来源的稳定性和可预期性将逐渐降低。县级政府迫于财政压力只好求助于非税收入以及非规范的财政筹集方式,这不仅使分配秩序更加混乱,而且地方财力也被削弱。

第二节　财政支出分析

前面考察了 Y 区的财政收入状况,其目的是了解财政支出的基础和背景,征税就是为了满足公共支出的需求。任何政府无论是在发展经济方面、社会管理方面还是其本身的运行方面,都需要一定的财力做支撑。地方财政支出是地方财政按照批准的预算额度分配到各种公共用途上。县级财政支出能反映其支出范围和方向,通过Y区政府财政支出结构与规模的分析可以从总体上把握其财政支出能力及其特点。本节先分析Y区财政支出结构及其比重,在此基础上,考察财政收支决算与财政收支分级预算的变动情况。由于乡镇财政原来主要是汲取农村的资源进行运作,现在已经纳入县级财政体制之内,因此,需要将乡镇财政作为县级财政的支出变量进行考察。

图3-14、图3-15体现的是Y区财政支出中基本公共服务所涉项目的支出数额与其所占比重的情况。农业相关支出(含农业支出、林业支出与水利和气象支出三项)由2003年的4 439万元增长到2006年的6 366万元,而其所占比重却由11.08%下降到8.79%;行政管理支出由2003年的8 464万元增长到2006年的15 487万元,其所占比重由21.13%微升至21.38%,其间所占比例曾达到过24.81%。涉及基本公共服务的教育、文化、医疗卫生与社会保障四大领域的支出分别由2003年的9 136万元、988万元、2 563万元与1 412万元增长到2006年的12 277万元、1 502万元、2 639万元与8 968万元,上述四项同期所占比例也分别由22.81%、2.47%、6.40%与3.53%变化至16.95%、2.49%、3.64%与12.38%,其中的社会保障支出所占比例增长最为明显。从以上描述中可以看出,行政管理支出与教育支出所占比例较高,2003—2004年后者比例高于前者,而到了2005年则反了过来,行政管理支出成为所占比例最高的一项;而文化支出所占比重则始终是最低的,医疗卫生支出的比例也未超过10%。2007年由于使

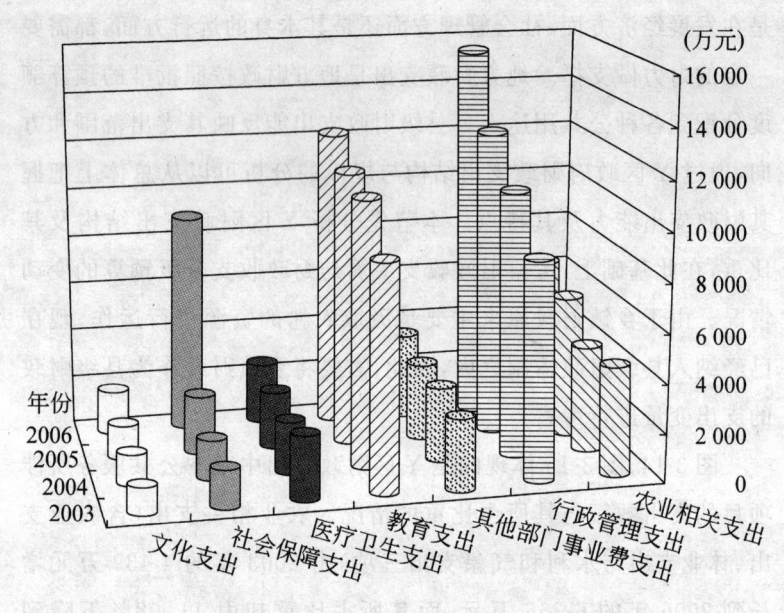

图 3-14　Y 区财政支出相关项目

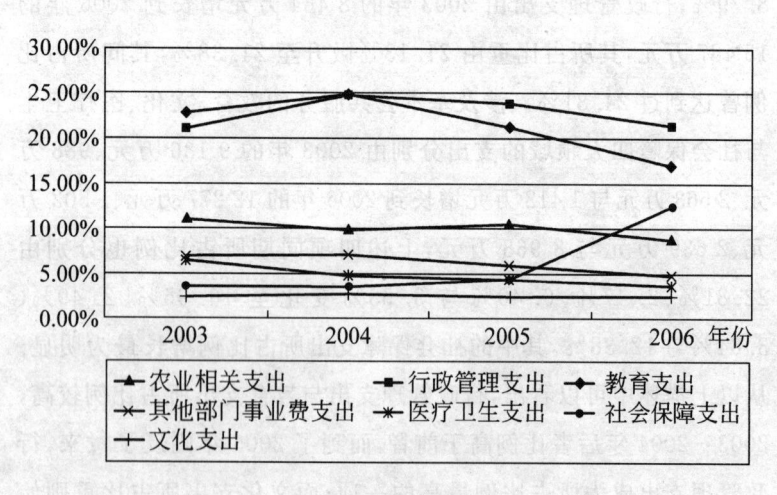

图 3-15　Y 区财政支出相关项目所占比重

用了新的支出项目统计口径,在此则将与上述六项支出相近的支出作一概述:一般公共服务支出 18 267 万元,占 23.56%的比例,教育支出 19 418 万元,所占比重为 25.05%,文化体育与传媒支出、社会保障和就业支出、医疗卫生支出与农林水事务支出分别为 1 140 万元、4 507 万元、4 599 万元与 7 344 万元,各项支出所占比例分别为 1.47%、5.81%、5.93%与 9.47%。

财政收入与支出的预决算是一个变化的过程,在此我们简要考察一下 Y 区在财政收支预决算方面的一个较为简化的动态变化过程。

收入年初预算数与收入决算数相比,除 2004 年前者高于后者外,其余年份均为后者高于前者,最高的是 2005 年,收入决算数是收入年初预算数的 114%;而支出年初预算数与支出决算数相比,各年份均为后者高于前者,最高的是 2006 年,支出决算数是收入年初预算的 150%(见图 3-16)。

图 3-17、图 3-18 显示的是涉及基本公共服务与政府运行的几项主要支出项目在预决算变动方面的情况。税收收入除 2004 年决算数低于年初预算数外,其余年份均是决算数高于年初预算数,税收收入决算数最高的是 2006 年,占年初预算数的 109.05%;而四年的行政管理支出决算数均高于年初预算数,最高的是 2005 年,占年初预算数的 122.26%。在农林水气、教文卫与社会保障三大支出项目中,除 2004 年的社会保障支出决算数低于年初预算数外,其余年份的决算数均高于年初预算数,最高的是 2006 年的社会保障支出,其决算数是预算数的 503.82%,而最低的则是 2003 年的教文卫支出,其决算数是预算数的 102.54%。

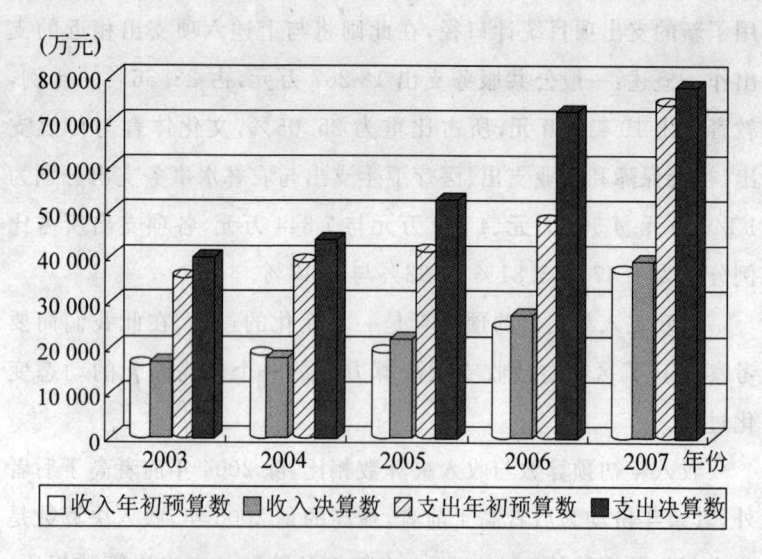

图 3-16　Y 区财政收支预决算变动

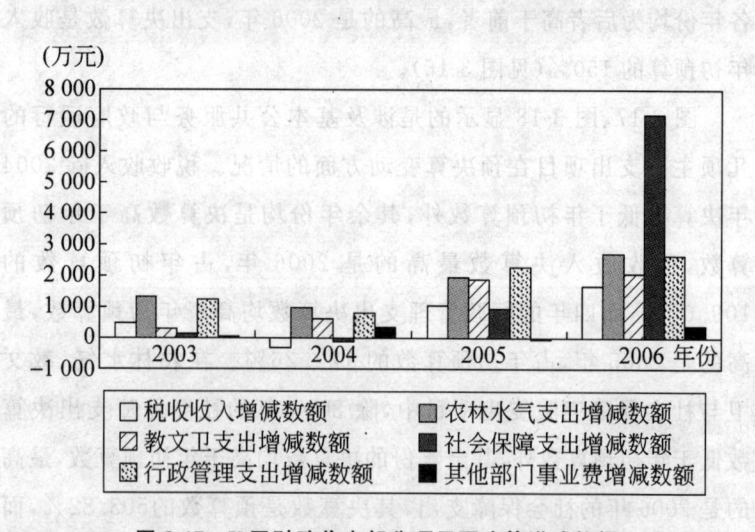

图 3-17　Y 区财政收支部分项目预决算增减数额

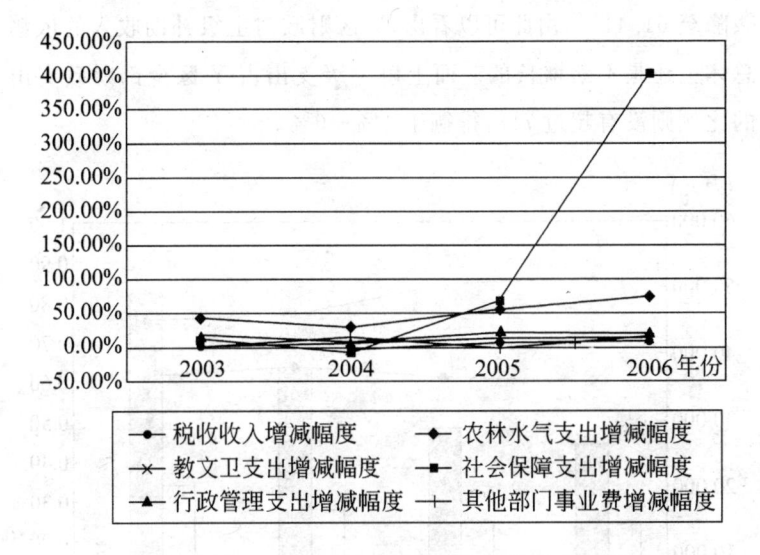

图 3-18 Y 区财政收支部分项目预决算增减幅度

作为县级政府，Y 区向上受中央省市政府领导，对下领导乡镇政府，下面我们从 Y 区在上解上级支出与获得上级补助收入这两个方面来分析其与上级政府在财政方面的主要关系。

图 3-19 是对 Y 区税收收入、上级补助收入与上解上级支出及其所占比重的反映。可以看出，2003—2006 年，Y 区税收收入由 2003 年的 14 413 万元增长到 2006 年的 20 350 万元，增长了 41.20%，其占财政一般预算收入的比重则由 85.89%下降至 75.43%，这就说明了税收收入在增加的同时，非税收入也在增加。上级补助收入与上解上级支出相比，前者要远远高于后者，而且后者始终徘徊在 3 000 万—3 500 万元，而上级补助收入则由 2003 年的 24 946 万元增长到 2006 年的 49 229 万元，增长了 97.34%，而且其占 Y 区全部财政收入的比例由 59.63%增至 63.13%后又

微降至 61.41%,由此可以看出,Y 区财政对上级补助收入的依赖总体上还是不断增长的。而上解上级支出占 Y 区全部财政支出的比例则没有超过 7%,徘徊于 4%—6%。

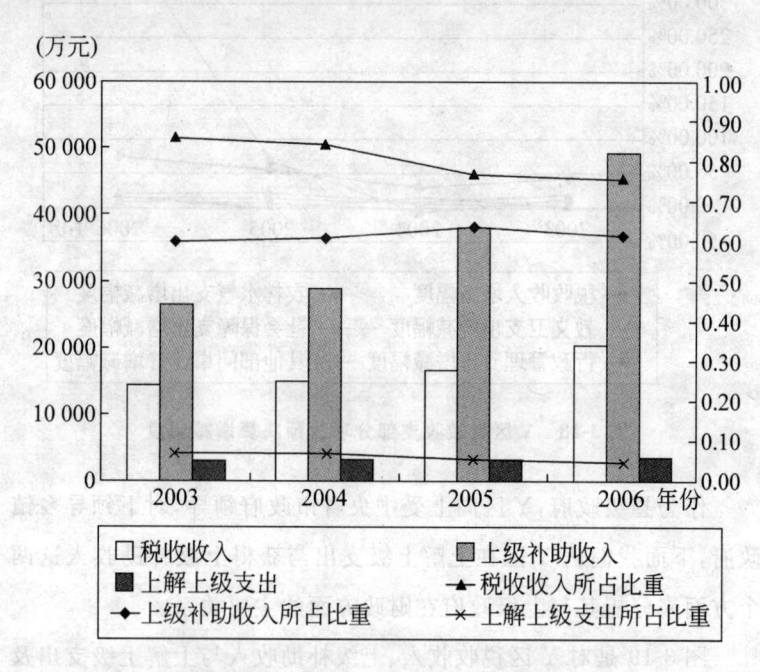

图 3-19　Y 区部分项目收支及其所占比重

在县乡财政困境的背景下,我们可以将县乡财政先作一分级描述,再将乡级财政单列出来,以考察县乡两级财政间的差距。

从图 3-20 至图 3-24 中可以看出,Y 区财政一般预算收支分级(县、乡)情况为:县一级财政一般预算收入所占比例由 2003 年的 51.62% 上升到 2007 年的 62.04%,同期乡一级的财政一般预算收入由 48.38% 下降到 37.96%;县一级财政一般预算支出则由

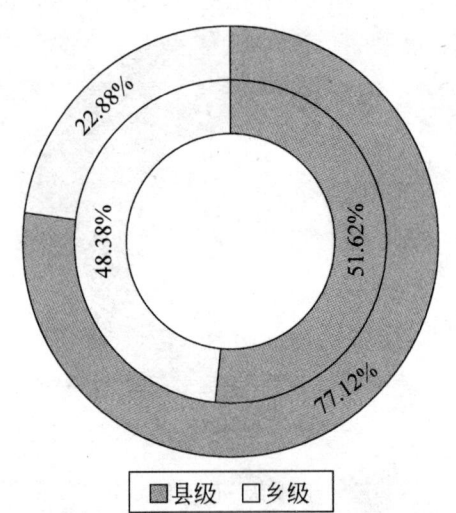

第三章 财政结构与财政能力 107

■县级 □乡级

注：内环为一般预算收入，外环为一般预算支出，表 3-21 至表 3-24 同。

图 3-20 Y 区 2003 年财政收支决算分级情况

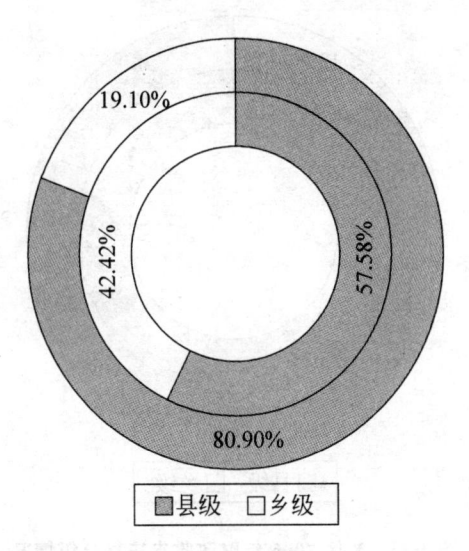

■县级 □乡级

图 3-21 Y 区 2004 年财政收支决算分级情况

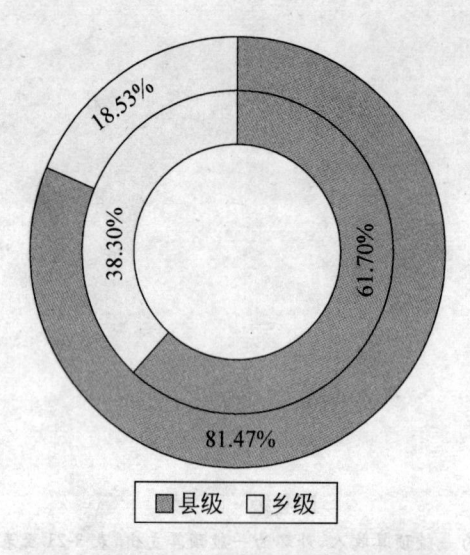

图 3-22　Y 区 2005 年财政收支决算分级情况

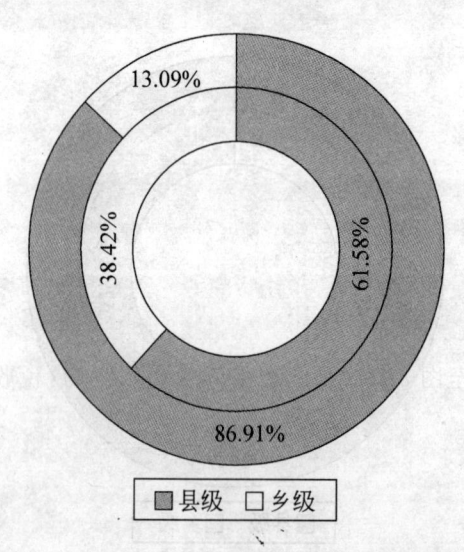

图 3-23　Y 区 2006 年财政收支决算分级情况

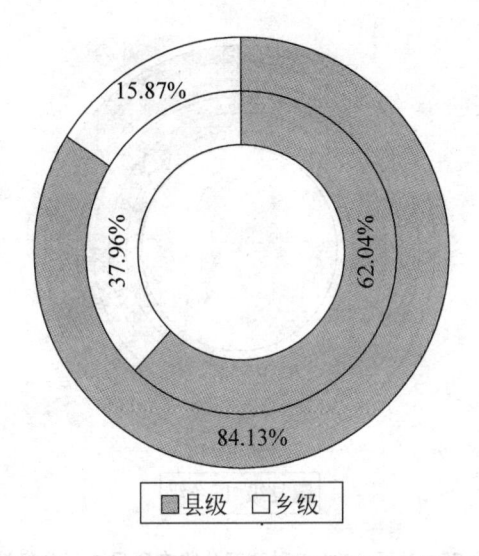

第三章 财政结构与财政能力 109

图3-24 Y区2007年财政收支决算分级情况

2003年77.12%的比例上升到2007年的84.13%,而同期乡一级的财政一般预算支出由22.88%下降到15.87%。由此我们可以说,从县、乡两级财政角度上看,无论是一般预算收入还是一般预算支出,都体现出了向县一级的"移动",从这个角度讲,在一定程度上削弱了乡这一级在"一级政府、一级财政"中所应体现的作用;同时也从另外的角度体现出农业税取消后,乡级财政较县级财政更为困难的境况。

图3-25至图3-28中,圆环由外到内依次为:税收收入、农林水气支出、教文卫支出、社会保障支出、行政管理支出、其他部门事业费支出。

图3-25至图3-28反映了2003年至2006年Y区财政部分收支项目决算分级的情况。在全区的税收收入部分,县乡两级政府

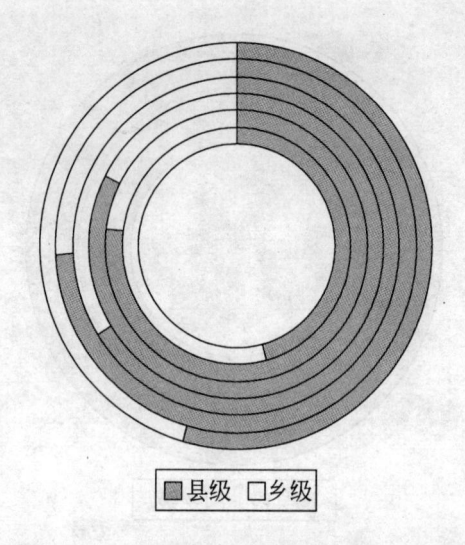

图 3-25　Y 区 2003 年财政部分收支项目决算分级情况

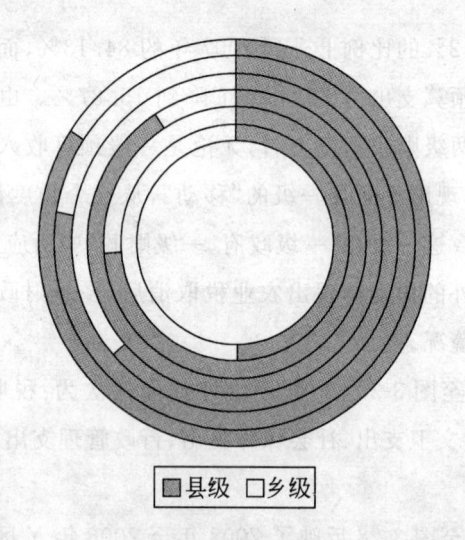

图 3-26　Y 区 2004 年财政部分收支项目决算分级情况

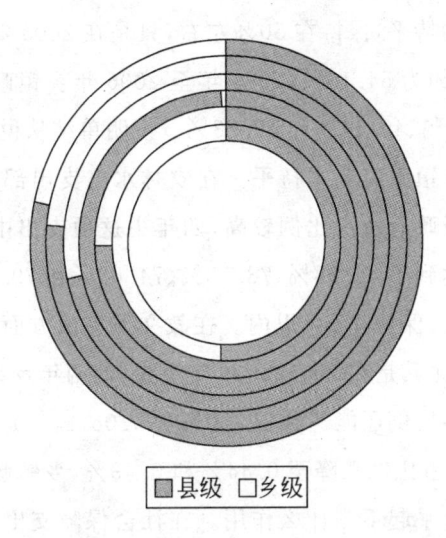

图 3-27　Y 区 2005 年财政部分收支项目决算分级情况

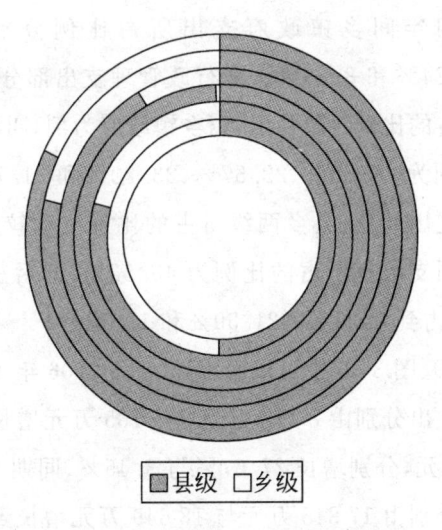

图 3-28　Y 区 2006 年财政部分收支项目决算分级情况

所占比例大约持平,保持在 50% 左右,只是在 2003 年乡镇政府所占比例略高,约为 54.19%,2004 年至 2006 年乡镇政府所占比例分别为 50.19%、49.14% 和 49.83%。说明单纯从税收收入来看,县级政府和乡镇政府基本持平。在农林水气支出部分,图中清晰地反映出县级政府所占比例较高,四年中这项支出中县级政府所占比例分别达到了 76.98%、73.55%、74.69% 和 79.12%,历年的波动幅度不大,保持在 5% 以内。在教文卫支出方面,乡镇政府所占比例较少,尤其是在 2005、2006 年更少,前两年乡镇政府在这项支出上所占的比例还能达到 17.50% 和 9.06%,但是在 2005 年和 2006 年,其所占比例骤降至 0.44% 和 0.49%,乡镇政府在教文卫方面的支出几乎起不到什么作用。在社会保障支出部分,乡镇政府在前三年还能保持所占比例在 30% 左右,但此后呈现出明显的下降趋势,四年间乡镇政府支出所占比例分别为 33.99%、36.64%、28.24% 和 8.39%。在行政管理支出部分,县级政府和乡镇政府所占的比例比较稳定,以乡镇政府为例,四年中这项支出所占比例分别为 25.78%、22.57%、23.20% 和 21.71%。在其他部门事业费支出部分,县乡两级所占的比例波动较大,2003 年乡镇政府在该项支出上所占的比例为 45.52%,此后三年有明显的下降,分别只占到 15.93%、21.59% 和 17.83%。

从图 3-29、图 3-30 中可以看出,2003—2006 年 Y 区乡镇本级收入与本级支出分别由 8 118 万元与 9 165 万元增长到 10 364 万元与 9 481 万元,分别增长 27.67% 与 3.45%;同期全部财政收入与全部支出分别由 17 845 万元与 18 649 万元增长到 20 734 万元与 21 300 万元,分别增长 16.19% 与 14.22%。由此可见,乡镇财政获得了占全部财政收入一半多的上级补助收入,同时占全部财

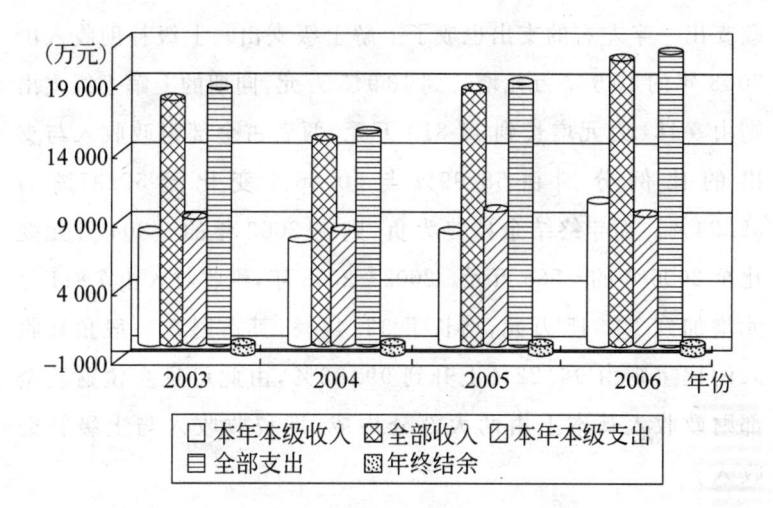

图 3-29　Y 区乡镇本级预算收支总况

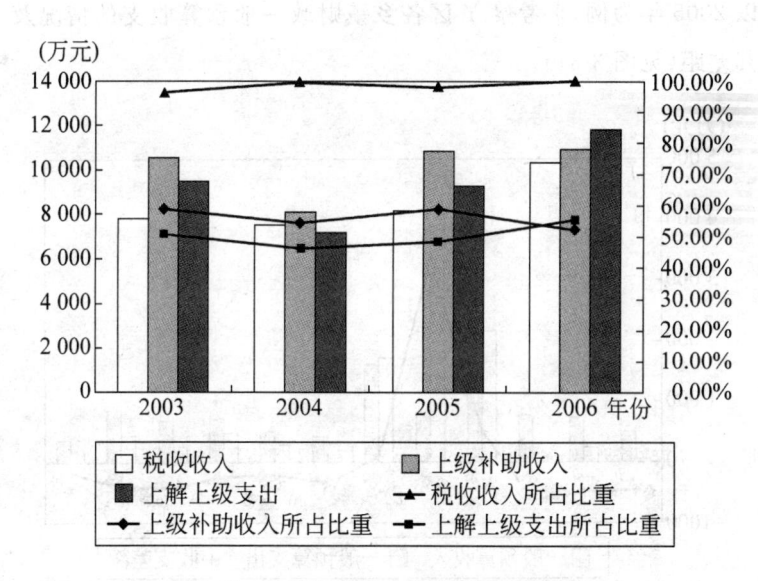

图 3-30　Y 区部分收支项目及其所占比重

政支出一半左右的支出也成了上解上级支出。上级补助收入由 2003 年的 10 527 万元增长到 10 945 万元,同期的上解上级支出则由 9 484 万元增长到 11 819 万元,两者占全部财政收入与支出的比例分别由 58.99% 与 50.86% 变化至 52.97% 与 55.94%。而年终结余始终为负,则由 2003 年的 -804 万元变化至 2006 年的 -566 万元。2003—2006 年,税收收入由 7 811 万元增加到 10 345 万元,增长了 32.44%,其占财政一般预算收入的比重则由 96.22% 上升到 99.82%,由此可见乡镇财政全部财政收入基本上由两大部分构成,即税收收入与上级补助收入。

以上是对 Y 区乡镇财政一般预算收支的总体描述,下面我们以 2005 年为例,来考察 Y 区各乡镇财政一般预算收支的情况及其差距(见图 3-31)。

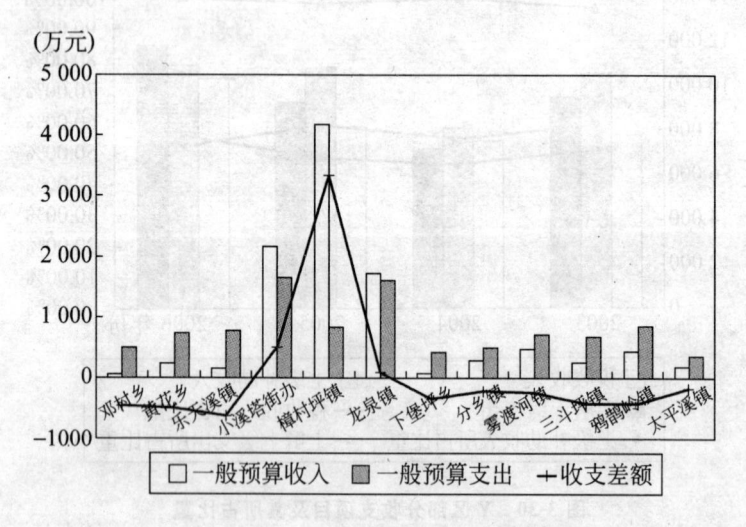

图 3-31　Y 区 2005 年各乡镇财政一般预算收支

第三章 财政结构与财政能力 115

从图3-31可以看出,Y区12个镇(乡、办,以下简称乡镇)的财政一般预算收入与支出都存在着明显的差距,而且前者的差距远大于后者。2005年,财政一般预算收入最高的是樟村坪镇,最低的是邓村乡,前者是后者的六十余倍,只有3个乡镇的财政一般预算收入过千万,2个乡不足百万,其余均未超过500万元。而各乡镇的财政一般预算支出,除小溪塔街办与龙泉镇过千万外,其余乡镇均在千万以内,财政一般预算支出最高的是小溪塔街办,最低的是太平溪镇,两者相差近1 300万元。而从收支差额角度看,我们发现,财政一般预算收入过千万的乡镇这个差额均为正,其余乡镇则均为负。从以上的分析中不难看出,Y区各乡镇的经济发展水平是有相当的差距的,发展快的只是那么几个,其余的与发展较快的均有较大的差距,这对于Y区经济发展水平的整体提升甚至财政收入的不断提高都会产生不同程度的负面作用。

在Y区乡镇,由财政供养的人口由2003年的2 936人降至2006年的1 265人,降低了57%,可以说乡镇机构的改革对于乡镇机构的精简是有效的(见图3-32)。

在乡镇财政困境的背景下,乡镇财政在支出安排上有自己的考虑。

"这个次序(注:政府财政支出次序)首先是安排我们政府工作人员的工资发放,工资是第一位的,要不大家都没有积极性了,第二笔就是我们要保证政府机关的运转费用,我们在编的工作人员一年就400元的开支费,真的不够,4 000元还差不多。工作人员的电话费总要支付吧,不能让人家为了公事而自己掏电话费吧。本来我们的工资就已经很低了,像我这样的月工资才800多块,再加上其他的补贴也就是在1 200元左右了。你只有把这些最基本

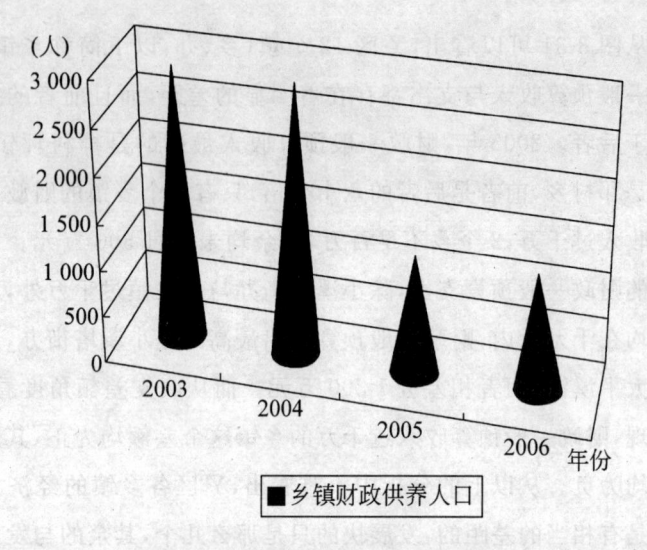

```
(人)
3 000
2 500
2 000
1 500
1 000
 500
   0
      2003    2004    2005    2006  年份
           ■ 乡镇财政供养人口
```

图 3-32　Y 区乡镇财政供养人口数

的费用保证后,机关才能运转,干部才有最起码的积极性。第三笔支出是我们用于偿还企业改制的债务负担。其次,我们每年至少要留下 30 万左右的钱用于应付突发性事件,以防万一,要不到时候拿不出钱就麻烦了。剩下要是还有的话我们就来搞建设、搞发展。发展是其次的,不还清债务就谈不上发展,因为我们是吃饭的财政体制谈不上发展。"[①]

由此可见,乡镇财政安排的优先顺序是保工资、保运转、还债务、保稳定、搞建设、求发展。从 Y 区乡镇的财政状况来看,其财政质量不高,对上级财政的依赖性较大,潜在的财政风险都向区级财政转移。处于困境中的、较弱的乡镇财政自身的运转还存在问题,将发展作为最后的目标选择,这就很难对区级财政起到支撑作用。

---

① 参见调研录音资料 Rxxt060614a.1。

第三节 财政平衡分析

Y区县乡财政体制改革的主要目的就是通过财政平衡来促进乡镇发展,从而为区级财政提供充足的财源。保持财政平衡是政府的重要职责,可以减轻财政风险的转移,是地方政府的财政能力体现。衡量财政平衡能力通常根据下一级财政的赤字面、赤字率、债务依存度和各种欠账,本书主要根据Y区县乡债务状况来分析其财政平衡能力。

从图3-33中可以明显地看出,Y区财政自给率(即财政收入与财政支出之比)总体呈下降态势,由1997年的62.85%下降到

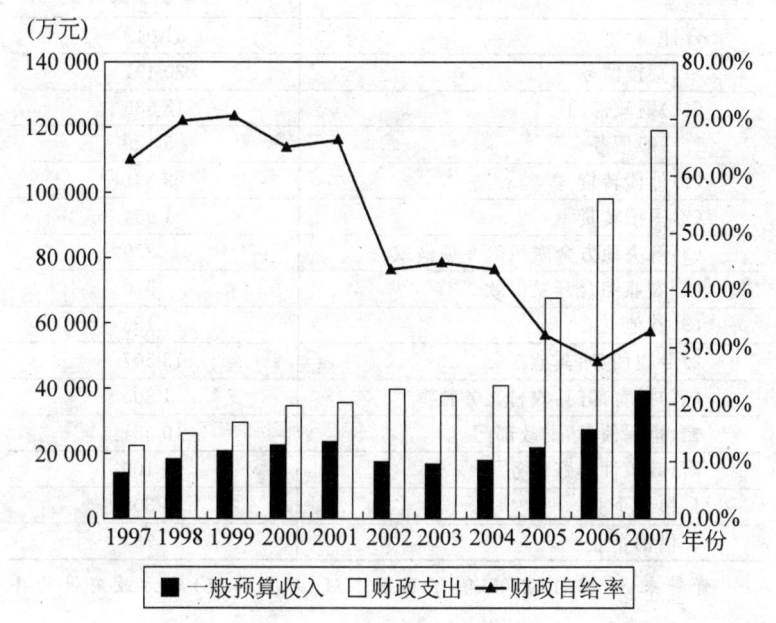

图3-33 Y区财政收支

2007年的32.90%,下降了近30个百分点。而且也正是由于财政支出11年间增长了4倍多而同期的财政一般预算收入增长了不到2倍,这成为财政自给率在11年间下降近30个百分点的最主要因素。

不断走低的财政自给率表明Y区财政存在超越其财政收入规模去安排财政支出的状况,这就必然会出现显性的赤字支出和举债(见表3-1、表3-2),乡镇债务已经成为区级财政沉重负担,这都会逐渐转化为财政风险,增加财政平衡难度。除此之外,还有隐性的赤字支出,比如变相政府举债。当前,很多地方政府采取的方

表3-1　Y区2005年本级政府性债务　(单位:万元)

项　目	数　量
合计	31 042
一、直接债务	20 491
(二)财政部门	18 686
1.一般债务	5 179
(1)外债转贷	2 331
(2)国债转贷	1 954
(3)解决地方金融风险专项借款	229
(4)农业综合开发借款	510
(5)其他	155
2.专项债务:其他	13 507
(五)教育部门:农村义务教育	1 805
二、担保债务:财政部门	10 551
附:政策性挂账债务	5 100
1.粮食企业	4 306
2.供销企业	794

资料来源:摘自《2005年Y区区本级(不含乡镇)地方政府性债务余额表》。

表 3-2　Y 区乡镇债务审计认定

(单位:元)

乡镇名称	自报债务	审定债务	债务本金	上级借款	还债能力
邓村乡	25 485 765.36	5 527 872.33	5 527 872.33	370 000	268 600
黄花乡	24 587 005.96	9 553 299.11	9 553 299.11	6 449 940.1	7 604 100
乐天溪镇	41 678 766.80	19 872 519.5	19 652 520	4 593 500	2 872 500
小溪塔街办	24 056 729.40	6 658 324.40	6 224 500	3 894 795.6	6 542 500
樟村坪镇	3 456 222.29	1 505 627.29	1 505 627.29	52 345	10 326 400
龙泉镇	21 915 758.77	11 517 545.9	11 517 545.9	2 494 150	17 081 300
下堡坪乡	13 573 437.44	7 698 108.28	7 698 108.28	1 655 712.6	4 601 000
分乡镇	7 056 974.78	3 299 014.15	3 299 014.15	2 663 024.2	3 119 300
雾渡河镇	4 813 874.09	3 446 357.30	3 446 357.30	1 049 842.7	2 920 100
三斗坪镇	18 662 415.00	13 274 236.0	13 274 236.0	3 590 000	809 900
鸦鹊岭镇	35 459 394.57	16 944 274.8	16 213 482	13 650 323	20 444 400
太平溪镇	24 684 658.01	17 463 856.0	17 463 856.0	5 015 000	8 516 800
合计	245 431 002.5	116 761 035.0	115 376 418	45 478 633	85 107 000

资料来源:摘自《Y 区债务审计认定表》(2007)。

法是成立政府性公司,比如 Y 区的城投公司,政府将本来属于自己的一部分职能转移给这些公司,然后就可以摆脱必须实行财政平衡预算的束缚,以公司的名义向金融机构借款,但这些借款最终还是要由政府财政还债。这种"提前消费"从财政平衡角度看是为政府留下了沉重的包袱,给财政平衡留下隐患。

财政平衡能力是评价财政能力的指标之一,而债务问题是衡量政府财政平衡能力的重要指标。本级政府的财政平衡能力通常通过下级政府的债务指标来反映,考察 Y 区的财政平衡能力就必须分析村级债务状况。下面以 2005 年为例来考察村级债务状况。

图 3-34、图 3-35 反映的是 2005 年 Y 区村级债务情况。圆饼图是 2005 年 Y 区所有乡镇的年度村级债务余额构成情况,我们可以看出,12 个乡镇中,有 4 个乡镇的年度村级债务余额占整个 Y 区乡镇村级债务余额的比例都超过了 10%,分别是太平溪镇

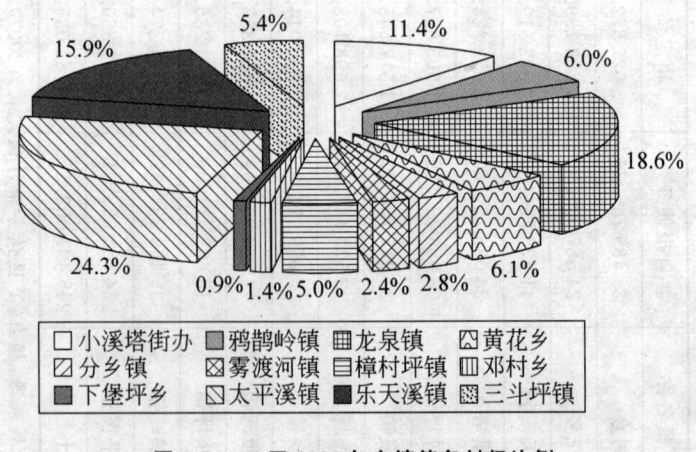

图 3-34　Y 区 2005 年乡镇债务村级比例

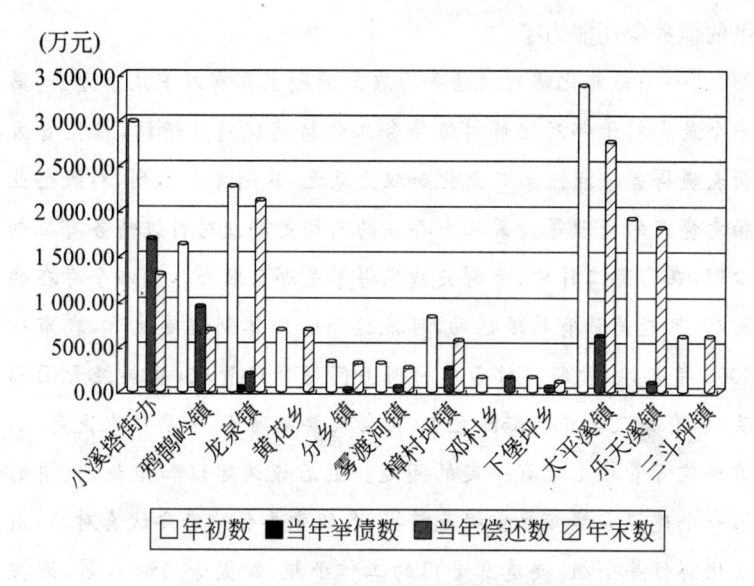

图 3-35 Y 区 2005 年乡镇村级债务余额

24.3%、龙泉镇 18.6%、乐天溪镇 15.9%与小溪塔街办 11.4%，这四个乡镇的年底村级债务余额之和占到了整个 Y 区乡镇村级债务余额的七成，达到 7 956.15 万元。而圆柱图则是 Y 区 12 个乡镇 2005 年村级债务的变化情况，其中只有一个镇——龙泉镇——有当年举债行为，数额为 35.77 万元，从偿还能力上看，有 3 个镇(办)年度偿还数额超过 500 万元，分别是小溪塔街办 1 678 万元、鸦鹊岭镇 933.58 万元与太平溪镇 615 万元。回过头我们再看一下各乡镇村级债务的年初数，有 5 个的乡镇(办)的村级债务年初数超过 1 500 万元，最高的为太平溪镇 3 370.44 万元。从以上描述中不难看出，各乡镇村一级在新增举债方面也基本不再发生，主要就是各乡镇村一级的债务偿还能力问题，因而可以说，在没有新增举债的前提下，乡镇村级债务的解决主要就决定于村一级的债务偿还能力了。

"……当前化解村级债务存在的问题主要有以下几个方面：第一个是农村干部对化解村级债务工作持消极对待情绪，在监督方面表现得差一点。第二是化解权力缺乏，我刚才也说到，村级企业拍卖资产的处理等。第三个存在的问题是群众对村级债务有抵制心理，在实际工作中，干群关系显得不是那么融洽。第四个存在的问题，可能是带有局限性的，可能这个管理体制还要改革，我市从2003年起，经管部门对于农村财务问题开始管理，基层经管面临改革，有关改革正在酝酿之中，经管又要抓财务，又要抓农民负担，这个监督管理上就有一定的问题。最后谈谈建议和措施，我讲的第一个建议当然领导重视是前提，各级党委和政府要认真对待，成立化解领导小组，要建立专门的工作小组，配置专门的人员，划拨专门的经费以便于他们专心地进行对村级债务的情况的管理和监督，不能把它当做临时的部门来对待。第二个建议是要坚持发挥公开、公平、公正的原则，发挥民主，依靠群众化解债务，因为化解债务是关系到国家、集体、农民的切身利益，是牵一发而动全身的事情，要区别轻重缓急，采取有力措施，要从群众和乡村干部最为关心、利益关系最直接、矛盾最集中的债务入手，要优先化解义务教育、公益事业方面的债务，一定要遵循市场经济规律，充分发挥民主，相信群众，依靠群众来进行。在整个化解过程中，从资产清查、债权债务的确认、化解措施的制定到债务的核销以及债权债务的抵消，都需要把化解村级债务的推进和农村扩大民主，和村务公开结合起来。这是我说的第二个建议。第三个建议就是要加强教育，这个加强教育里面既要加强对农村基层干部的教育也要加强对农民群众的教育。对农村基层干部的教育，我觉得要教育他们廉洁奉公,树立执政为民的思想,在增收节支方面有所表率。其次要加强对农民群众的教育,帮助农民树立爱国家、爱集体的观念,教育农民群众以党的惠民政策之恩,尽自己的正当之责。现在搞社会主义新农村建设就是要那个乡风文明,我觉得过去在农村政策很容易执行,但我觉得现在党的惠民政策确实好,但农民群众对报党恩的观念还要树立。现在老百姓种粮食的粮食直补都是送到农民家里,我们的财税员一年到头都在外面跑啊,往家送,所以要加强教育。第四个建议是清除债权,偿还债务。根据我们市的状况,清除债权、偿还债务是主要渠道,我们认为要发挥党政干部的带头作用。第二,对于具有偿还能力而拒不偿还的农户采取法律的措施来解决,当然首先是要教育,我们在综改下去调研的时候,我们是这么想的,要多和老百姓沟通。最近两三年农村经济发展的总体状况还可以,清除债权债务对于有些农户还是有一定的基础。再一个是对经济确实贫困的农户的债务进行核销,该核销的还是要核销。"[1]

我们先考察了 Y 区村级的债务,接下来分析其收入与支出方面的情况。2003—2006 年,村级收入与支出分别由 2 257 万元与 2 019 万元增长到 5 535 万元与 4 548 万元,分别增长了 145% 与 125%,而年度结余皆为正,由 2003 年的 238 万元增长到 2006 年的 987 万元,财力有所增长。从村级收入的来源方面上看(见图 3-36),主要有五个方面的收入,分别是农业税与农业特产税附加、乡镇农村税费改革转移支付补助、乡镇财政其他补助、村集体收入与其他收入,其中第一项与第三项在 2005 年就已取消,乡镇

---

[1] 参见调研录音资料 Rhhc070519a.1。

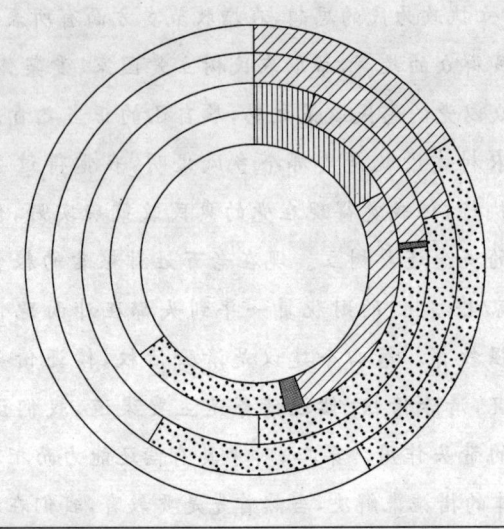

■ 农业税与农业特产税附加　　☒ 乡镇农村税费改革转移支付补助
■ 乡镇财政其他补助　　　　　⊡ 村集体收入
□ 其他收入

注：圆环由内到外分别为2003—2006年。

图3-36　Y区村级财政收入来源

农村税费改革转移支付补助由610万元增长到910万元，村集体收入则由407万元增加到1 391万元，而其他收入则由794万元增长到3 234万元。从村级支出项目情况来看（见图3-37），主要有四大项支出，组织正常运转、优抚救济支出、"一事一议"支出与其他支出，前三项支出分别由2003年的999万元、89万元与5万元变化至2006年的910万元、120万元与4万元，而同期的其他支出则占了很大的比例，由926万元增长到3 514万元。由此可以看出，从Y区财政收入与支出的结余方面看，其债务偿还的能力还是有很大空间的。

(万元)

```
4 000
3 500
3 000
2 500
2 000
1 500
1 000
 500
   0
       2003      2004      2005      2006  年份
```

◆ 组织正常运转　■ 优抚救济支出
▲ "一事一议"支出　✕ 其他支出

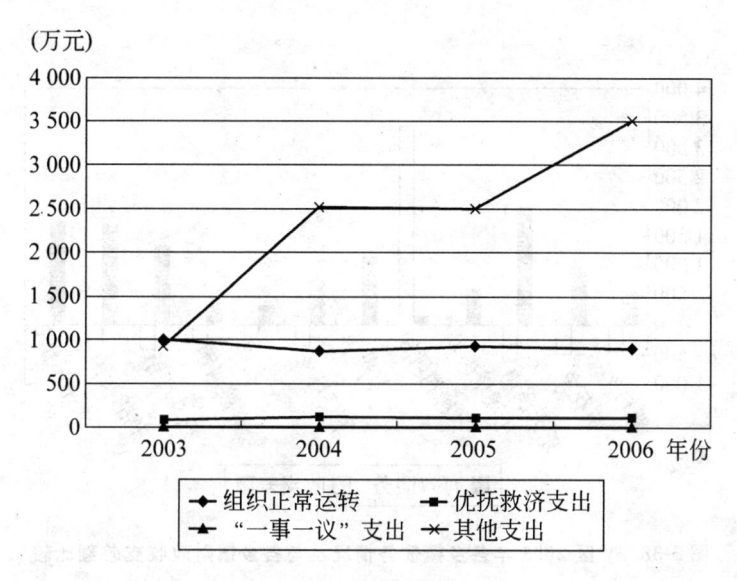

图 3-37　Y 区村级财政支出项目

村级负债是这样的一个情况,那么乡镇一级的负债又会是一个怎样的情况呢？下面我们仍以 2005 年为例,考察 Y 区 12 个乡镇的债务情况并与前文描述到的收支差额作一简要比较（见图 3-38）。

从图 3-38 我们可以发现一个"很巧合"的现象,负债最少的樟村坪镇其收支差额是正值中最多的,而负债最多的乐天溪镇的收支差额是负值中绝对值最大的,而且收支差额为负值的乡镇其负债数额都比较多。从以上分析不难看出,乡镇一级的负债现状使得县级政府能够汲取的资源是有限的,而县级政府财政收支的平衡更多是通过从上级获得收入补助来弥补不断下降的财政自给率。不仅如此,在乡镇财政困难的情况下,财政违规现象也随之出现,比如在 2007 年的财政审计中,乐天溪镇为修建办公楼挤

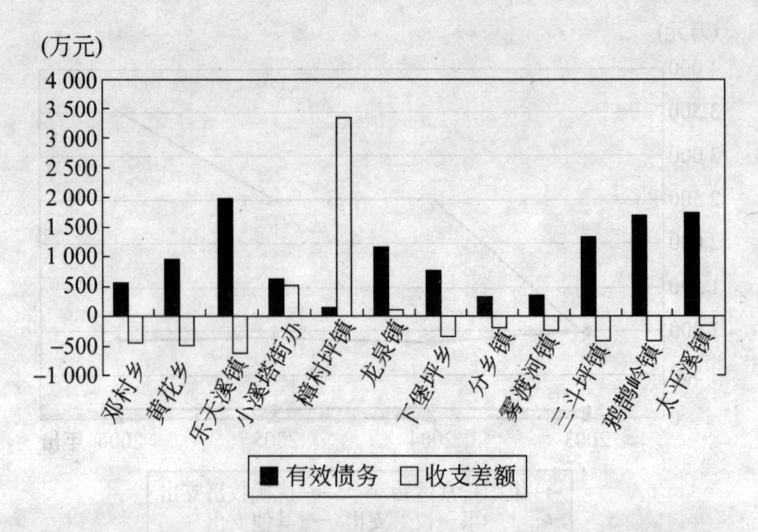

图 3-38　Y 区 2005 年各乡镇债务情况及与各乡镇财政收支差额比较

占挪用专项资金 975.6 万元,鸦鹊岭镇挪用专项资金 107.2 万元。黄花乡违规举债 21.44 万元,下堡坪乡搞建设违规举债 19.48 万元。

第四节　政府成本分析

一、政府成本概述

(一) 政府成本问题研究缘起

政府成本观念和意识产生于资产阶级革命前夕,比政府存在的时间要晚得多。从公共行政学的角度来说,早在学科创始之初,威尔逊就提出了有关"成本"的概念,"行政学研究的目的是使行政管理的方法从经验主义实验的混乱和不计成本中解脱出来,并将它们建立在严格归于稳定原则的基础之上"①，并将"政府如何以最高的效率和最低的成本（金钱或能量）去做那些政府该做的事情"作为公共生产力的一种重要定义。从19世纪末到20世纪60年代，公共行政学经历了传统公共行政学和行为科学公共行政学两个发展阶段。以效率、效益为导向的技术视野是这两个阶段上公共行政的标志。这两个阶段所不同的是传统公共行政学（Traditional Public Administration）着重从制度、体制的构架与研究上寻求提高公共行政效率的途径。而行为科学公共行政学（Behaviorism Public Administration）着重从人和组织行为对效率的影响上寻求提高公共行政效率的途径。在这一历史时期，西方各国放弃了传统庸俗经济学所倡导的自由放任的经济政策，开始了国家对经济和社会的全面干预，致使政府职能不断扩张，财政规模相继扩大。针对这些情况，各国政府遵循经济和效率这一公共行政的基本目标而采取了种种积极的措施，强调系统化的规则与内部程序，促使公共行政主体提高效率和管理能力。

20世纪70年代以来，西方国家针对政府公共行政极权化和官僚化所导致的政府垄断、政府公共行政低效率、巨额财政支出与赤字、过度干预的高额成本，以及一体化（integration）、全球化（globalization）和信息时代（information age）的发展要求加强市场机制作用等社会现实，进行了一场旨在推行绩效管理、强调顾客至上与服务意识、在政府管理中引进竞争与市场机制的政府改革运动，即"新公共管理运动"（New Public Management

---

① 竺乾威、马国泉编：《公共行政学经典文选》（英文版），上海：复旦大学出版社2000年版，第18页。

Movement)。而在新公共管理运动中反响最大的当属"市场式政府"理论，①以戴维·奥斯本、特德·盖布勒为主要代表，主张将官僚主义政府机构改造成为企业化政府机构，详细描述了企业化政府的基本特征，并正式将有关"政府成本"的问题纳入到了新公共管理理论研究的视野中，企业化政府的基本特征表现为：①具有催化作用的政府；②赋予社区以公共事务管理权的政府；③具有竞争性的政府；④具有使命感的政府；⑤讲究效果的政府；⑥接受顾客驱使的政府；⑦具有事业心的政府；⑧具有预见性的政府；⑨实行逐层分权的政府；⑩以市场为导向的政府。②

自 20 世纪 80 年代以来，欧美许多国家越来越重视政府成本问题，有限且有效的政府已经成了各国政府的施政目标，开始注重制度的激励效应，如政府围绕其职能进行绩效管理、削减预算、裁减人员、冻结政府某些机构，推迟一些不必要马上做的事情，把一些服务工作交给非政府组织去做等，取得了明显降低政府成本的效果。

（二）政府成本概念的界定与分类

关于政府成本问题，国内相关学科领域的学者也进行了一些

---

① B. Guy Peters, *Future of Governing*, *Four Emerging Models*, Kansas University Press, 1996; D. S. King, *The New Right: Politics, Markets and Citizenship*, London: Macmillan, 1987; J. Le Grand, "Markets, Welfare and Equality," in S. Estrin and J. Le Grand (eds.), *Market Socialism*, Oxford: Clarendon Press, 1989; David Osborne and Ted Gambler, *Reinventing Government: How the Entrepreneurial Spirit is Transforming the Public Sector*, Addison-Wesley Publishing Company, Inc. 1992.

② 参见戴维·奥斯本、特德·盖布勒：《改革政府——企业精神如何改革着公营部门》，上海：上海译文出版社 1996 年版。

研究，有学者从政治学角度认为，政府作为一种公共机构其自身的生存是通过收取捐税解决的，政府的维持经费来源于国库，政府的运作需要国库资金的支持，而国库资金则主要来源于民众、企业缴纳的税款，因此政府的存在与运作会涉及其投入与产出的成本问题。[1] 也有学者从行政学角度将政府成本定义为政府组织在为社会提供公共服务、生产公共产品的活动过程中投入的人力、财力和物力资源。[2] 还有学者从政治思想史的角度、运用成本分析的方法探讨了社会发展中的政府作用，认为政府成本包括社会的精神投入和物质投入，并重点分析了物质投入，指出政府的经济成本主要体现在税收、公债和造币上，其中税收最为重要。[3] 另有学者从经济学、管理学角度对政府成本的内涵和分类作了界定，将政府假定为一个企业，认为政府成本是指政府组织管理社会所产生的成本，政府成本不仅包括财政支出，还应包括政府行为的机会成本和社会成本。[4] 还有学者提出了全成本的概念，他们认为目前反映的政府成本只是部分政府成本，甚至是一小部分政府成本，不能反映政府成本全貌。所谓"全成本"，是政府机构和行政过程所占用、所投入、所消耗、所损失以及所损害的全部成本。[5] 以上不同学科

---

[1] 参见桑玉成："政府成本论"，《上海行政学院学报》2000年第2期，第24页。

[2] 参见卓越："行政成本的制度分析"，《中国行政管理》2001年第3期，第50页。

[3] 参见马文运："社会进步的政府成本分析"，《南京社会科学》1997年第9期，第43页。

[4] 参见何翔舟："论政府成本"，《中国行政管理》2001年第7期，第53页。

[5] 参见"乡镇政府行政成本研究"课题组（执笔人高宏德、刘玉兰）："降低行政成本的几个理论问题"，《经济体制改革》2005年第3期，第10页。

的分析表明,国内学者对政府成本有如下几种理解:第一,是企业成本的组成部分,是企业向政府支付的费用总和;第二,是政府组织的运行成本,即行政管理成本;第三,是行政事业单位与国有企业等的政府管理性支出、投资性支出;第四,是指政府财务成本加上机会成本。通常情况下,人们将政府成本理解为政府对资源的耗费。

从县级政府运作看,政府成本包括人力成本、公务成本和设施成本三个部分。人力成本是为取得和开发人力资源而产生的费用支出,包括人力资源取得成本、使用成本、开发成本、保障成本和离职成本。其中,使用成本包括工资、奖金、福利等。公务成本由服务性支出和易耗品组成,包括办公费用、交通费用、通信费用、会议费用和接待费用等。设施成本是为公务活动提供设施的固定产品分摊和维护费用。三个部分的有机构成为:人力成本起主导作用,公务成本变动最大,设施成本投入最大。衡量政府的成本通常可以使用总量与结构指标、人口分摊指标、公务员人均消耗指标、成本增长率、绩效指标等来评价。

本书是在公共服务的政策执行中考察Y区的政府成本,将政府成本理解为地方政府为民众提供公共服务所发生的各种耗费总和。既包括政府本身运行需要的支出,也包括政府提供公共服务的支出,当然这两方面的支出占到了政府成本的绝大部分。其他支出也是一个重要方面,但相关资料不足,因而本书对于政府成本的分析就重点研究政府本身运行的成本与提供公共服务的成本。首先通过财政支出中的行政管理费、政府机构的设置与公务员数量以及其他的涉及政府运行成本的方面来分析Y区政府自身运行的成本。

二、政府机构与编制

人力成本指政府直接为公务人员和其他参与公务活动的人员在招聘、录用、培训过程中的开支以及在使用过程中的工资福利、社会保障等费用的总和。人力资源总存在于相应的机构组织之内，因此，我们先列出Y区机构及其编制结构，在此基础上分析人力成本。这个行政系统包含了党委、政府（含法、检）、人大、政协、群众组织、下辖乡镇及事业单位（见表3-3至表3-8）。

表3-3　Y区主要部门

区委机构	宣传部、组织部、统战部、政法委、区直工委、信访办、老干部局、纪委、区委办、编办
区政府机构	区政府办、物价局（物价所）、法制办、审计局、民政局、财政局、安全生产局、交通局、文体局、经济商务局、计生局、科技局、公安局、司法局、卫生局、教育局、劳动保障局、人事局、农业局、移民局、发展和改革局
	行政服务中心（管理委员会办公室）、统计局、建设局、水利局、扶贫办、国土资源局
区人大机关	人大办公室、法制工作委员会、财经工作委员会、教科文卫工作委员会、农村工作委员会、代表工作委员会
区政协机关	政协办公室、提案委员会、文史资料委员会、经济委员会、港澳台侨委员会、社会和法制委员会、科教文卫体委员会
法院机关	区人民法院
检察院机关	区人民检察院
群众团体	工会、团委、妇联、残联
乡镇政府	龙泉镇、下堡坪乡、黄花乡、鸦鹊岭镇、乐天溪镇、樟村坪镇、邓村乡、小溪塔街道办事处、太平溪镇、雾渡河镇、三斗坪镇、分乡镇
直属事业单位	林业局、畜牧局、机关事务管理局、接待办、党校、粮食局、环境保护局、广电局、房产局、供销社、农经局、档案局、史志办、旅游局、招商局

人们通常用"四大家、公检法、工青妇、各大局"来概括一级政府部门,但普通民众很难分清"事业局"和"行政局"的区别,不管什么局里的人,都被认为是"吃皇粮"的公务员,到了农村都是官。但实际上有较大区别,事业单位是首先被改革的对象,明文规定事业单位工作人员参照公务员待遇,尽管政府给事业单位人员以公务员待遇,但毕竟不是公务员,这充满不确定性,所以会处在改革的风口浪尖上。从表3-3可以看出,在Y区的机构设置中,除了移民局之外,其余同其他县级单位设置一样,同时与上级政府部门设置具有对应性。移民局是因大型水利工程而设立的,属于行政机关,历史悠久。表3-3只是反映了区级政府部门设置,虽然包括12个乡镇政府,但并不包括各大局在乡镇的"七站八所",[①]因此,财政供养的远不止这些机构工作人员。

从表3-4至表3-6可以看出,第一,Y区的工作人员没有超编,略有结余。行政系列节约了90个编制,事业单位还有13个空缺,总共要103个编制才满额。第二,无论是行政机关还是事业单位,都有若干内设机构,只要有机构就会有领导,不仅要有领导,而且还会有正副职岗位。就内设机构而言,假设一个单位按照一正两副进行推算,则几乎所有公务员都可以进入领导岗位,当然不排除兼职状况。也就是说,这种编制结构并不能涵盖所有财政供养

---

① "七站八所"是对乡镇站所的统称,在乡镇事业单位综合改革之前,乡镇政府内设站所,由镇财政发工资的有15个,被人们统称为"七站八所"。它们包括:农业技术推广站、林业站、果树站、水利站、渔技站(在沿海乡镇设立)、农业机械管理站、经管站、财政所、司法所、计划生育服务站、文化站、广播站、残联、农村养老保险管理所、科委。

表 3-4　Y 区机构编制结构

单位性质	行政机关或事业单位	单位级别	批准编制	实际人员	正职	副职	行政	内设机构
党委	Y 区委办公室	02 正科	43	41	1	4	31	10
	Y 区委宣传部	02 正科	13	11	1	3	9	5
	Y 区委政法委员会	02 正科	11	13	0	5	12	3
	Y 区委机构编办	02 正科	5	6	1	1	4	2
	Y 区委区直机关工委	02 正科	8	10	0	3	6	3
	Y 区纪委机关	02 正科	22	21	1	4	17	9
	Y 区委老干部局	02 正科	7	8	1	2	6	3
	Y 区委统战部	02 正科	15	14	0	3	12	5
	Y 区委组织部	02 正科	16	15	1	3	14	8
	Y 区委区政府信访办	02 正科	7	8	1	3	6	3
	10 个行政机关合计		147	147	7	31	117	51
人大	Y 区人大常委会机关	02 正处	32	35	0	6	22	7
政府	Y 区人民政府办公室	02 正科	64	65	1	8	47	12
	Y 区移民局	02 正科	19	20	1	4	16	4
	Y 区行政服务中心	03 正科	7	7	0	5	5	0
	Y 区物价局	02 正科	10	11	1	2	8	3
	Y 区文化体育局	02 正科	13	16	2	4	12	5
	Y 区卫生局	02 正科	18	20	1	5	12	9
	Y 区统计局	02 正科	11	12	1	2	10	5
	Y 区司法局	02 正科	23	23	1	3	22	9
	Y 区水利局	02 正科	19	18	1	3	11	7
	Y 区审计局	02 正科	16	16	1	3	13	5
	Y 区人事局	02 正科	14	15	1	2	13	6
	Y 区农业局	06 正科	30	30	1	3	12	10

续表

单位性质	行政机关或事业单位	单位级别	批准编制	实际人员	正职	副职	行政	内设机构
政府	Y区安全生产监管局	05正科	11	11	1	3	6	4
	Y区财政局	05正科	43	42	1	4	40	15
	Y区发展和改革局	04正科	20	18	1	3	15	8
	Y区政府法制办公室	02正科	4	4	0	2	3	2
	Y区政府扶贫办	02正科	5	4	1	2	3	2
	Y区公安分局	02正科	366	335	2	4	258	28
	Y区国土资源局	02正科	22	21	2	4	19	8
	Y区人口与计生局	02正科	11	11	1	2	9	4
	Y区建设局	02正科	16	15	0	3	13	6
	Y区交通局	02正科	11	15	1	2	8	5
	Y区经济商务局	05正科	32	37	2	3	24	10
	Y区科学技术局	02正科	13	15	1	4	7	6
	Y区劳动和社保局	02正科	15	19	1	2	14	6
	Y区民政局	02正科	20	21	2	3	17	7
	Y区教育局	02正科	19	22	1	4	15	7
	夷陵经济开发区管委会	06副处	30	17	1	3	9	5
	28个行政机关合计		882	860	30	90	641	198
政协	Y区政协机关	02正处	22	28	1	3	17	7
法院	Y区人民法院	02正科	89	86	1	4	85	17
检察院	Y区人民检察院	02正科	56	55	1	3	54	14
群众团体	Y区残疾人联合会	03正科	5	6	1	2	0	3
	Y区妇女联合会	02正科	4	6	1	2	3	3
	Y区总工会	02正科	10	9	0	2	6	4
	共青团Y区委员会	02正科	5	5	1	2	4	3
	4个机关合计		24	26	3	8	13	13

表 3-5　Y 区所辖乡镇政府机构与编制

单位性质	行政机关或事业单位	单位级别	批准编制	实际人员	正职	副职	行政	内设机构
乡镇	邓村乡人民政府	05 正科	40	31	1	3	31	3
	分乡镇人民政府	05 正科	42	33	1	4	33	3
	黄花乡人民政府	05 正科	45	40	1	4	40	3
	乐天溪镇人民政府	05 正科	42	39	1	5	39	3
	龙泉镇人民政府	05 正科	45	41	1	5	41	3
	三斗坪镇人民政府	05 正科	41	33	1	4	33	3
	小溪塔街道办事处	05 正科	45	45	1	5	45	3
	太平溪镇人民政府	05 正科	41	33	1	5	33	3
	雾渡河镇人民政府	05 正科	41	33	1	5	33	3
	下堡坪乡人民政府	05 正科	40	31	1	5	31	3
	鸦鹊岭镇人民政府	05 正科	45	40	1	4	40	3
	樟村坪镇人民政府	05 正科	44	37	1	5	37	3
	合计		511	436	12	54	436	36

表 3-6　Y 区事业单位机构与编制

事业单位机构名称	单位级别	批准编制	实际人员	部门领导	内设机构领导	全额拨款	内设机构
Y 区档案局	02 正科	12	12	3		12	3
Y 区房产管理局	02 正科	10	10	4	3	8	4
Y 区供销合作社	00 正科	15	15	3	10	15	4
Y 区广播电视局	02 正科	72	63	6	10	11	10
Y 区环境保护局	02 正科	12	12	5	4	12	4
Y 区机关事务管理局	05 正科	18	17	3	4	17	4
Y 区接待办公室	02 正科	6	6	2	0	6	2
Y 区粮食局	02 正科	13	13	3	3	11	5

续表

事业单位机构名称	单位级别	批准编制	实际人员	部门领导	内设机构领导	全额拨款	内设机构
Y区林业局	'02 正科	22	24	4	6	21	6
Y区旅游局	04 正科	10	9	4	3	9	4
Y区农村经济管理局	02 正科	13	11	4	5	11	5
Y区委史志办公室	02 正科	7	7	4	2	6	2
Y区畜牧兽医局	07 正科	13	14	4	4	12	5
Y区招商局	04 正科	12	12	5	3	11	4
中共Y区委党校	02 正科	29	29	4	5	27	5
夷陵规划分局	07 正科	16	13	5	1	0	13
合计		280	267	64	65	189	80

人员。事实上,很多单位聘请了不少临时工,特别是事业单位。分工越细,养人越多,财政负担就越重。因为公务员的成本结构中,工资福利保险等不及公务消耗,特别是领导岗位,规定了消耗标准,但总会超出,所以才有全额拨款、半额拨款和自筹经费的区别。第三,上表中并未包括各大局设立在乡镇的机构,实际消耗财政资源的人数远远超过乡镇政府工作人员编制;还不包括村组干部在内,村委会虽然定性为自治组织,但其办公经费和村委会成员福利待遇已经纳入财政预算,村委会干部的办公经费和工资实行直达,还实行年终奖励,其保障性超过政府部门临时工。

图 3-39 与图 3-40 是对 Y 区行政与事业部门各年末机构数与人数的一个大概反映,可以看出,在"四大班子"中,与人大、政协机关相比,政府机关与共产党机关的机构数更多一些,而机构数最多的则是提供基本公共服务的教科文体广卫这样的单位。而年末机构人数方面,"四大班子"中政府机关的人数是最多的,在提供基本

公共服务的单位中,仍是教科文体广卫单位的机构人数最多。当中小学义务教育财政供给责任主体由乡镇上移到县级政府之后,财政供养人员结构发生较大变化,中小学教师人数占财政供养人员总数的比例超过60%。

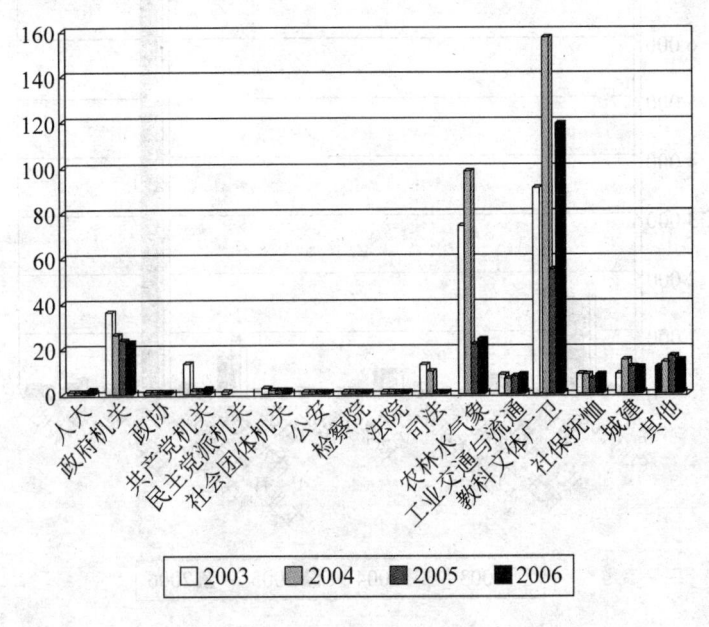

图 3-39　Y 区行政与事业部门机构数

图 3-39、图 3-40 是对 Y 区行政与事业单位机构数与人数从总量方面进行的考察,而图 3-41、图 3-42 则是从各机构平均人数与部门人均支出的角度来进行体现。各机构平均人数中,"四大班子"中的人大、政府与政协机关机构平均人数基本相当,而共产党机关的机构平均人数略多一些,这也是由于其机构数的减少所致。提供基本公共服务的单位中,教科文体广卫的机构平均人数也是最多的,而所有单位中,机构平均人数最多的公安机关,这也主要

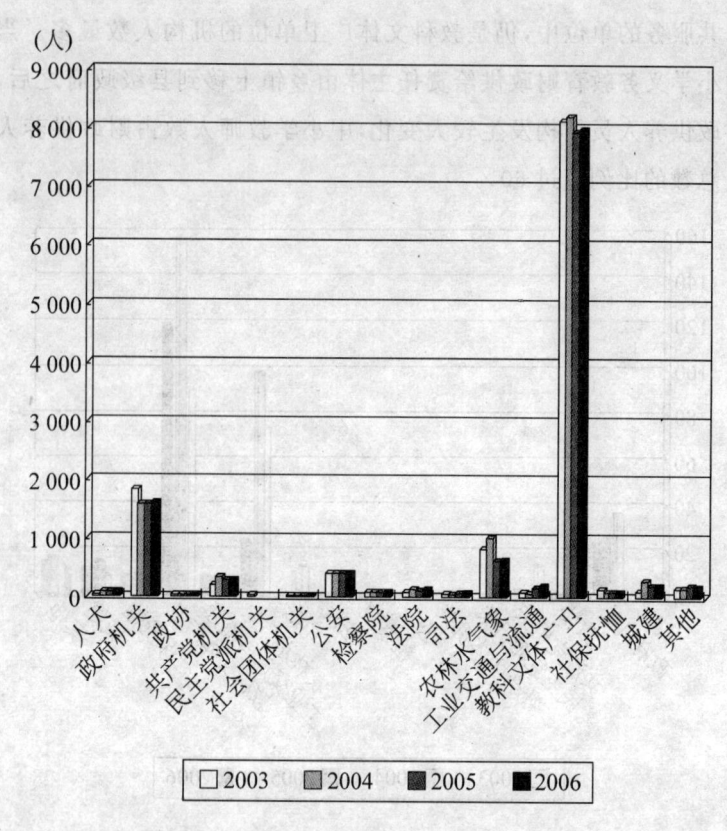

图 3-40 Y 区行政与事业部门年末人数

是由于其工作特殊性所决定的。在部门人均支出中，整体上看，教科文体广卫部门人均支出最少，社保抚恤部门最多，特别是 2006 年该部门人均支出增长迅猛，而行政部门、公检法司、农林水气象、工业交通与流通等部门人均支出大体相当。如前文所述，2006 年社保抚恤项目支出飞速增长，而从前表中可以看出，社保抚恤部门人数也是较少的，因而也就突显出社保抚恤部门人均支出的"异军突起"。

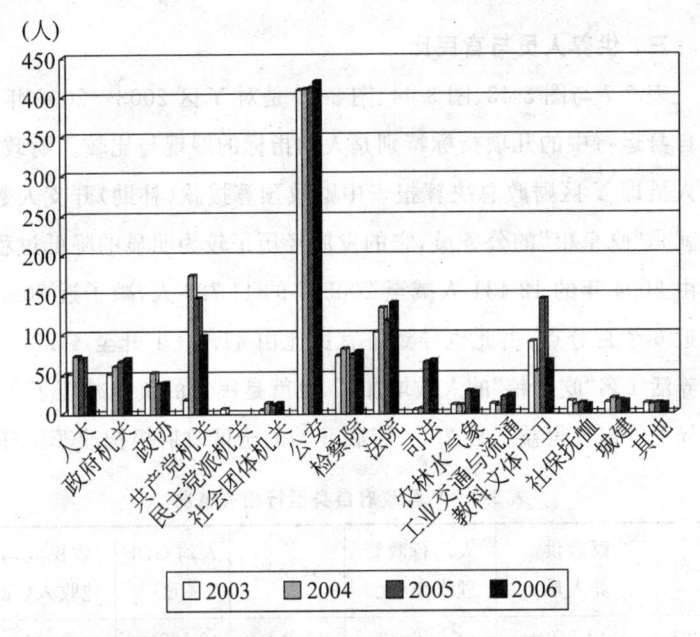

图 3-41　Y 区行政与事业部门机构平均人数

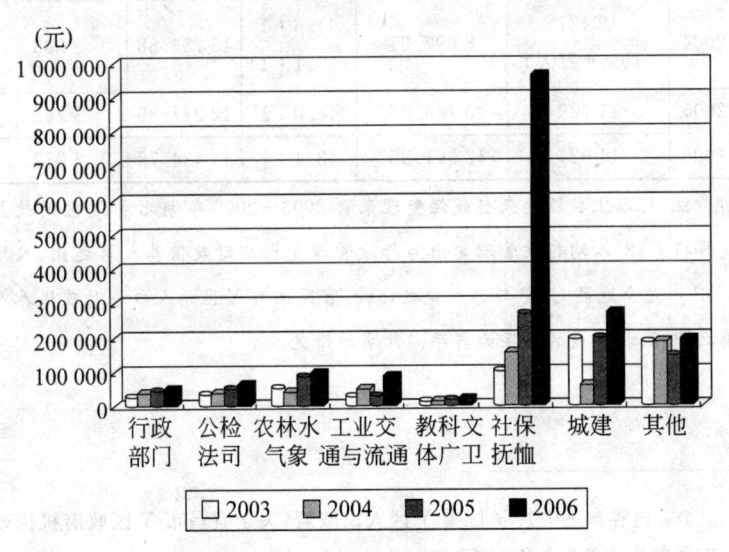

图 3-42　Y 区行政与事业部门人均支出

三、供养人员与官民比

表 3-7 与图 3-43、图 3-44、图 3-45 是对 Y 区 2003—2006 年政府自身运行中的几项指标特别是人均指标的展现与比较。财政供养人员即 Y 区财政总决算报表中财政预算拨款（补助）开支人数，也就是"吃皇粮"的公务员，它的发展经历了较为明显的降低过程，即由 2004 年的 12 431 人减至 2005 年的 11 729 人，减了近 700 人即近 6 个百分点，由此也导致了官民比由 41.6∶1 升至 44.0∶1，即养活 1 名"吃皇粮"的人数增加了，也就是民众的负担减轻了。这种局面的出现得益于自 2004 年底开始的全区政府机构改革工作[①]

表 3-7　Y 区政府自身运行相关情况

年份	财政供养人员	人均行政管理支出(元)	官民比	人均 GDP (元)	农民人均纯收入(元)
2003	12 149	6 966.83	42.3∶1	13 722.06	2 983
2004	12 431 (199.9 万人)	8 697.61	41.6∶1 (30.1∶1)	15 754.88	3 383
2005	11 729	10 746.87	44.0∶1	12 277.30	3 703
2006	11 921	12 991.36	43.4∶1	14 434.78	4 072

注：1.以上数据均来自或经整理来自 2003—2006 年湖北省 Y 区财政总决算报表；2.人均行政管理支出为行政管理支出与财政供养人员之比，人均 GDP 则是全地区 GDP 与总人口之比；3.官民比为 Y 区总人口与财政供养人员之比；4.括号内的数字为当年湖北省的情况。

---

① 内容参见中共 Y 区委 Y 区人民政府《关于宜昌市 Y 区政府机构改革方案的实施意见》，2004 年。

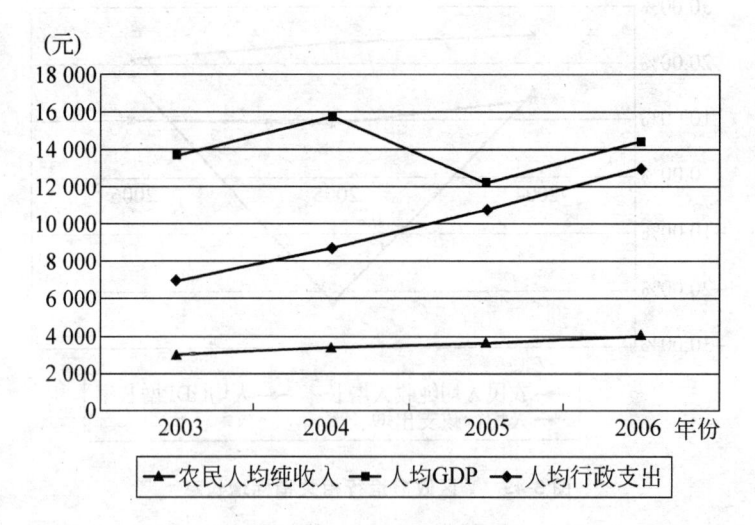

图 3-43　Y 区几项人均指标

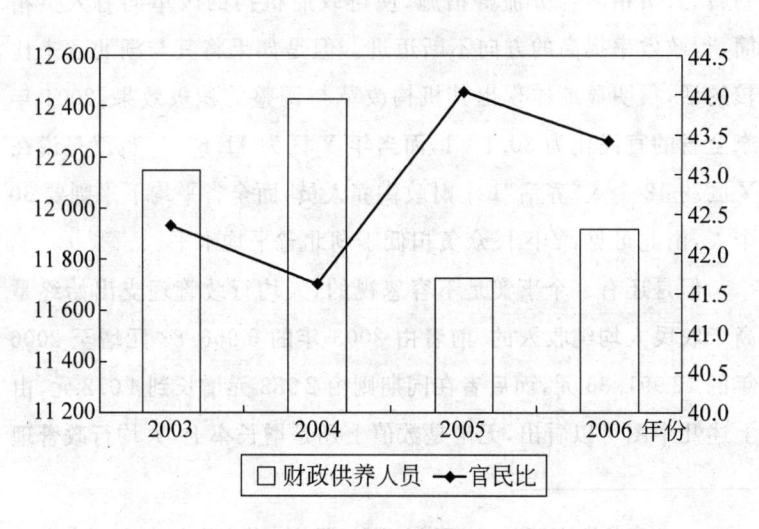

图 3-44　Y 区财政供养人员与官民比

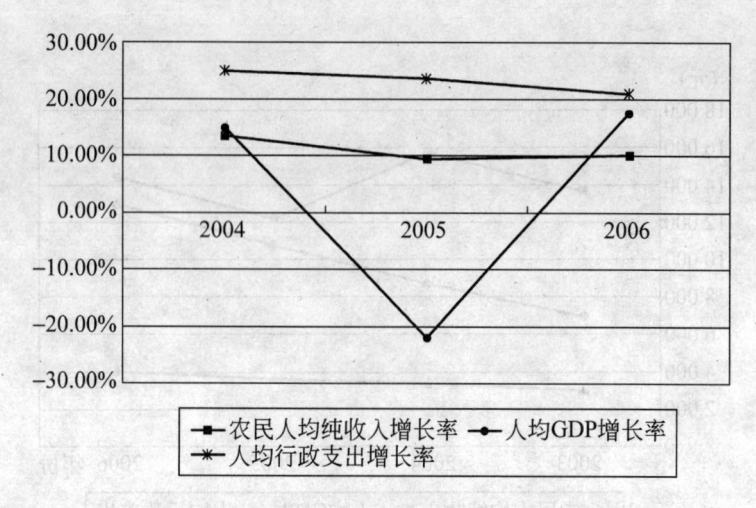

图 3-45　Y 区政府运行相关指标增长率

以及之前就已开始的乡镇机构改革工作。[①] 通过机构调整、职能划转、人员精简与分流等措施,使得政府机构的改革向着人员精简、行政效率提高的方向不断迈进。但是如果将其与湖北省来比较的话,很明显地体现出其机构改革与调整的积极效果:2004 年末全省的官民比为 30.1∶1,而当年 Y 区为 41.6∶1,也就是说在 Y 区约 42 个人"养活"1 个财政供养人员,而全省平均下来则要 30 个人,由此可见,Y 区民众负担低于湖北省平均水平。

但是还有一个事实是不容忽视的,人均行政管理支出始终是高于农民人均纯收入的,前者由 2003 年的 6 966.83 元增至 2006 年的 12 991.36 元,而后者在同期则由 2 983 元增长到 4 072 元,由上述几个图可以看出,无论是数值上还是增长率上,人均行政管理

[①] 内容参见《Y 区乡镇(街道办事处)机构改革实施方案》,Y 发[2001] 1 号。

支出均高于农民人均纯收入,而从这个角度来看,面对增长较快的人均行政管理支出,农民人均纯收入在缓慢增长的同时,却隐含着不断增长的支付政府本身运行的成本负担,而且从一定程度上讲这样的成本负担超越了农民人均纯收入的承受能力。

四、行政成本结构

(一)行政管理支出

图 3-46、图 3-47 主要是对政府财政支出中行政管理支出的反映,图 3-46 是行政管理支出中财政拨款数与实际支出数的一个展现与比较,无论是财政拨款数还是实际支出数,都是呈现逐年增长的态势,而且每年的实际支出数都大于财政拨款数,2003—2006年,实际支出数与财政拨款数的比例都超过了 110%,最高的一年是 2003 年达到近 120%。我们在前文中考察过了行政管理支出在财政一般预算支出中的比重,其所占比重由 21.13% 微升至

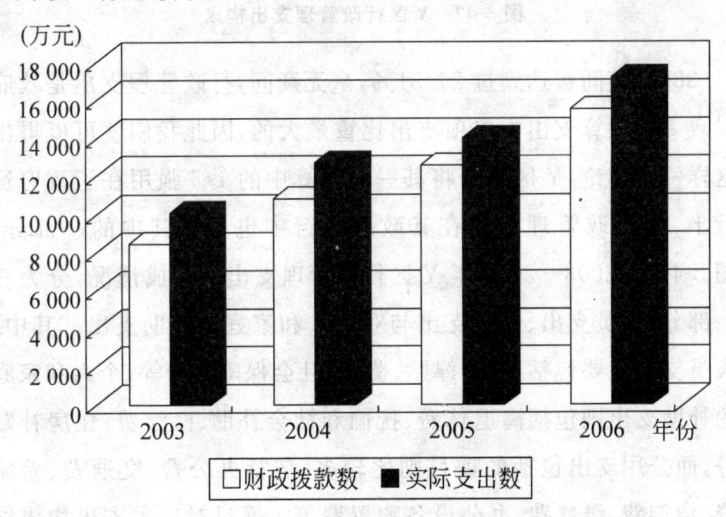

图 3-46 Y 区行政管理支出中财政拨款数与实际支出数

144 地方财政与治理能力

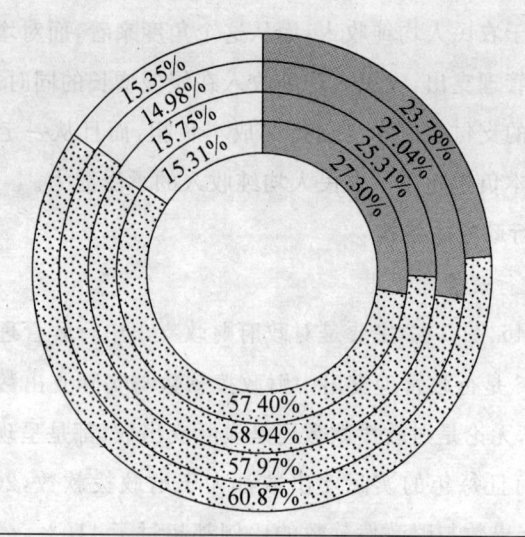

```
         15.35%        23.78%
         14.98%        27.04%
         15.75%        25.31%
         15.31%        27.30%

         57.40%
         58.94%
         57.97%
         60.87%
```

■ 人员支出 ▨ 公用支出 □ 对个人和家庭的补助支出

注：圆环由内向外分别为2003—2006年。

图 3-47　Y 区行政管理支出构成

21.38%，其间曾达到过 24.81%，毫无疑问，行政管理支出是政府财政一般预算支出中单项支出比重最大的，因此我们就可以得出这样一个结论，Y 区政府将其一般预算中的 1/5 强用在了政府运行上，而行政管理支出在其政府运行中也只是其中的一部分。图 3-47 是 2003—2006 年 Y 区行政管理支出的构成情况，分为三个部分：人员支出、公用支出与对个人和家庭的补助支出。其中，人员支出主要包括工资、津贴、奖金、社会保障缴费等，个人和家庭的补助支出则包括离退休费、抚恤和社会补助、医疗费、住房补贴等，而公用支出包括的项目则比较多，包括办公费、交通费、差旅费、招待费、维修费、办公设备购置费等。通过对三类支出构成结构的考察，我们发现公用支出所占比重较大。如图所示，公用支出一般占有一半以上的比例,由 2003 年的 57.40% 上升到 2006 年的 60.87%,增长了 3.49 个百分点;而人员支出却由 2003 年的 27.30% 下降至 2006 年的 23.78%,下降了 3.52 个百分点;同期对个人和家庭的补助支出基本上保持在 15% 的比例。因此可以这样认为,四年间,人员支出的比例在减少,而减少的部分移到了公用支出部分,成为公用支出的增长点。

政府财政一般预算支出中的行政支出仅是政府运行成本中的一部分,其他还包括预算外行政管理费、专项资金转移行政管理费等。下面从上述两个方面进行了解。

图 3-48 展现的是 Y 区 2003—2006 年行政管理获补助情况,补助分专项补助和转移支付补助两部分。从图中可以看出,这四年,专项补助每年都有,但数额较少,由 51 万元增至 231 万元,而转移支付补助前两年没有,后两年都在 1 700 万元以上,由此可以看出,区本级政府的正常运行在一定程度上还要依赖上级政府的补助。

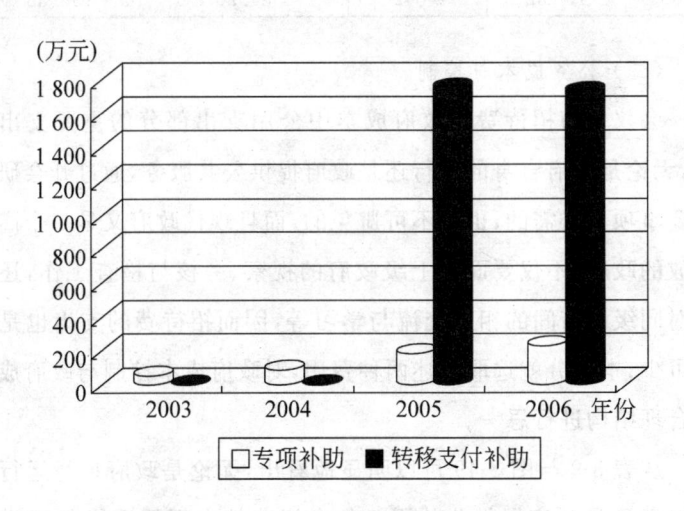

图 3-48　Y 区行政管理支出获补助情况

从表 3-8 可看出,2004—2006 年,Y 区预算外行政支出由 7 000 多万元上升到 9 000 多万元,但占本年预算外支出的比重却由 89.65% 降至 84.25%,而且预算外的行政事业费占一般预算中的行政支出的比重也由 66.86% 降至 58.38%。从以上数据可以看出,政府运行成本仅仅依靠一般预算中的行政支出是远远不够的,甚至可能无法正常运转,而上级对行政支出的补助——无论是专项补助还是转移支付——以及预算外的行政事业费支出都占到了政府运行成本中的相当部分。

表 3-8　Y 区预算外行政支出

年份	本年预算外总支出（万元）	预算外行政事业费支出（万元）	预算外行政事业费支出占本年预算外总支出比重（%）	行政事业费占一般预算行政支出的比重（%）
2004	8 064	7 229	89.65	66.86
2005	8 471	7 448	87.92	59.09
2006	10 732	9 042	84.25	58.38

(二) 公务成本与控制

会议费与招待费是政府成本中公用支出部分的重要支出项目,无论是政府自身的运行还是政府提供公共服务,通过开会研究重要事项是必需的,也是不可避免的,而且现代政府又是一个高度开放的政府,不仅要面对上级政府的视察、考核与检查工作,还要面对同级政府间的相互交流与学习等,因而招待费的支出也是必不可少,本部分就选取上述两种费用,对政府成本控制与政府成本的合理结构进行思考。

从表 3-9 与图 3-49 可以明显地看出,无论是政府自身运行的会议费还是政府提供公共服务的会议费都出现了同样的反弹现

表 3-9 Y 区政府成本中会议费与招待费支出

(单位:万元)

年份	政府自身运行成本中会议费	政府提供公共服务成本中会议费	政府自身运行成本中招待费	政府提供公共服务成本中招待费
2003	165	88	751	320
2004	146	49	882	382
2005	148	43	1 003	398
2006	230	57	1 644	506

说明:以上数据均通过 Y 区 2003—2006 年《财政总决算报表》计算而得。

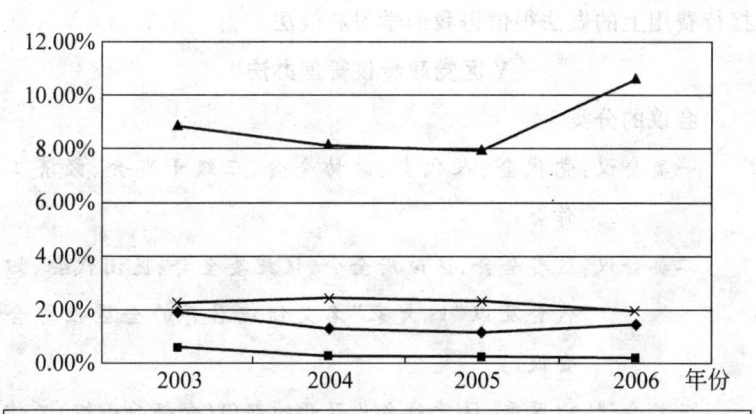

图 3-49 Y 区政府成本中会议费与招待费支出比重

象,即先减后增的态势,但前者总体上是增长的情势,而后者总体上则体现出了下降的情形,而且相比政府提供公共服务的会议费,政府自身运行的会议费每年都在百万元以上,而且 2006 年突破 200 万元达到 230 万元,比上年增长了 55.41%。而招待费用方面,二者都在 300 万元以上,特别是政府自身运行成本的招待费更是在 2005 年突破千万元,到 2006 年突破了 1 500 万元,而且也导致其占行政管理支出的比重超过 10%,即行政管理费中超过 1/10 花在了招待上。

前文已经谈到了,无论是会议费还是招待费都是必要的支出,但是通过会议费与招待费又能反映出政府是不是在"乱花钱":能开小会解决的就不开大会解决,能够既体面又实惠的招待就不去搞华而不实的招待,等等。分别由 Y 区委区政府、财政局出台的《党政会议管理办法》与《财政局对外接待管理制度》在会议费用与接待费用上的做法很值得我们学习和效法。

Y 区党政会议管理办法

会议的分类

一类会议:党代会、人代会、政协全会、三级干部会、经济工作会;

二类会议:区委全会、区政府全会、区纪委全会、区团代会、妇代会及以"四大家"名义组织召开的全区性综合会议;

三类会议:以区委、区政府名义召开的部门(含领导小组)工作会议及各部门召开的业务工作会议。

会议经费开支的标准

区直一类会议,中、晚餐每桌标准 240 元,住宿标准每间每天不超过 180 元(定点宾馆:龙泉山庄、金狮宾馆);

二类会议,中、晚餐每桌标准 200 元,住宿标准每间每天不超过 100 元(定点宾馆:中大宾馆、兴华宾馆);

三类会议,中、晚餐每桌标准 180 元,住宿标准每间每天不超过 80 元(定点宾馆:平湖疗养院、鸿祥宾馆、鹿鸣酒店、鸿宜宾馆)。

会议室标准:50人以下,200元/半天;100人以上,400元/半天;500人以上,1 000元/半天。

Y区财政局对外接待管理制度
费用开支标准

1. 乡镇来人:一律安排工作餐(份饭),按实际进餐人数限额管理,最高人均不得超过15元。

2. 接待县内各单位客人:每桌标准200元。按人数实行点菜制度。

3. 市局、外县及外省来人:市级每桌标准250元,省级一般客人每桌350元,厅级干部每桌500元(含酒水)。

4. 县级以上来人(含外省)一般应使用本县烟、酒、饮料,每桌酒及饮料不准超过进餐标准的30%。特殊情况需使用高档烟、酒的,必须报局领导审批。

(三)"其他"成本支出

在政府财政一般预算支出决算表中(空白表见表3-10),有"其他支出"这一项,而在这一项中又有"其他杂项支出"一项,在这一项中就包含了"招商引资、贸易洽谈支出"、"各项偿债支出"、"消化历年财政赤字"等诸多科目。此部分就以上述三个科目的支出为视角,对政府成本的消耗进行思考。

近年来,各级地方政府在招商引资方面倾注了太多的心血,各地区之间的贸易洽谈会(多为不发达地区对发达地区,如陕—港投资洽谈会、鄂—沪贸易洽谈会等)成为不发达地区招商引资的主要形式之一。招商引资确实是给地方政府带来了不少的实惠,如GDP、固定资产投资以及税收的增长,而且这三者在地方政府政绩考核中又占有核心地位,更重要的是招商引资同样作为上级政府对地方政府政绩考核的重要内容,而且还可能会采用"一票否决"的做法去激励地方政府大规模的招商引资行为,并进而促进上述三项的增长。但是一个很现实的事情摆在各级地方政府面前,招商引资是要付出成本的,由政府出面的招商引资其成本是要列入政府财政支出的,而其在决算表中则位于其他支出中,这样的一种安排在一定程度体现出政府也意识到这样的政府作为必定是要付出成本的,但在决算表中放在什么位置那就显得不是那么重要了。

表 3-10 财政预算收支决算表

预算科目	决算数	预算科目	决算数
一、基本建设支出		十七、行政事业单位离退休支出	
二、企业挖潜改造支出		十八、社会保障补助支出	
三、地质勘探费		十九、国防支出	
四、科技三项费用		二十、行政管理费	
五、流动资金		二十一、外交外事支出	
六、农业支出		二十二、武装警察部队支出	
七、林业支出		二十三、公检法司支出	
八、水利和气象支出		二十四、城市维护费	
九、工业交通等部门事业费		二十五、政策性补贴支出	
十、流通部门事业费		二十六、支援不发达地区支出	
十一、文体广播事业费		二十七、海域开发和场地费	
十二、教育支出		二十八、车辆税费支出	
十三、科学支出		二十九、债务利息支出	
十四、医疗卫生支出		三十、专项支出	
十五、其他部门事业费		三十一、其他支出	
十六、抚恤和社会福利救济		三十二、总预备费本年支出合计	

第三章 财政结构与财政能力

表 3-11　Y 区招商引资支出与全年全社会固定资产投资比较

年份	招商引资、贸易洽谈支出(万元)	全年全社会固定资产投资(亿元)
2003	0	16.9
2004	259	18.7
2005	420	23.2
2006	50	28.3

注:1.招商引资支出的数据均来自湖北省 Y 区 2003—2006 年《财政总决算报表》；2.后一项数据则来自 Y 区 2003—2006 年《国民经济和社会发展统计公报》。

从表 3-11 中可以看出，县级政府在招商引资方面是很舍得投入的，2005 年用于招商引资的花费在 400 万元以上，而当年的全社会固定资产投资较上一年增长了 24.06%，年增长率也是这几年中最高的，这也就说明了政府在招商引资方面付出的成本也是有相当的回报的。而现在的问题是招商引资该不该由政府来做，如果不存在禁止政府在此方面行为的可能的话，政府招商引资的成本是否有一个标准，换句话说就是最小的成本换回最大的收益。按照前面的分析，对地方政府考核的核心内容即为 GDP、社会固定资产投资及税收的增长，而这些项目的增长又在很大程度上会得益于招商引资，因而从政府考核的角度讲，地方政府是要进行招商引资的，而且引进得越多越好，当然引进得多的话付出的成本也就会相应增加。但如果从政府的本质上来讲，政府是来解决市场所解决不了的问题的，而且为市场与社会正常运转提供良好的秩序，资本的流动要靠市场的资源配置这一基础功能来解决，而政府在招商引资方面的作为在很大程度上不是解决资本的盲目流动，而是去影响资本的正常流动，因而从这个角度去看，政府应尽量不去发生招商引资的行为。然而面对实际情况,政府在招商引资方面同样就是坚持"有所为、有所不为"的原则,而这一原则的出发点就是政府对市场正常发展的不干预以及最大限度降低可能产生的招商引资的成本。特别是在当今经济发展的大背景下的地方政府招商引资,更多的应该是从产业结构调整、避免重复建设及跨越式发展模式的招商引资方面作为。地方政府招商引资基本上都附带有非常优惠的引资政策,这些政策的本身对地方政府来讲已经是付出了成本,而上表中的招商引资支出显然不是这方面的成本,表中所列的招商引资支出更多的是显性的支出,而前述所谈的更多的是隐性支出,而且隐性支出要远远大于显性支出,因而,对地方政府招商引资支出的控制不仅仅是对显性支出的控制,更重要的是对其所带来的隐性支出的控制。

表 3-12 Y 区偿债、消化财政赤字等支出

年份	偿债、消化财政赤字等支出(万元)
2003	600
2004	609
2005	182
2006	600

注:以上数据均通过 Y 区 2003—2006 年《财政总决算报表》计算而得。

我国预算法规定,地方各级预算按照量入为出、收支平衡的原则编制,不列赤字。除法律和国务院另有规定外,地方政府不得发行地方政府债券。[①] 而上表却明显体现出,地方政府财政收支中

---

① 《中华人民共和国预算法》,http://www.chinaacc.com/new/63/74/1994/3/ad7864801112234 9914248.htm,2008 年 6 月 30 日。

不仅有赤字,而且还有举债或相当于举债的行为,这就说明了地方政府在财政运行中有违反法律规定的行为,而且这样的违法(违规)行为还要在政府财政支出中有着明确的成本付出,因而我们可以说这样类似的成本付出是完全能够控制与避免的。按照法律规定来运行,一些成本支付完全可以不再出现。

以上从两个角度,对政府成本问题有了一个简要的思考,有些政府成本是因为政府的过多作为所致,而且这其中的过多作为还可能存在着违法(违规)现象,因此从这样角度去分析的话,政府成本中的一些项目还是完全能够避免的,进而降低政府成本。

政府财政支出是政府治理在资源配置上的体现,而政府治理的水平及善恶又体现为其如何对资源进行配置。政府自身的正常运行是政府治理乃至善治的前提与基础,而政府提供公共服务在多大程度上回应了民众的需求又是政府获得民众认同——政府存在合法性的一个重要体现——的必经之路。因而,政府在自身运行与提供公共服务上的成本付出的比例及其结构体现出了政府对上述问题的态度与价值倾向。而善治(良治)的政府在成本的比例与结构问题上,必然选择高比例的公共服务支出与适当比例的政府自身支出这样一种成本选择,而且在公共服务支出中不仅要支付公共服务提供者的报酬,而且还要大量投入于公共基础设施,同时在政府自身支出中,力求用最少的公务人员——低比例的人员支出——去办最有效率的事情,即保持适当比例的公用支出,绝不浪费纳税人的一分钱。因此,对于Y区这个农业人口占多数的县级政府而言,逐渐控制行政支出、不断提高公共服务支出、用最少的人办最有效率的事以及坚持有所为有所不为的原则是未来政府在成本问题上的必然选择。

五、政府提供公共服务的成本

本部分以政府提供的公共服务——教育、医疗卫生与社会保障——所付成本为分析对象,将政府在上述三个领域的财政支出与各领域所选的相关指标进行比较分析,进而观察政府在上述公共服务领域财政支出的成本付出效果。

表 3-13 与图 3-50 是 Y 区 2003—2006 年教育支出与教育领域相关指标及其年增长率情况。教育支出由 2003 年的 9 136 万元增长到 2006 年的 12 277 万元,年增长率均为正。而与此同时,Y 区万人拥有小学数——全区总人口中每万人拥有的小学数——却呈现下降趋势,由 1.52 所增至 1.62 所后降至 1.10 所,而且小学师生比也由 18.1∶1 降至 15.0∶1。从后两者下降的趋势可以看出,小学教师数与小学生数都在减少,导致小学数在减少,那么教育支出的不断增长就只能说明教育支出的增长用在了给不断减少的教师发放了更多的工资方面。

表 3-13 教育支出与相关指标

年份	教育支出(万元)	万人拥有小学数(所)	小学师生比
2003	9 136	1.52	18.1∶1
2004	10 828	1.62	16.9∶1
2005	11 266	1.36	15.3∶1
2006	12 277	1.10	15.0∶1

从表 3-14 与图 3-51 可以看出,医疗卫生支出由 2003 年的 2 563 万元先降至 2004 年的 2 094 万元后又增长到 2006 年的 2 639 万元,而万人拥有病床数则由同期的 16.8 张先增至 2004 年的 17.2 张后降至 2006 年的 14.1 张。随着医疗卫生支出的先减

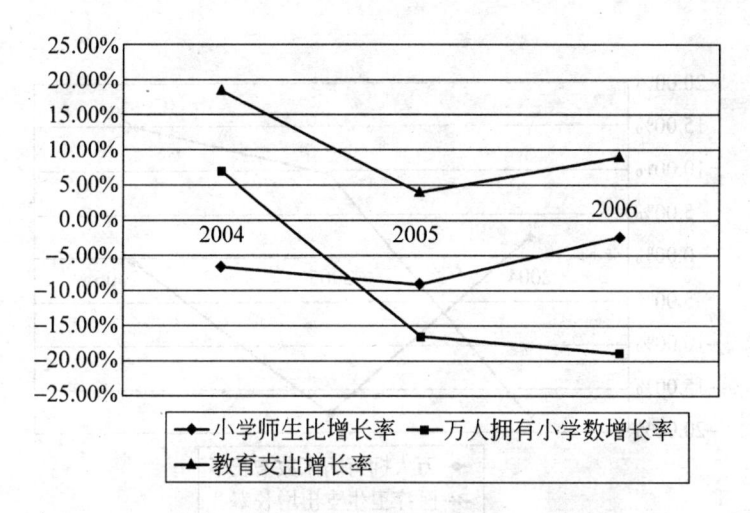

图 3-50　Y 区政府财政教育支出与相关指标增长率

后增,医疗卫生基础设施的建设却呈现出先增后减的情势,因而我们可以认为,有限的医疗卫生支出不仅仅投入到了该领域中的基础设施建设中,而且还用于增加医务人员工资,而且对于后者的投入逐渐大于对前者的投入。

表 3-14　医疗卫生支出与相关指标

年份	医疗卫生支出(万元)	万人拥有病床数(张)
2003	2 563	16.8
2004	2 094	17.2
2005	2 294	14.1
2006	2 639	14.1

社会保障支出由 2003 年的 1 412 万元增至 2006 年的 8 968 万元,增长了 5 倍多,其年增长率在图 3-52 中有明显的表现,而同期的养老保险参保率与登记失业率分别呈增长与下降态势,而且

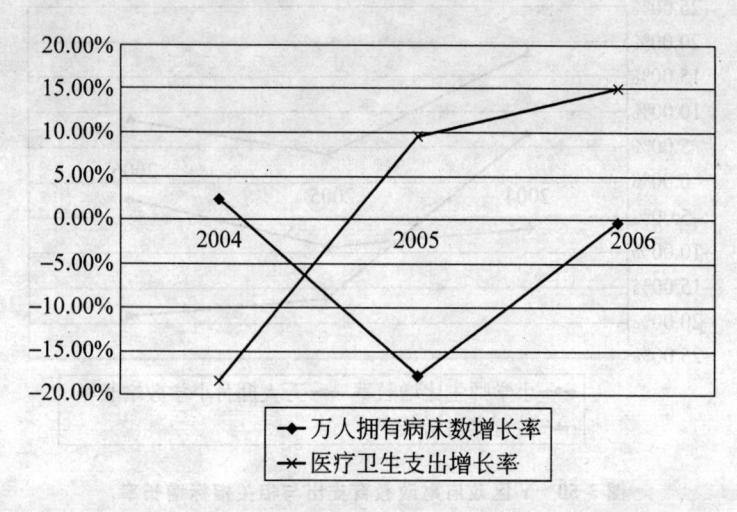

图 3-51　Y 区政府财政医疗卫生支出与相关指标增长率

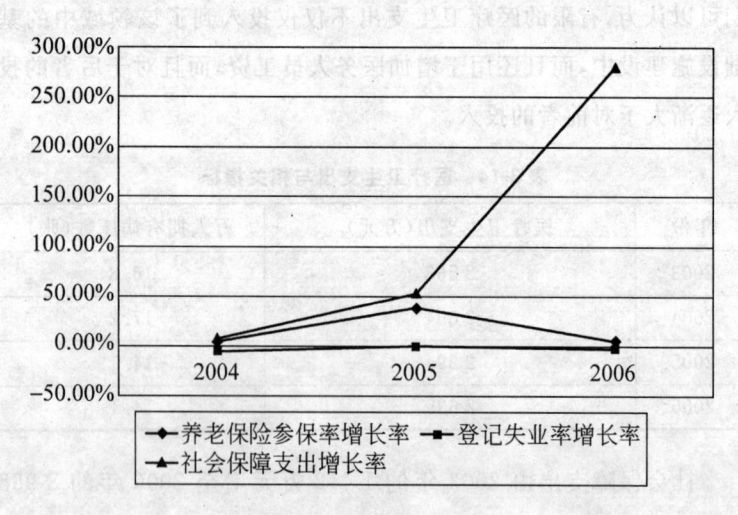

图 3-52　Y 区政府财政社会保障支出与相关指标增长率

社会保障支出与养老保险参保率的年增长率均为正增长,而登记失业率则始终保持在 4.5% 及其以下(见表 3-15)。以上事实可以说明,随着政府社会保障支出的快速增长,为养老保障参保率的稳中有升提供了强有力的物质保障,同时也为失业登记率的稳中有降发挥了重要作用。因而可以说,在政府对教育、医疗卫生与社会保障的财政支出中,社会保障方面所产生的影响与效果应该是最为明显的。

表 3-15 社会保障支出与相关指标

年份	社会保障支出(万元)	养老保险参保率(%)	登记失业率(%)
2003	1 412	5.81	4.5
2004	1 531	5.99	4.3
2005	2 358	8.37	4.3
2006	8 968	8.77	4.2

无论是政府自身运行的成本还是政府提供公共服务的成本,它的构成无非由对"人"的支出——人员支出——与对"事"的支出——公用支出构成,图 3-53 与图 3-54 就是反映了政府在其自身运行与提供公共服务两方面中的用于人员支出与公用支出的增长情况与构成比例情况。从图 3-53 中可以明显看出,用于人员的支出始终高于用于公用的支出,前者由 2003 年的 18 354 万元增长到 2006 年的 33 565 万元,增长了近一倍,而后者则由 16 652 万元增加到 2006 年的 28 762 万元,增长超过 70%。从这个角度也证明了之前谈到的问题,即本书所涉各领域中不断增长的财政支出,很大部分用于人员的支出。我们不妨把图 3-53 与图 3-54 拆解为图 3-55 与图 3-56,分别看一下政府自身运行与提供公共服务各自的构成与比例。

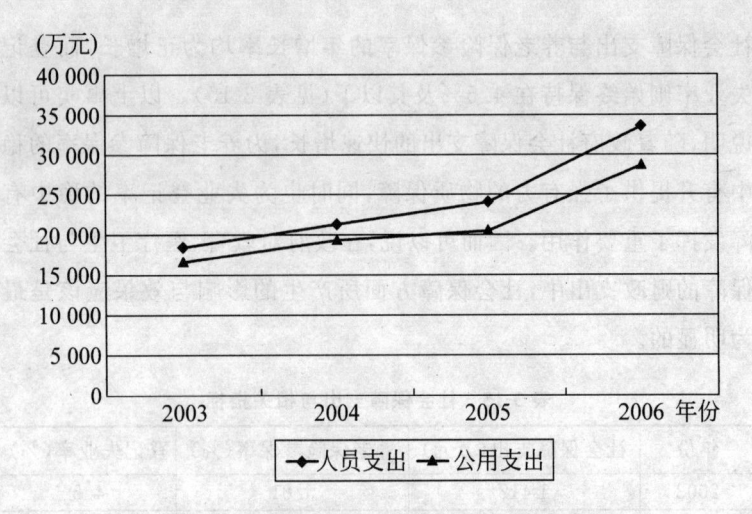

158 地方财政与治理能力

图 3-53 Y 区政府自身运行与公共服务支出

图 3-54 Y 区政府自身运行与公共服务支出构成比例

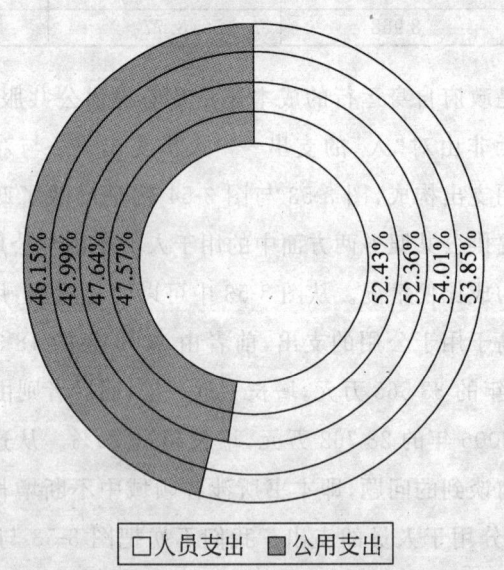

注：圆环由内到外分别为 2003—2006 年。

图 3-55、图 3-56 很明显地体现出政府自身运行成本的人员支出始终低于公用支出,而政府提供公共服务的成本中却是人员支出始终高于公用支出,两者正好呈相反的状况。而且政府自身运

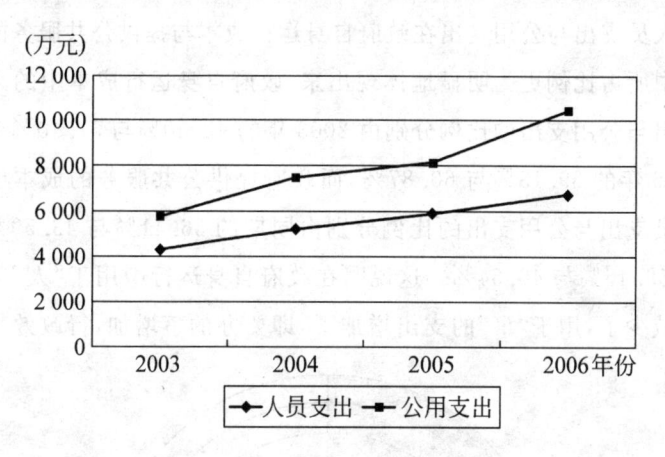

图 3-55 Y 区政府自身运行的成本构成

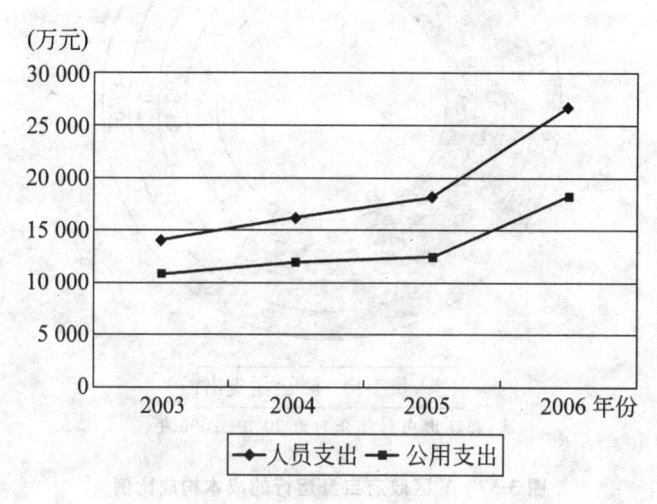

图 3-56 Y 区政府提供公共服务的成本构成

行成本中的公用支出增长率与政府提供公共服务的成本中的人员支出增长率分别高于其政府自身运行成本中的人员支出增长率与政府提供公共服务的成本中的公用支出增长率。图3-57、图3-58将人员支出与公用支出在政府自身运行成本与提供公共服务的成本中所占比例更为明显地体现出来：政府自身运行成本中的人员支出与公用支出的比例分别由2003年的42.60%与57.40%变为2006年的39.13%与60.87%，而政府提供公共服务的成本中的人员支出与公用支出的比例分别由同期的56.41%与43.59%变为59.46%与40.54%。这说明在政府自身运行中用于"人"的支出减少了，用于"事"的支出增加了，即要办的事增加，行政效率提

注：圆环由内到外分别为2003—2006年。

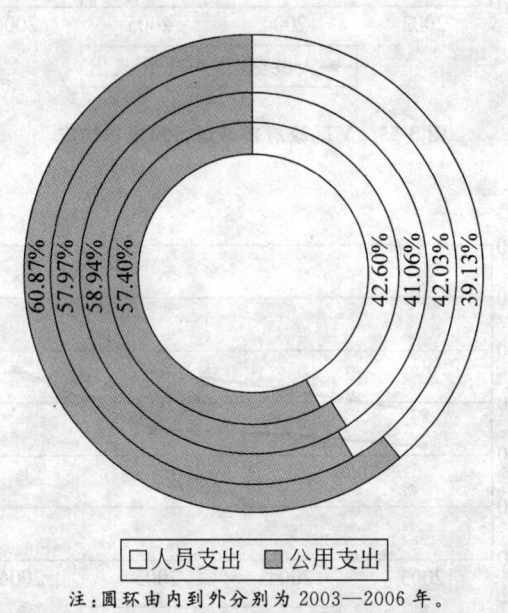

图 3-57 Y区政府自身运行的成本构成比例

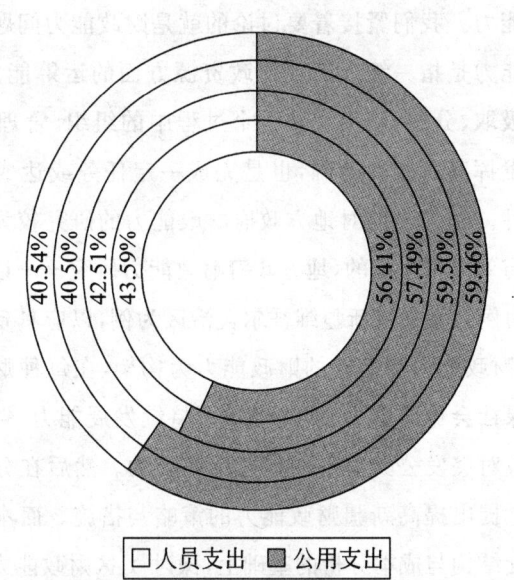

□ 人员支出　■ 公用支出

注：圆环由内到外分别为 2003—2006 年。

图 3-58　Y 区政府提供公共服务的成本构成比例

高。而在政府提供公共服务的成本中用于"人"的支出不断增长，说明了政府通过增加报酬的手段激励处于提供公共服务一线的人员更好地做"事"以不断满足民众日益增长的需求。

第五节　财政能力评价

以上是对 Y 区财政收支结构及政府成本的分析，在政府成本的分析中又涉及政府自身运转的成本和政府提供公共服务的成本。但是这里涉及一个不容忽视的问题，即这样的收支结构与成本状况，对于整个 Y 区政府而言，其财政的运行究竟体现了一种什么样的能力。我们紧接着要讨论的就是财政能力问题。

财政能力是指一级政府在财政资源方面的运筹能力,包括财政资源的汲取、分配、使用及其整个过程中的组织、管理与协调。①它是政府发挥其职能的基础,也是完成一定任务或达成一定目标的必备条件。学界当前对地方政府财政能力的研究较为系统的当属李学军与刘尚希主编的《地方政府财政能力研究——以新疆维吾尔自治区为例》,该书以新疆维吾尔自治区为例,以应具备的财政能力、现实的财政能力与潜在的财政能力为构架,在每种财政能力中都涉及确保社会稳定能力、促进经济可持续发展能力、省(区)内平衡能力与应对突发公共事件的应急反应能力。然后在分析财政能力的基础上提出提高新疆财政能力的策略与措施。而本部分则是在财政收支结构与成本分析的基础上,探讨 Y 区财政能力的问题。

在此,我们选取相关指标,通过多元线性回归展现 Y 区财政能力受哪些因素影响,进而根据影响因素的现状来判定其财政能力的水平。

考察财政能力的最终目的是为了了解该地域的地方治理能力,因此,这个多元回归的因变量选取的是一个混合指标,即体现财政的人均财政支出与体现治理能力的人均 GDP 的比值,财政支出是政府在财政资源配置方面的能力体现,而将其放在体现治理能力——人均 GDP——这一指标背景下,更体现出了考察财政能力的主要目标是了解地方治理能力。而多元回归的自变量选取则主要是财政方面的指标,而且更多的是体现政府对财政资源的汲

---

① 参见李学军、刘尚希:《地方政府财政能力研究——以新疆维吾尔自治区为例》,北京:中国财政经济出版社 2007 年版,第 3 页。

取,我们选取了4个指标,即财政自给率、财政一般预算收入中的税收收入比重、财政一般预算收入占全部财政收入的比重及财政一般预算收入占GDP比重。财政自给率为财政一般预算收入与财政支出之比,该指标反映了一个地区的财政资源汲取与支配是否对等,该比值如果等于1,则说明这一地区在财政资源汲取与支配方面完全对等,基本上不存在多余的财政资源可供汲取与支配;而如果小于1,则说明这一地区只能汲取有限的财政资源,而需要上级的财政转移支付以满足其对财政资源的分配;该比例如果大于1,则相反,其有多余的财政资源可供支配,但又不需要支配,就会向下转移。财政一般收入中不仅有税收收入还有非税收入,而税收收入的比例则反映了政府在其辖区内的税源情况,对于政府来讲,税收收入相比非税收入更具合法性。后两个指标是财政一般预算收入分别占全部财政收入与GDP的比重。前者则反映的是当前运行的财政体制,即我们在前面提到的财政体制变迁中的"对上"财政体制的现状。在县区一级,全部财政收入即为地方一般预算收入与上划上级(主要是中央)收入。这一比值说明了一个问题,该地区的相当部分的资源由于体制的设计让上级政府(主要是中央政府)汲取走了,这一指标也在一定程度上回应了前面的财政自给率如果是小于1该如何解释。而后一个比例是该地区的"中口径的宏观税负水平"[①],直接体现了该地区本级的财政资源汲取水平,既有充足的资源可供汲取,也有可靠的资源可供支配。

  本部分回归分析使用的是SPSS软件。以人均财政支出与人

---

  ① 李学军、刘尚希:《地方政府财政能力研究——以新疆维吾尔自治区为例》,北京:中国财政经济出版社2007年版,第208页。

均 GDP 的比值为因变量 y，以财政自给率、财政一般预算收入中税收收入的比重、财政一般预算收入占全部财政收入的比例与财政一般预算收入占 GDP 比例为自变量，分别为 x_1、x_2、x_3、x_4，选取 1997—2006 年的数据[①]，如表 3-16 所示。

表 3-16　自变量与因变量原始数据

年份	y	x_1	x_2	x_3	x_4
1997	0.057	0.63	0.86	0.53	0.036
1998	0.041	0.70	0.85	0.57	0.029
1999	0.053	0.71	0.86	0.57	0.038
2000	0.055	0.65	0.86	0.55	0.036
2001	0.060	0.67	0.82	0.54	0.040
2002	0.060	0.43	0.76	0.37	0.026
2003	0.053	0.45	0.86	0.35	0.024
2004	0.050	0.44	0.84	0.35	0.022
2005	0.106	0.32	0.77	0.28	0.034
2006	0.131	0.27	0.75	0.27	0.036

结果如表 3-17、表 3-18、表 3-19、表 3-20 所示：

表 3-17　变量输入/剔除[b]

模型	输入变量	剔除变量	方法
1	财政一般预算收入占 GDP 比重，税收收入比重，财政一般预算收入占全部财政收入的比例，财政自给率[a]	无	输入

注：(a)所有要求的自变量都被输入；
(b)因变量：人均财政支出占人均 GDP 比例。

---

① 1997—2006 年的数据均来自 Y 区 1997—2006 年的《国民经济与社会发展统计公报》。

第三章 财政结构与财政能力

表 3-18 模型 1 回归结果汇总

模型 1	相关系数 R	确定系数 R^2	调整确定系数 R^2	估计值的标准误差
1	0.987[a]	0.975	0.958	0.006 950

注:(a)预测因子:(常数项)、财政一般预算收入占 GDP 比重、税收收入比重、财政一般预算收入占全部财政收入的比例、财政自给率。

表 3-19 方差分析[b]

模型		平方和	自由度 df	均方和	方差检验 F 值	显著性水平
1	回归项	0.011	4	0.003	58.376	0.000[a]
	残差	0.000	6	0.000		
	合计	0.012	10			

注:(a)预测因子:(常数项)、财政一般预算收入占 GDP 比重、税收收入比重、财政一般预算收入占全部财政收入的比例、财政自给率;
(b)因变量:人均财政支出占人均 GDP 比例。

表 3-20 相关系数表[a]

模型		非标准化系数		标准化系数	t 值	显著性水平
		B	标准误差	Beta	B	标准误差
1	(常数项)	0.059	0.060		0.991	0.360
	财政自给率	−0.300	0.138	−1.469	−2.178	0.072
	税收收入比重	0.005	0.078	0.006	0.063	0.952
	财政一般预算收入占全部财政收入的比例	0.175	0.179	0.638	0.974	0.368
	财政一般预算收入占 GDP 比重	2.651	0.428	0.545	6.192	0.001

注:(a)因变量:人均财政支出占人均 GDP 比例。

从表 3-20 中可得知回归估计方程式为:

$$y = 0.059 - 0.300x_1 + 0.005x_2 + 0.175x_3 + 2.651x_4 \quad \langle 1 \rangle^{①}$$

$$(0.138) \quad (0.078)(0.179) \quad (0.428)^{②}$$

我们使用 p 值检定法：$p_{x_1} = 0.072 >$ 显著水平 $\alpha = 0.05^{③}$，$p_{x_2} = 0.952 > 0.05$，$p_{x_3} = 0.368 > 0.05$，$p_{x_4} = 0.001 < 0.05$，由此可以看出，自变量中的前三项统计上不显著，即可以看做是这三项指标——财政自给率、一般预算收入中的税收收入比重与一般预算收入占全部财政收入比重——对人均财政支出与人均 GDP 比值没有影响；而只有自变量中的一般预算收入占 GDP 比重在统计上显著，即该项指标对人均财政支出与人均 GDP 比值存在正影响。

在表 3-18 中，R^2——多元判定系数，即因变量中被所有自变量共同解释的变异量的比例④——为 0.975，意为人均财政支出与人均 GDP 比值在 97.5% 的程度上为所有自变量共同解释。而表 3-19 则显示了 R^2 为 0.975 的由来，即 $R^2 = \dfrac{0.011}{0.012} \approx 0.975$。在表 3-20 中还可得知，四个自变量还各有一个标准系数（又称 Beta 系数），但是没有常数项，其解释力是以标准差为单位，"平均而言，当 x 每增加一个标准差时，y 就增加（或减少）Beta 系数个标准差"，其在多元回归中的一个重要用途即比较各个自变量影响力的大小。⑤ 据

---

① 〈1〉式中的常数项与自变量回归系数均为非标准回归系数。
② 括号内的数字为非标准回归系数的标准误。
③ 我们在此设定显著水平 $\alpha = 0.05$。
④ 王德育：《政治学定量分析入门》，北京：中国人民大学出版社 2007 年版，第 213 页。
⑤ 参见王德育：《政治学定量分析入门》，北京：中国人民大学出版社 2007 年版，第 170—171 页、第 212—213 页。

此，我们又可得出以下回归估计方程：$y=-1.469x_1+0.006x_2+0.638x_3-0.545x_4\langle 2\rangle$①。从〈2〉式可得，财政一般预算收入占全部财政收入比重的 Beta 系数最大，一般预算收入占 GDP 比重次之，再就是税收收入比重，而财政自给率的 Beta 系数为负。由此可以看出，在对人均支出与人均 GDP 比值的影响因素中，一般预算收入占全部财政收入比重的影响最大，一般预算收入占 GDP 比重次之，税收收入比重列第三位，而财政自给率对人均财政支出与人均 GDP 比值产生着负影响。

综合以上分析不难看出：

第一，对人均财政支出与人均 GDP 比值的影响居首位的是财政一般预算收入占 GDP 比重，即对地方治理能力背景下的财政能力的首要影响是地方本级财政一般预算收入占 GDP 的比重，这一比重的高低直接影响财政能力水平的发挥。在此我们取 2002、2007 两年——间隔了 5 年——的 Y 区与全国的数据进行比较，2002 年，全国财政总收入占 GDP 的比重是 15.51%②，而 Y 区这一比重是 2.61%；到了 2007 年，Y 区财政一般预算收入占 GDP 的比重是 4.44%，而全国的这一比重则达到了 20.80%③，由此可以看出，Y 区财政收入占 GDP 比重——中口径的宏观税负——的

---

① 〈2〉式中自变量系数均为 Beta 系数。

② 参见李学军、刘尚希：《地方政府财政能力研究——以新疆维吾尔自治区为例》，北京：中国财政经济出版社 2007 年版，第 209 页。

③ 根据国家发改委在十一届人大一次会议上做的《关于 2007 年国民经济和社会发展计划执行情况与 2008 年国民经济和社会发展计划草案的报告》计算而得。

偏低直接导致其财政能力的低水平运行。① 宏观税负是衡量财政能力的重要指标,分析宏观税负通常有小口径、中口径和大口径三个不同口径。小口径是税收收入占 GDP 比重;中口径是预算内财政收入占 GDP 比重;大口径是政府收入占 GDP 比重,这里的"政府收入"不仅包括预算内财政收入,而且包括各级政府及其部门向企业和个人收取的未纳入预算的预算外财政收入、基金收入以及没有纳入预算外管理的制度外收入等。考虑到数据的可获得性,本书采用中口径宏观税负指标。正如前文所言,该指标直接体现了此地区本级的财政资源汲取水平,既有充足的资源可供汲取,也有可靠的资源可供支配。

第二,财政一般预算收入占全部财政收入比重与财政自给率对财政能力还是有相当的影响的。虽然在 Beta 系数下,财政一般预算收入占全部财政收入的影响居首位,但是其只是体现了地方与中央在财源分配上的体制,这样的体制安排是地方左右不了的,而且其对地方财政能力的影响还是不能忽视的。但是相比前面所说的那个首要影响因素,其影响力自然少了许多,地方经济发达,可以给中央交更多的税,但属于自己的收入也会更多,因此从这个角度也说明了本级财政一般预算收入占 GDP 比重的首要影响地位。财政自给率无论是非标准回归系数还是 Beta 系数都是负的,虽然其 p 值大于 0.05 但是非常接近 0.05,这就在一定程度上说明财政自给率对地方财政能力的影响是有的,但是反方向的。这似乎有些与现实不符,不妨让我们具体分析一下。财政自给率表

---

① 参见李学军、刘尚希:《地方政府财政能力研究——以新疆维吾尔自治区为例》,北京:中国财政经济出版社 2007 年版,第 208 页。

示为财政一般预算收入/地方财政支出,而地方财政能力我们选用的指标是一个比值,即人均财政支出/人均 GDP。我们设定财政支出与人口数是固定值,如果这一年的财政收入减少,财政自给率就降低,而其对人均财政支出与人均 GDP 比值是负影响,则这一比值就要增加,即财政能力提升,而支出是固定值,则处于分母的人均 GDP 就要降低,至此我们发现财政一般预算收入与人均 GDP 是同向的,这与我们前文提到的对财政能力居首位影响的是一般预算收入占 GDP 比重是相吻合的,因此财政自给率与地方财政能力的这种负影响也证明了我们上面提出的一般预算收入占GDP 比重对地方财政能力的影响是最重要的。

第三,税收收入比重对地方财政能力的影响是很小的,甚至没有影响。这也就在一定程度上说明了税收虽然是政府财政收入的主要组成部分,但对于地方政府讲,如何更好地提升其财政能力,不仅仅要靠税收收入,还靠非税收入。

通过以上分析我们不难发现,Y 区的中口径宏观税负较全国而讲是比较低的,而我们通过计算又得出影响财政能力的首要因素是中口径的宏观税负,即财政一般预算收入占 GDP 比重,因而Y 区较低的财政一般预算收入占 GDP 比重直接导致了其财政能力的低水平发挥,进而影响其地方治理能力。

第四章 民生财政与服务能力

"正德、利用、厚生,惟和"(《书·大禹谟》)。"正德以率下,利用以阜财,厚生以养民,三者和,所谓善政"(《孔传》),从财政的角度讲,政府既有权力征税于民,也有义务服务于民。"天下者,务家桑,不夺其时。薄赋敛,不匮其财。罕徭役,不使其劳"(《三略·上略》)。"存养天下之鳏、寡、孤、独,赈赡祸亡之家"(《六韬·文韬·盈虚》)。这表明"取民"与"养民"的重要性及其"取之于民,用之于民"的关系。所以说,财政乃庶政之基,民生乃和谐之本。

向国民提供基本的公共服务是政府财政支出最重要的职能,要实现普通民众"学有所教、劳有所得、病有所医、老有所养、住有所居",就应在财政支出结构中,提升义务教育、医疗卫生、社会保障、基础建设、公共安全等方面的财政支出比例,通过民生财政来强化地方政府的公共服务职能。从Y区调查的情况来看,农民的需求广泛,包括乡村道路、农业技术、义务教育、合作医疗、公共安全、畜牧防疫、农田水利、财政金融、民政优抚、市场信息、就业服务、环境保护等不同方面。但比较集中于义务教育、基本医疗、公共卫生、社会保障、基础设施、公共文化、公共安全、环境保护等基本的公共服务。这是本章专题考察的内容。

第一节 概念指标

直观的来看,县级政府向民众提供公共服务的过程实际上是一个将财政资源投向不同项目和内容的过程,对县级政府公共服务的考察实际上也就是对这些财政资源是否达到了预期效果的过程,也就是公共服务的深度和广度。

1.公共服务内容包括各种作为与活动,而公共服务的结果与原定目标相一致即是具有服务对应性。这项指标主要考察既定政策与实际提供服务之间的吻合度。我们知道,公共服务目标不同于具体的实施方案,公共服务成功与否,不仅需要执行人员具有服务的能力,更需要他们自愿采取行动,落实相应的服务。地方政府可从问责(accountability)方式来深化服务人员的服务满意度。一般所言的责任政治,其实就是要求政府的服务行为须以民意为皈依,并且向民众负责。地方政府在提供公共服务时,会设法争取民众的支持来适应当时的环境,从而改善自身处理错综复杂问题的能力。

2.公共服务普及度指地方政府所提供的公共服务是否使得政策相关对象得到实际服务,政策是否满足他们需求、偏好或价值的程度是衡量政策执行成功的一项指标。这项指标是衡量公共服务所使用的财政资源(还包括其他资源)与相关的服务行动指向原定服务对象的程度。地方政府如有充分的服务能力,将能促进财政资源运用的极大化,使需要公共服务的对象得到妥当的服务,供给过剩与供给不足,都无法达成服务目标。地方政府如具有恰当的财政能力,将可充分提供公共服务所需的资源,增加服务的对象。

若拥有良好的抗险整合能力,便可扩大公共服务的范围,引导其他行动者加入公共服务行列,透过其社会网络,提供更多的公共利益。这一方面可减轻地方政府本身的负荷,另一方面可利用其弹性灵活、快速回应以及与民间社会相联结的优势,提升服务普及度。只要社会风险控制在预定范围之内,便可确保社会的稳定。

3. 公共服务的贯彻力指地方政府所提供的公共服务达成预期结果或影响的程度。即将实际达成的政策结果与原定的预期水准相比较,以明了公共服务是否产生预期的结果与影响。这项指标主要是衡量服务行动是否达到期望的水准。我们选定时效性(timeliness)、回应性(responsiveness)、公正性(equity)以及投入度(involvement)作为探讨公共服务贯彻力的重要指标。

时效性是指实施方案是否能迅速而且充分地解决公共服务中存在的问题,由于公共服务有其时间限制,又由于民众需求本身常随着情境发生变化,因而充满动态性与不确定性,若不能及时解决问题,往往因为延误时机,以致问题益加严重。因此基于时效性,在提供公共服务时,地方政府不仅应当针对民众需求的轻重缓急,采取适当、适时的行动,①同时也必须注重效率与协调原则。如此方能控制各种服务方案执行的进度。

回应性是指服务方案满足目标人口需求、偏好或期望的程度。② 为符合此特性,地方政府除了具备充足的人力、物力与财力

---

① A. Kaplan,"On the Strategy of Social Planning," *Policy Sciences*, pp. 55-56,1973.

② 参见吴定:《公共政策辞典》,台北:五南图书公司 1998 年版,第 295—296 页。

第四章　民生财政与服务能力　173

资源外,对目标人口的要求以及地方政府服务的程序均需随时关注。这不但可以有效运用资源,也可避免出现"制定周全的政策,却解决错误问题"的窘境。①

公正性是指公共服务的结果与影响在目标群体之间公平分配的程度。为了落实政策,除了考虑技术可行性外,根本之道在于政策须符合公正性,尽可能避免"上有政策,下有对策"的现象。一般说来,凡有下列情形之一者,皆符合公正性原则:使个人福利极大化;保障最少限度福利;使净福利极大化;使再分配的福利极大化。②

投入度包括两个方面,一是地方政府对落实公共服务所付出的心力与时间。政府工作人员的政策信服以及认同度与提供服务的投入度紧密相关。③一旦他们对政策有较深的投入度,则不会出现违抗或延搁等致使公共服务无法顺利提供的情况。二是指财政供给数量,如果在某一方面公共服务财政投入数量不够,不仅解决不了民众需求的问题,而且还浪费资源,造成损失。

之所以选择这四个方面的指标,其原因在于这些指标基本上涵盖了考察公共服务对目标人口的满足程度;在目标群体之间公平分配的程度;公共服务的及时程度和地方政府对落实公共服务所付出的心力与时间等几个最主要的方面。

---

① H. Raiffa, *Decision Analysis: Introductory Lectures on Making Choices Under Uncertainty*. Reading, MA: Addison-Wesley, p. 264, 1968.

② 参见吴定:《公共政策辞典》,台北:五南图书公司1998年版,第270—271页。

③ 参见林水波、施能杰、叶匡时:《强化政策执行能力之理论建构》,台北:行政院研考会1994年版,第108—109页。

第二节 民生财政支出

我们首先分析各项公共服务支出在不同年份间的财政投入同国内生产总值(GDP)和一般预算支出的比重,从而在整个经济社会发展变化的大背景下考察公共服务的支出变化,以此来衡量地方政府对于公共服务的投入度问题;其次通过对各项公共服务的财政支出结构的分析(如:人员支出、公用支出、对个人和家庭的补助支出)来考察这些财政资源中真正能够用于回应民众需要的资源情况,以此来衡量地方政府公共服务的回应性问题;最后,通过对各项公共服务财政制度变迁过程的梳理,分析地方政府对公共服务的政策制定到实施过程中的时效性问题和公正性问题。

一、义务教育支出

20世纪80年代以来,我国农村义务教育财政投入体制一直处在制度变迁当中。大致经过了1986年以前的集中统一的财政投入;1986—2001年的地方各级政府分级负责,以乡镇投入为主;2001年后的地方各级政府分级负责、以县为主;省统筹管理、以县为主的新机制这四个阶段。根据《国务院深化农村义务教育经费保障机制改革的通知》(国发[2005]43号)的规定,"新机制"的主要内容包括:全部免除农村义务教育阶段学生学杂费(含信息技术教育费),对贫困家庭学生免费提供教科书并补助寄宿生生活费;提高农村义务教育阶段中小学公用经费保障水平;建立农村义务教育阶段中小学校舍维修改造长效机制;巩固和完善农村中小学教师工资保障机制等。经历了对义务教育的财政支出责任从中央逐级下放到地方政府,而后又逐步将支出责任的重心向中央和省级政府上升的过程。我国农村义务教育财政投入体制的改革是在中国自1978年以来进入到体制转轨和社会转型的大背景下进行的,这就使得义务教育投入体制的改革和体制转轨、社会转型这一背景形成互动的关系,一方面,体制转轨和社会转型必然会对义务教育提出新的要求和挑战,义务教育的财政投入体制必须根据社会生态环境的变化而不断进行变革,因此,义务教育财政投入体制的变迁既是对中国社会"双重转型"的一种回应,也是这种双重转型所带来的必然结果,体现整个社会转型的特点和要求;而在另一方面,义务教育财政投入体制本身也是中国社会转型和体制转轨中的一个有机组成部分,会对双重转型产生反作用,支撑和推动着社会转型的进一步发展。

义务教育财政投入体制的改革最直接的表现就是财政支出结构的变化。本章考察的核心内容就是其财政支出结构及其绩效。因为义务教育财政投入体制的改革目的是为了解决原有体制中存在的问题,而新的义务教育财政投入体制设计能否达到制度均衡,就需要对其财政支出结构的变化情况进行分析,以此为基础来探讨其治理绩效。

目前,我国的教育投资水平同国际水平相比还有很大差距,[①]制约农村义务教育发展最突出的问题就是经费不足。税费改革后,经费缺口进一步加大,农村办学体制与农村财税体制的矛盾日

[①] 参见岳昌君:《教育投资比例的国际比较》,北京:高等教育出版社2003年版,第89页。

益显露。① 县级财政能力无法达到农村义务教育最低经费需求及最低财政保障标准,难以保证农村中小学正常运转。② 在"以县为主"的管理体制下,由于农村义务教育财政支出中"养人"部分占了很大的比例,农村地区的义务教育仅仅能够保持运转,实现发展无从谈起。③ 在义务教育财政支出效率方面,由于教育的事权与财权分离,教育部门无法做到合理分配和利用教育经费实现教育的发展规划,常常导致一方面教育投入严重不足,另一方面又存在义务教育资源利用率的低下与浪费现象。④ 其实,农村义务教育投入保障,不仅是经费投入的问题,还需要对经费投入的绩效进行评价,建立以教育质量为导向的义务教育投入绩效评价机制。此外,还需要改革目前的义务教育拨款模式,采用以绩效管理为中心的拨款制度,提高资金的使用效率。⑤

下文将探讨 Y 区在教育财政支出方面的概况,并探讨其效率。

(一)发展概况

截至 2007 年,Y 区有各级各类中小学校 92 所,其中普通高中

---

① 参见高波、廖红丰:"税费改革后农村基础教育公共财政支出改革的思考",《北京工业大学学报》2005 年第 3 期,第 84 页。

② 参见蔡红英:"农村义务教育最低财政保障问题研究",《财贸经济》2005 年第 3 期,第 47 页。

③ 参见陈锡文:《中国农村公共财政制度》,北京:中国发展出版社 2005 年版,第 217—238 页。

④ 参见李宏英、张维红:"税费改革后创新农村义务教育财政投入体制的思考",《当代教育论坛》2005 年第 10 期,第 16 页。

⑤ 参见刘国勇、马国贤:"我国义务教育财政支出绩效评价研究初探",《江苏教育学院学报》2008 年第 1 期,第 6 页。

4所,职业高中1所,普通初中22所,完全小学62所,九年一贯制学校2所,特殊教育学校1所;各类学校在校学生64 264人,在册教职工4 516人;全区小学入学率100%,初中入学率100%,小学巩固率100%,初中三年巩固率99.6%;全区校园占地面积161万平方米,校舍建筑面积58万平方米。①

表4-1　Y区义务教育基本情况统计

年份	2003		2004		2005		2006		2007	
项目	小学	初中	小学	初中	小学	初中	小学	初中	小学	初中
学校数	78	30	70	26	70	23	57	22	62	22
学生数	34 312	29 502	31 511	25 044	28 155	20 949	26 905	19 185	24 258	17 750
教职工	1 899	1 884	1 862	1 746	1 836	1 591	1 798	1 543	1 701	1 512

资料来源:根据教育部门提供数据整理。

近年来,Y区建立了农村义务教育经费保障机制;普及九年义务教育达到新水平,截至2007年,该区九年义务教育完成率达98.05%,比上年提高了2.05个百分点;②此外,教师队伍建设和办学条件都有所改善,办学行为不断规范。在师资队伍建设方面,一是完善了教师调配实行公开考试制度、师范类专科毕业生定向报考分配制度、城区学校教师到农村学校任教服务制度;二是强化了名师队伍建设、考核与管理;三是实施了"农村教师素质提高工程"。在改善办学条件方面,该区一是进一步优化城区校点布局;二是积极改善农村寄宿制学校条件。2007年,Y区教育局筹措资金152.8万元,全面完成了40所农村寄宿制学校"四改"(改厨、改厕、改水、改电)工程;三是加大了学校常规教学仪器装备和教育

---

① Y区统计局:《Y区2007年国民经济和社会发展统计公报》。
② 《Y区教育局2007年工作总结》,Y教发[2007]99号。

信息化建设力度。在规范学校管理方面,一是加强学校财务管理,对农村义务教育经费实行"校财局管",严格实行财务收支两条线管理,将所有完全小学以上学校全部纳入编制单位,实行部门预算和财务分校核算;二是规范教育收费管理,建立了预防和治理教育乱收费的长效机制,实行学校收费校长责任制;三是加强学校安全管理,进一步完善了学校安全管理制度和管理网络,全面落实了全方位的安全管理和责任体系。

(二)支出结构

1. 支出概况

近几年 Y 区教育财政拨款状况见表 4-2。2003 年至 2006 年 Y 区教育财政拨款总体呈上升趋势,从 2003 年的 9 136 万元增长到 2006 年的 12 277 万元,增长了 34.38%。从绝对数量来看,对教育投入的增长是比较明显的,伴随着这一数值的增长,教育财政拨款占 GDP 的比例从 1.29% 上升到 1.64%。根据《中国教育改革和发展纲要》中的规定,财政性教育经费支出占 GDP 的比重应达到 4% 以上。Y 区的数据表明,虽然两者上升的趋势较为明显,但是从 2003 年至 2006 年,没有一年达到了这一要求,均远远低于 4% 的标准,甚至连 2% 都难以实现。与此同时,Y 区的教育财政支出占一般预算支出的比例也是不断下降的,从 2003 年的 22.81% 下降到 2006 年的 16.95%,这也从一个方面反映出,虽然对教育的投入在不断增加,但是从总量上来看仍然不足,距离 4% 的目标仍有较大的距离,并且同整个财政支出变化情况相比,教育财政支出的增幅明显低于其他项目的支出。在其他项目一般预算支出呈现出强增长的态势下,教育财政支出的增长就显得微不足道了,以至于其占一般预算支出的比例出现下降的情况。

表 4-2 Y 区教育财政拨款基本情况

年份	2003	2004	2005	2006
教育财政拨款数(万元)	9 136	10 828	11 266	12 277
一般预算支出数(万元)	40 049	43 575	52 927	72 433
国内生产总值(GDP)(万元)	706 000	815 000	633 700	747 000
教育财政拨款数占一般预算支出比例(%)	22.81	24.85	21.29	16.95
教育财政拨款占 GDP 的比例(%)	1.29	1.33	1.78	1.64

资料来源:《Y 区国民经济和社会发展统计公报》(2003—2006 年),Y 区统计局。

图 4-1 反映的是 2003 年至 2006 年 Y 区用于教育方面的财政拨款数与实际支出数,主要想通过这些数据来考察 Y 区本级用于义务教育方面的财政拨款占该区义务教育方面实际支出的比例。研究发现,从 2003 年到 2006 年,Y 区的教育财政拨款数和实际支

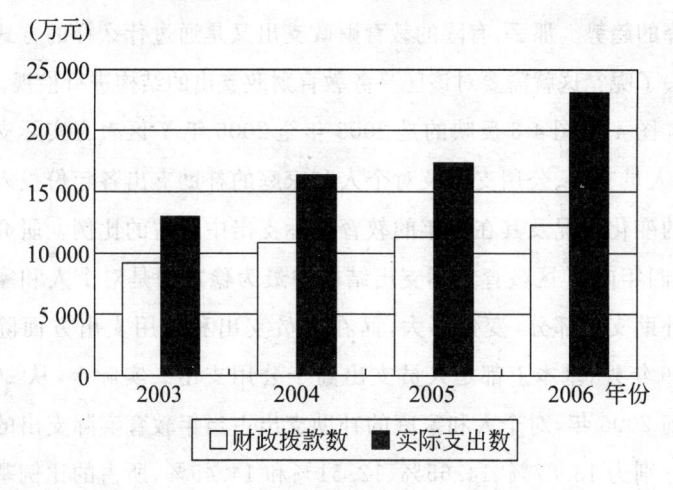

图 4-1 Y 区教育财政拨款与实际支出

出数均是呈上升趋势的,财政拨款数在前面已经讨论过,四年间增长了 34.38%,而实际支出数则是从 2003 年的 13 011 万元增长到 2006 年的 23 093 万元,增幅为 77.49%,由此可见实际支出数的增幅高于财政拨款数的增幅,这也就意味着教育财政拨款数占实际支出数的比例是下降的。事实也验证了这一点,在 2003 年这一比例为 70.22%,而在此后的三年分别降至 66.51%、65.17% 和 53.16%。可见 Y 区的教育经费中相当一部分不是靠本级财政拨款解决的,这也就是说如果没有上级政府尤其是中央政府对教育的转移支付,Y 区的教育事业将难以为继。

2. 支出结构

前文对 Y 区的教育财政投入总量作了一个简要的分析,基本反映出该区的一些特点即财政投入的力度在加大,但是其增幅远远不能满足需要,同时,对教育的财政投入越来越依靠上级的转移支付,本级财政对义务教育的投入在整个教育支出中所占的比例呈下降的趋势。那么,有限的教育财政支出又是通过什么样的方式花出去了呢? 这就需要对该区义务教育财政支出的结构进行检视。

图 4-2、图 4-3 反映的是 2003 年至 2006 年 Y 区教育实际支出中,人员支出、公用支出及对个人和家庭的补助支出各年份投入总额的变化情况及其在当年的教育实际支出中所占的比例。研究发现,四年内 Y 区教育实际支出结构中最为稳定的是对个人和家庭的补助支出部分,变化不大,而在人员支出和公用支出方面除了 2006 年外,基本上都是人员支出高于公用支出。实际上,从 2003 年到 2006 年,对个人和家庭的补助支出占当年教育实际支出的比重分别为 13.87%、14.65%、12.51% 和 14.45%,所占的比例基本比较稳定在 15% 以内;公用支出在历年教育实际支出的比重依次

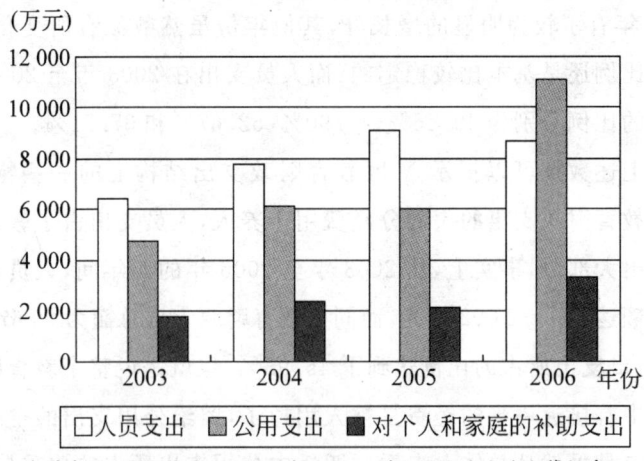

资料来源：Y区财政局，2003年至2006年《Y区财政总决算报表》。

图4-2　Y区教育实际支出分项变化

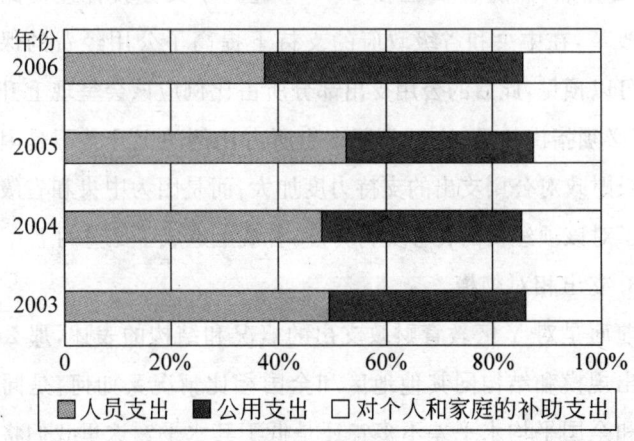

资料来源：Y区财政局，2003年至2006年《Y区财政总决算报表》。

图4-3　Y区教育实际支出分项结构

为36.67%、37.45%、34.82%和48.04%,这部分支出除了在2006年有了较为明显的增长外,其他年份虽然数额有所变化,但所占比例还是基本比较稳定的;而人员支出在2003年至2006年所占的比例分别为49.46%、47.90%、52.67%和37.51%。

上述数据可以揭示Y区教育财政支出结构上的一些特点。一是教育财政支出的大部分经费用于养人,人员支出占了教育财政支出大部分,事实上,从2003年至2006年的四年间,人员支出的总额达到了32 002万元,而同期教育财政支出总额为69 671万元,人员支出所占的比例达到了45.93%,也就是说整个教育财政支出中有接近一半的经费是被人用掉了,留给公用支出的空间不大。二是虽然从总体上来看这四年中公用支出所占的比重较小,但是2006年公用支出与上年相比出现了明显的增长,增幅接近14个百分点,而随后Y区在2007年进行了义务教育经费保障机制的改革,在中央和省级政府的支持下提高了公用经费的保障水平。可以预见,此后的公用支出部分所占比例应该会呈现上升的趋势,但必须指出的是,这里公用支出所占比例的上升并不是因为Y区本级财政对公用支出的支持力度加大,而是因为中央和省级政府加大了对该项经费的转移支付力度,客观上造成了比重的上升。

3. 支出相对规模

前面是对Y区教育财政支出的概况和结构的表述,那么这样的支出规模和结构同其他地区和全国相比情况又如何,是同其他地区和全国平均水平差不多? 还是低于其水平? 这里我们将全国平均水平作为参照系,同Y区的教育财政支出情况进行对比。我们选取人均教育经费作为指标来将全国和Y区的情况进行比较,表4-3、表4-4反映的是从2003年至2006年Y区和全国人均教育经费及其占人均财政支出的比重。

表 4-3　全国和 Y 区人均教育经费

年份	全国人均教育经费(元)	全国人均教育经费增长率(%)	Y 区人均教育经费(元)	Y 区人均教育经费增长率(%)
2003	227.30	—	177.57	—
2004	258.94	13.92	209.33	17.86
2005	303.99	17.40	218.17	4.22
2006	363.67	19.63	237.24	8.74

资料来源:2003 年至 2006 年《Y 区财政总决算报表》及历年《中国统计年鉴》整理计算而得。

表 4-4　全国和 Y 区人均教育经费占人均财政支出比例

(单位:%)

年份	全国比例	Y 区比例
2003	11.92	24.45
2004	11.82	26.52
2005	11.71	16.70
2006	11.83	12.51

资料来源:2003 年至 2006 年《Y 区财政总决算报表》及历年《中国统计年鉴》整理计算而得。

从全国和 Y 区人均教育经费可以看出,全国人均教育经费从 2003 年的 227.30 元上升到 2006 年的 363.67 元,增加了 136.37 元,增幅为 60%;Y 区人均教育经费从 2003 年的 177.57 元上升到 2006 年的 237.24 元,增加了 59.67 元,增幅为 34%,增幅比全国同期增幅低 26 个百分点。在增长率方面,全国人均教育经费增长率保持比较稳定的上升趋势,增幅较为平稳,而 Y 区教育经费增长率波动幅度较大,2004 年为 17.86%,2005 年仅有 4.22%。从人均教育经费占人均财政支出的比例来看,全国的比例水平比较稳定,4年间维持在略高于11%的水平,而反观Y区这一比例,则从2003年的24.45%下降到2006年的12.51%,不同年份间波动幅度较大。

从以上分析我们可以看出,从人均水平来看,Y区和全国人均教育经费均呈现出明显的上升趋势,但是Y区人均教育经费的充裕程度弱于全国教育经费的充裕程度,同时,Y区的人均教育经费增长率同全国相比呈现出较大的波动状态。从人均教育经费占人均财政支出的比例来看,Y区的教育经费占人均财政支出的比例波动情况较为明显,呈现出明显的下降趋势,这说明Y区人均教育经费的增长幅度没有赶上同期其他项目人均财政支出的增长幅度,从而使得人均教育经费所占的比例呈现出下降的趋势,而同期全国的这一比例则变化不大,始终保持较为稳定的水平,说明全国教育经费的增长幅度基本上与同期其他项目人均财政支出的增长幅度保持一致。

(三) 支出政策

从表面上看,Y区义务教育财政支出结构的变化表现为支出项目的调整和支出数额的变化,但究其根源,体制和政策的变迁才是导致这些表面数据发生变化的根本原因。从Y区地方层面来看,导致其义务教育财政支出发生变化的这种体制和政策变迁的核心是"以县为主"的义务教育财政投入体制和农村义务教育经费保障机制改革这两项内容。这里涉及两个核心的政策文本,一个是《宜昌市人民政府关于进一步加强基础教育改革和发展的决定》(宜府发[2002]9号),另一个是《区教育局区财政局关于实施农村义务教育经费保障机制改革有关事项的通知》(Y教发[2007]3号)。

正是新的义务教育政策文本的实施改变了 Y 区原有的义务教育财政投入体制，使得该区义务教育财政支出结构发生了变化。

通过对 Y 区义务教育财政投入体制变迁的过程进行梳理，我们发现"以县为主"的财政投入体制实际上是作为农村税费改革的配套措施进行的，Y 区的税费改革于 2002 年开始，之后相继取消了农村教育费附加、教育集资以及教育投入上的义务工制度，而这部分收入原本是乡镇政府所承担义务教育财政投入责任的主要来源，因此以乡镇为主的投入体制失去其制度基础，原有的制度均衡被打破，这就需要对义务教育财政投入体制进行变更和重构，Y 区在此时进行了"以县为主"的改革，其核心内容是取消原有的义务教育预算外筹资途径。在教师工资方面，将发放教师工资的责任上收到区一级，核定教师编制和工资总额，并将原乡（镇）财政收入中用于农村中小学教职工工资发放的部分上划到区级财政，其中不足的部分以及该区教师工资中新增的部分由区进行补足；在学校运行所必需的公用经费方面，除了学校按规定收取的杂费外，补足部分由区和乡（镇）两级人民政府进行安排；学校基建方面则按区政府基础设施建设的统一规划，乡（镇）和村提供新建、扩建校舍所必需的土地；在危房改造方面则由区政府对湖北省的专项资金进行配套。

应该说，Y 区的这一政策在制度设计上对"以县为主"的财政投入体制所需的配套体制进行了变革和重构，但是在实际运行过程中，由于 Y 区本级财政也受到了税费改革的冲击，使得一方面原有财政支出项目的压力并没有减轻，另一方面财政收入却有所下降，"以县为主"体制下区级政府所承担的投资责任很难通过挤压自身的财力来完成。依靠上级不断加大的转移支付力度和上收乡镇政府原先用于义务教育方面的财力来支付教育财政支出显然难以为继。由于大部分资金用于人员支出,公用经费相对匮乏,基建和危房改造更是无从谈起。"以县为主"的体制无法回避县乡财政困难的窘境,农村义务教育的治理仍处在困境之中。为此,Y区在2007年开始实施了义务教育经费保障机制改革,改革的核心内容是在区级政府继续承担教师工资发放责任的基础上,实施"两免一补",即免除农村义务教育阶段学生杂费,对贫困家庭学生免费提供教科书和补助贫困家庭学生生活费,提高农村义务教育阶段中小学公用经费保障水平。建立农村义务教育阶段中小学校舍维修改造长效机制,所需资金主要由中央和省级政府负担,Y区财政只需要承担部分配套责任,这就使得一方面农村义务教育的经费投入在一定程度上得到了保障;另一方面,Y区主要承担教师工资的支出责任,在公用经费、基建和校舍改造方面的投入压力在一定程度上有所减轻。

从时间上看,Y区的"以县为主"财政投入体制改革和义务教育经费保障机制改革是在国家层面相关的改革政策文本出台后实施的,①也就是说区级层面的改革是遵循着国家层面的改革步骤

---

① 从时间上看,中央层面提出"以县为主"的改革的政策文本是于2001年5月发布的《国务院关于基础教育改革与发展的决定》(国发[2001]21号),而经费保障机制改革的政策文本则是2005年发布的《国务院关于深化农村义务教育经费保障机制改革的通知》(国发[2005]43号);而省级层面的关于这两项改革的政策文本的发布时间则是介于中央和Y区的政策两者之间,分别是2001年9月发布的《湖北省人民政府贯彻〈国务院关于基础教育改革与发展的决定〉的实施意见》(鄂政发[2001]61号)和《湖北省人民政府关于实施农村义务教育经费保障机制改革的通知》(鄂政发[2006]37号)。

来进行的;从内容上看,中央的两个政策文件是在原则上为改革定下了基调和方向,而区级层面在这种基调和方向的指导下制定具体的措施。从这个意义上说,Y区的义务教育财政投入体制的两次重要改革都是在中央主导下自上而下进行的,改革的动力源自中央而非基层政府面对治理困境作出的主动回应。

事实上,义务教育财政投入体制的变迁过程类似于"倒逼"和"反倒逼"的机制。[①] 有学者认为,税费改革实际上是中央面对农村治理危机所进行的改革,其目的是通过税费改革来倒逼基层政府对自身进行改革,而基层政府作为行政体的末端,唯有以"弱者的手段"进行回应,客观结果是造成农村出现新一轮的治理危机,这就迫使中央和省级政府采取新的措施,向农村投放更多的资源,形成一种"反倒逼"的机制。面对税费改革后乡(镇)政府财政短缺的现实情况,为解决农村义务教育的治理危机,中央政府通过将对义务教育的投入责任上升到县级政府,希望以此来解决这一问题。然而,税费改革对县级政府财政收入的冲击力同样是巨大的,县级政府原有的财力并不足以解决农村义务教育的经费投入问题。在压力型体制下,地方在是否执行中央政策上并没有讨价还价的余地,因此,即使在县级财政本身也处于短缺的情况下,对农村义务教育的投入责任也必须由县级政府承担起来。由于县乡财政体制此时仍有可调控的空间,于是出现了Y区实行"以县为主"的改革,全面调整区和乡(镇)财政关系,包括将原乡(镇)财政收入中用于农村中小学教职工工资发放的部分上划到区级财政,主要用于

---

① 参见李芝兰、吴理财:"'倒逼'还是'反倒逼'——农村税费改革前后中央和地方之间的互动",《社会学研究》2005年第4期,第44页。

解决教师工资的支付,仍存在的刚性缺口则主要通过中央的转移支付来解决。在Y区对区和乡(镇)财政关系进行调整后,体制内资源的可调控性已经不大,而农村义务教育的治理危机并没有从根本上得到解决,这就迫使中央和省级政府采取新的措施,加大转移支付力度,投放更多的资源,由此产生了农村义务教育经费保障机制的改革。

二、农村文化支出

农村文化服务是农村公共服务的一项重要内容。农村文化服务的基本目的是满足农民群众日益增长的公共文化生活需求,保障他们的文化权益,促进农村经济、社会和文化的协调、持续发展。"农村文化"是一个涵盖面非常广泛的范畴,在广义上可以把农村文化视为农村社会生活的整体,它包括农村的风俗、习惯、艺术及相关的知识、历史遗产;在一般意义上可以把农村文化定义为农民独特的生活方式;在较为狭窄的意义上,仅仅指农民特有的价值观和行为规范。

加强农村文化建设,既是当前"三农"实现持续健康科学发展的必然要求,也是构建农村和谐社会的重要内容。农村文化建设是我国文化建设的基础,也是我国文化建设的难点。

(一)发展现状

1.基础设施

2001—2005年,Y区文化体育基础设施建设累计完成投资2 349万元。其中政府投入643万元,国债资金30万元,对口支援270万元,民营投资650万元,自筹资金756万元。这些基础设施建设中,投资1 000万元以上的项目1个,投资500万元以上的项目1个,投资100万元以上的项目7个,投资10万元以上的项目

14个。区新华书店门市部综合大楼、平湖文化广场改造等项目成为区市政建设的亮点工程;民间文化资源电子资料库,全国文化资源信息共享工程基层中心项目成为宜昌市特色文化项目;亚澳游泳馆成为全省县(区)级一流体育设施。全区全民健身路径达到8条、各类体育运动场地达到421个(见表4-5)。

表4-5　Y区文化场馆支出

项　　目	业主单位	投资总额(万元)	建成时间
图书馆综合大楼	区图书馆	140	2001年7月
新华书店门市部综合大楼	区新华书店	559	2001年9月
平湖文化广场改造	区电影公司	180	2001年10月
望家祠堂复建及后续工程	区文体局	150	2003年8月
少儿体校校舍维修改造	区少儿体校	26	2003年8月
亚澳游泳馆	区文体局	1 000	2004年7月
图书馆馆舍改造、电子阅览室、信息资源共享工程	区图书馆	112	2001—2005年
黄陵庙旅游公厕、三峡坝区文物展览厅、消防、供电设施添置、长江护岸工程建设	区黄陵庙文物处	128	2001—2005年
民间文化电子资料库、区歌舞剧团排练厅、装修改造等	区文化馆	24	2002—2005年
体育馆维修改造	区体育开发中心	30	2005年5月

2. 人口素质

2005年,Y区人民政府教育督导室采取问卷式抽查数据方式,在全区12个乡镇(街道)中,抽取11个行政村[①]作为调查样

---

① 这11个行政村是:鸦鹊岭白河村、龙泉钟家畈村、小溪塔姜家湾村、分乡普溪河村、黄花军田坝村、雾渡河坦荡河村、樟村坪砦沟村、太平溪落佛村、三斗坪石板村、乐天溪沙坪村、邓村小渔村。

本。调查范围涉及自然村31个、人口47 547人,分别占全区行政村总数(225个)和农村人口(395 285人)的13.78%、12.03%,其样本既具有典型性又具有代表性。

本次调查对象(16至20周岁)共计4 264人,占全区农村人口的1.08%。调查对象按年龄划分:16周岁933人占调查人数的21.88%,17周岁986人占调查人数的23.12%,18周岁839人占调查人数的19.68%,19周岁811人占调查人数的19.02%,20周岁695人占调查人数的16.30%。按智力划分:具有学习能力的4 244人占调查人数的99.53%,丧失学习能力的20人占调查人数的0.47%。按就读状况划分:尚在校就读的1 972人占调查人数的46.25%,其中,初中在读119人占2.79%,高中在读926人占21.72%,职高在读256人占6.00%,中专在读255人占5.98%,技校在读172人占4.03%,大学在读242人占5.68%,另外特校在读2人;已经毕业进入社会2 274人占调查人数的53.33%,其中,小学毕业68人占1.59%,初中毕业1 474人占34.57%,高中毕业223人占5.23%,职高毕业111人占2.60%,中专毕业387人占9.08%,技校毕业106人占2.49%,其他(主要指中短期职业技术培训)14人占0.33%。从本次抽样调查分析可以看出:Y区农村初中(不含初中)以上文化人口占总人口的比例明显偏低(仅占19.8%),农村人口特别是山区农村人口的整体文化素质亟待提高,教育为社会主义新农村建设服务的责任重大,全区基本普及高中阶段教育的任务还十分艰巨。

(二)支出结构

文化支出是财政一般预算支出中不可缺少的一项,它不仅有着自身的财政支出结构,而且它作为财政一般预算支出中的一项,

第四章 民生财政与服务能力

也在财政支出结构中起着不可或缺的作用。

1. 支出概况

图 4-4、图 4-5 体现的是 Y 区财政支出中文化支出与涉农、教育、医疗卫生、社会保障与行政支出等项目的支出数额与其所占比重的情况。农业相关支出（农业支出、林业支出与水利和气象支出等三项）由 2003 年的 4 439 万元增长到 2006 年的 6 366 万元，而其所占比重却由 11.08% 下降到 8.79%；行政管理支出由 2001 年的 8 464 万元增长到 2006 年的 15 487 万元，其所占比重由 21.13% 微升至 21.38%，其间其所占比例曾达到 24.81%。涉及基本公共服务的教育、文化、医疗卫生与社会保障四大领域支出分别由 2003 年的 9 136 万元、988 万元、2 563 万元与 1 412 万元增长

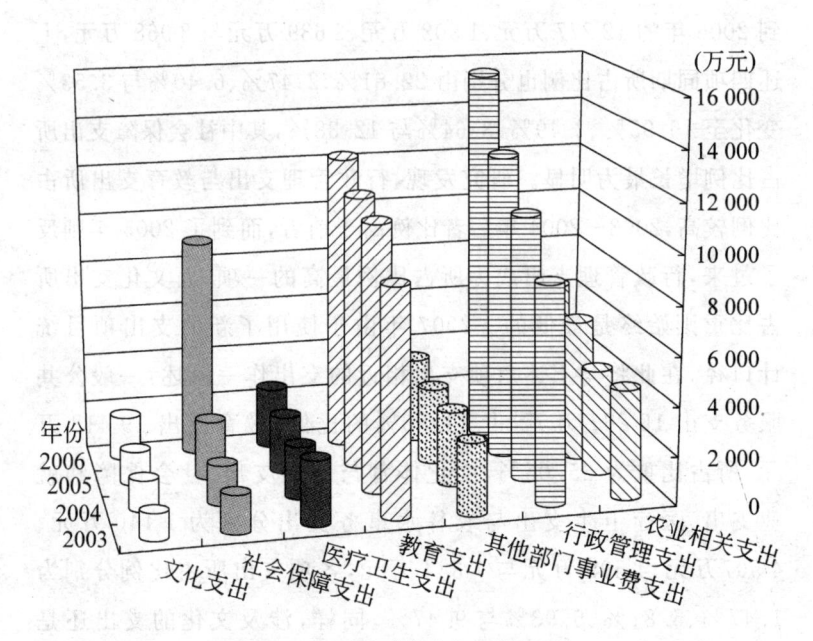

图 4-4　Y 区财政支出相关项目

192 地方财政与治理能力

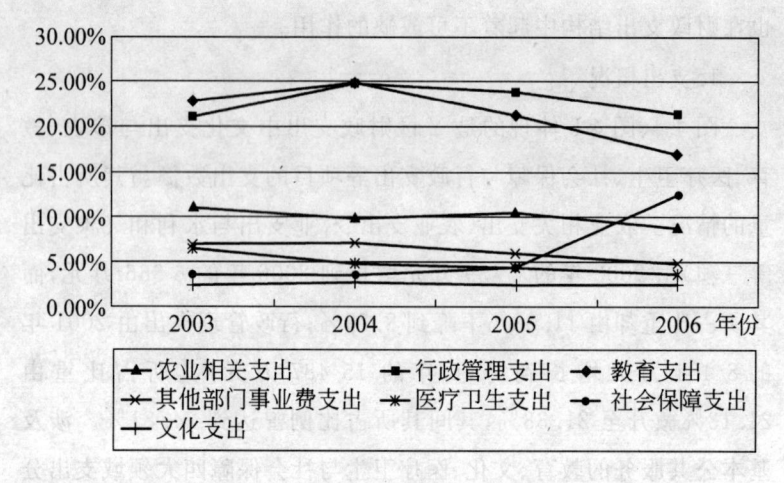

图 4-5　Y 区财政支出相关项目比重

到 2006 年的 12 277 万元、1 502 万元、2 639 万元与 8 968 万元,上述四项同期所占比例也分别由 22.81%、2.47%、6.40% 与 3.53% 变化至 16.95%、2.49%、3.64% 与 12.38%,其中社会保障支出所占比例增长最为明显。研究发现,行政管理支出与教育支出所占比例较高,2003—2004 年后者比例高于前者,而到了 2005 年则反了过来,行政管理支出成为所占比例最高的一项;而文化支出所占比重则始终是最低的。2007 年由于使用了新的支出项目统计口径,在此将与上述六项支出相近的支出作一概述:一般公共服务支出 18 267 万元,占 23.56% 的比例,教育支出 19 418 万元,所占比重为 25.05%,文化体育与传媒支出、社会保障和就业支出、医疗卫生支出与农林水事务支出分别为 1 140 万元、4 507 万元、4 599 万元与 7 344 万元,各项支出所占比例分别为 1.47%、5.81%、5.93% 与 9.47%,同样,涉及文化的支出还是比重最低的。在调研的过程中,访谈对象也反复告诉我们,"现在农村要办的事情太多了,而钱又是非常有限的,那么一些看起来不是那么重要的、老百姓不是最关心的服务只能暂时被忽略了"①。

2. 支出结构

图4-6是对政府财政支出中文化支出的反映,是文化支出中财政拨款数与实际支出数的一个展现与比较,无论是财政拨款数还是实际支出数,都呈现出逐年增长的态势,而且每年的实际支出数都大于财政拨款数。2003—2006年,实际支出数与财政拨款数的比例都超过了120%,最高的2003年达到145%。如此前已经讨论的,同期文化支出在财政一般预算支出中的比重由2.47%微升至2.49%,中间最高曾达到2.73%。毫无疑问,无论是与涉农相比,还是与其他基本公共服务单项支出相比,文化支出在政府财

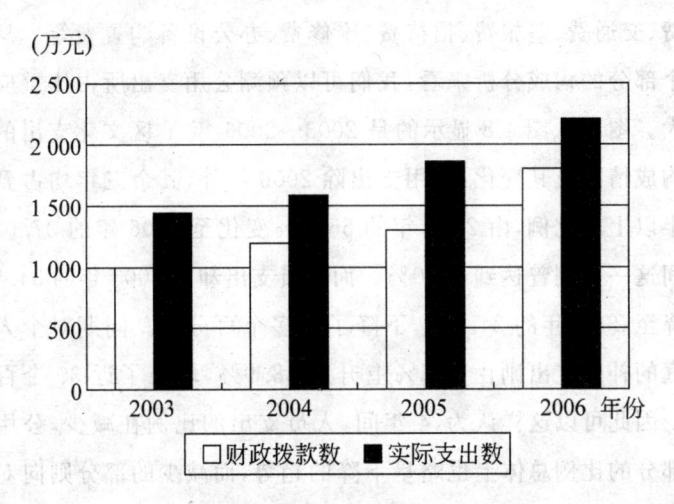

图4-6 Y区公共文化财政拨款与实际支出

---

① 调研录音资料:Rlyc070613p.1。

政一般预算支出中的比重是非常小的。大致上可以得出这样一个结论,Y区政府将其一般预算中的1/40用在文化支出中,而一般预算支出的1/5强用于行政支出,文化支出在整个财政支出中的比例偏低。这里从数据上分析了该区用于农村文化财政支出的短缺,在调研和访谈的过程中,从事农村文化工作的相关人员不仅从数据上给我们介绍了文化发展资金短缺的情况,同时还强调有限的资金使用起来的诸多不便,效用无法达到最大化。①

文化支出包括三个部分:人员支出、公用支出与对个人和家庭的补助支出。其中,人员支出主要包括工资、津贴、奖金、社会保障缴费等;个人和家庭的补助支出则包括离退休费、抚恤和社会补助、医疗费、住房补贴等;而公用支出包括的项目则比较多,包括办公费、交通费、差旅费、招待费、维修费、办公设备购置费等。从对三个部分的构成分析来看,我们可以预测公用支出所占比重应该较大。图4-7、图4-8显示的是2003—2006年Y区文化支出的实际构成情况及其变化:公用支出除2006年外,其余三年均占到了一半以上的比例,由2003年的55.8%变化至2006年的37.0%,期间这一比例曾达到67.0%。而人员支出却由2003年的34.7%下降至2006年的24.1%,下降了十多个百分点。同期对个人和家庭的补助支出则由9.5%上升至38.9%,增长了近30个百分点。因此可以这样认为,4年间,人员支出的比例在减少,公用支出部分的比例总体上也略呈下降的趋势,而减少的部分则向对个人和家庭的补助支出方面转移了,而且2006年这三个方面的支出

---

① 调研录音资料:Rlyc070613p.1。

比例——人员支出、公用支出与对个人和家庭的补助支出——有均衡发展的趋势。

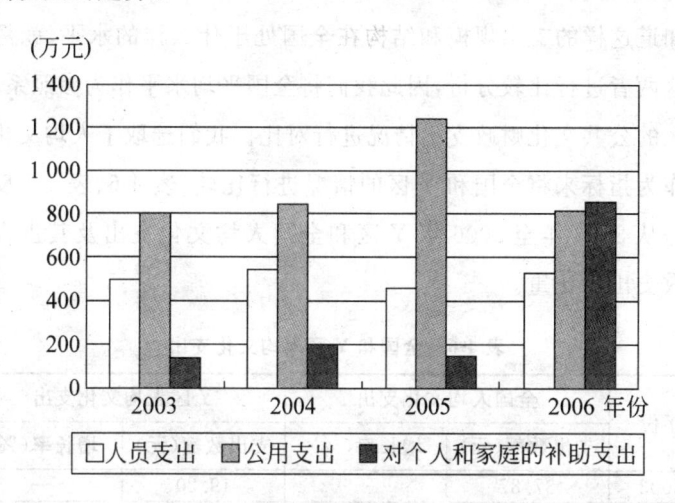

图 4-7　Y 区公共文化实际支出分项变化

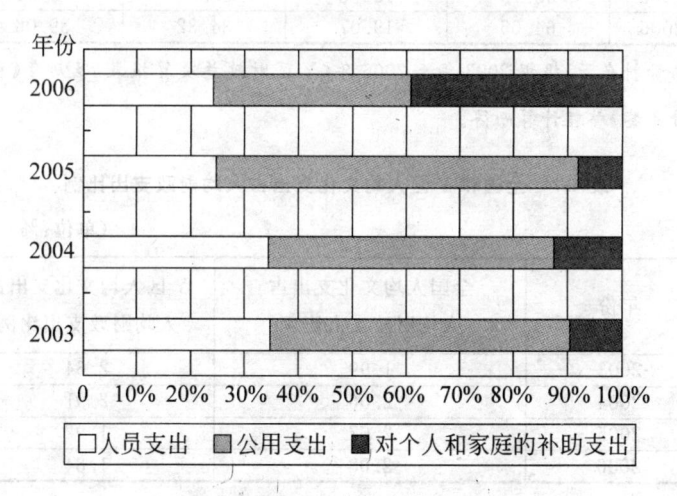

图 4-8　Y 区公共文化实际支出分项结构

3. 支出相对规模

前面是对Y区公共文化财政支出的概况和结构的表述,如果想知道这样的支出规模和结构在全国处于什么样的水平,就需要将这两者进行比较分析,因此我们将全国平均水平作为参照系,同Y区的公共文化财政支出情况进行对比。我们选取了人均文化支出作为指标来将全国和Y区的情况进行比较,表4-6、表4-7反映的是从2003年至2006年Y区和全国人均文化支出及其占人均财政支出的比重。

表4-6 全国和Y区人均文化支出

年份	全国人均文化支出		Y区人均文化支出	
	支出数额(元)	增长率(%)	支出数额(元)	增长率(%)
2003	37.87	—	19.20	—
2004	45.17	19.28	22.97	19.64
2005	53.79	19.08	25.04	9.01
2006	64.05	19.07	34.82	39.06

资料来源:根据2003年至2006年《Y区财政总决算报表》及历年《中国统计年鉴》整理计算而得。

表4-7 全国和Y区人均文化支出占人均财政支出比例

(单位:%)

年份	全国人均文化支出占人均财政支出比例	Y区人均文化支出占人均财政支出比例
2003	1.99	2.64
2004	2.06	2.91
2005	2.07	1.92
2006	2.08	1.84

资料来源:根据2003年至2006年《Y区财政总决算报表》及历年《中国统计年鉴》整理计算而得。

从全国和Y区人均文化支出可以看出,全国人均文化支出从2003年的37.87元上升到2006年的64.05元,增幅为69%;Y区人均文化支出从2003年的19.20元上升到2006年的34.82元,增幅为81%,超过全国同期增幅12个百分点。在增长率方面,全国人均文化支出增长率保持比较稳定的上升趋势,增幅较为平稳,而Y区人均文化支出增长率波动幅度较大,2005年仅有9.01%,而2006年最高达到39.06%;从人均文化支出占人均财政支出的比例来看,全国的比例水平比较稳定,四年间维持在2%左右的水平,变化幅度没有超过0.09%,而Y区这一比例则从2003年的2.64%下降到2006年的1.84%,不同年份间波动幅度较大。

从以上分析我们可以看出,从人均水平来看,Y区和全国人均文化支出均呈现出明显的上升趋势,但是Y区人均文化支出经费的充裕程度弱于全国人均文化支出经费的充裕程度,同时,Y区的人均文化支出增长率同全国相比呈现出较大的波动状态;从人均文化支出占人均财政支出的比例来看,Y区的人均文化支出占人均财政支出的比例呈现出明显的下降趋势,这说明Y区人均文化支出的增长幅度没有赶上同期其他项目人均财政支出的增长幅度,从而使得人均文化支出所占的比例呈现出下降的趋势,而同期全国的这一比例则变化不大,始终保持较为稳定的水平,说明全国人均文化支出的增长幅度基本上同全国其他项目人均财政支出的增长幅度能够保持一致。

(三)文化管理体制改革

Y区所在市在"十一五"社会主义新农村建设规划纲要中对农村文化和体育事业的发展提出了明确的要求。对此,Y区进行了农村公共文化改革。① 加强农村公共文化建设,推动文化资源向农村倾斜。以县市区为主导、乡镇为依托、村为重点,完善县、乡、村文化设施。构建县有文化馆和图书馆、乡镇有综合文化站、行政村有文化活动室的农村公共文化服务网络。实施送书、送戏、送电影下乡工程,解决农民看书、看报、看电影难问题。市、县(市)电视台、电台推出一批面向农村的栏目和节目,挖掘保护民间传统文化,丰富群众文化生活。挖掘和保护民族文化,大力扶持农村文化科技中心户和农村业余文化队伍建设。每个乡镇有一个以上的民办演艺团队、一套数字电影放映设备,农民每个月至少看一次免费电影,每个组有一个以上的文化科技中心户。

从改革的趋向来看,其目标是要逐步形成"管理重心在县、服务重心在乡、建设重心在村"的新农村文化体制架构。这种新的农村文化体制,不但要求县级文化部门进行相应改革,增强其管理职能,同时还要进行管理模式的创新,进一步理顺县(文化主管部门)、乡、村关系,不断完善农村文化体制。

Y区结合"以钱养事"新机制精神,构建农村公共文化服务新体系。"以钱养事"新机制的核心是改变原乡镇文化站的投入机制、用人制度和服务方式,建立"政府购买服务"的"以钱养事"机制:在体制上,文化站由事业单位转制为承担公益性文化服务职能的服务组织;在人员管理上,文化站工作人员退出事业编制,实行竞争上岗、动态管理;在服务项目上,明确内容、量化标准,由县级文化行政部门和乡镇政府作为聘用方或监督方,服务人员作为受聘方,共同签订年度服务项目合同,实行乡镇、村、农民签字卡管

---

① 参见《Y区"十一五"社会主义新农村建设规划纲要》。

理，按合同进行考核，兑现经费投入。

就乡镇文化体制改革而言，一方面将公益性职能和经营性服务分开，政府保障农村公益性文化服务的财政投入，放开经营性服务产业；另一方面对农村公益性文化服务采用"政府采购"、"花钱买服务"，即"以钱养事"的办法。基层政府可结合综合配套改革和公益文化事业单位整合，组建文化与体育、广播影视、科技推广、科普培训和青少年校外活动等于一体的综合性文化服务中心，承担农村公益性文化服务的职能。在此次乡镇文化站改革中，做到"三个不变"，即乡镇文化站原有国有资产产权不变，保障公益性服务的经费渠道和原有基数不变，乡镇公益性文化事业固定资产的投资主体不变。在此基础上，保证在"十一五"期间政府投入有较大幅度增长；对非在编人员实行一次性清退，取消原文化站工作人员的人事编制，退出财政供养体系，并根据本人意愿办理社会养老保险或实行年金补偿制，实现了原文化站工作人员身份由"单位人"向"社会人"的转变。

对新成立的乡镇综合文化服务中心（加挂文化站牌子）人员，由县级文化行政部门会同人事部门和乡镇政府，从具有从事公益性文化服务资质的人员中"公开招考、公平竞争、择优上岗"，并签订合同，实行岗位动态管理。从事公益性服务的专业技术人员的职称和执业资格由县级人事部门和县级文化行政部门共同负责认定。公益性文化服务项目及其具体量化标准，由县级文化行政部门会同乡镇政府，参照上级业务主管部门有关指导意见，结合当地实际情况研究确定。公益文化服务实行项目合同管理，合同中明确公益文化服务的种类、数量、质量、考核方法、奖惩措施等。县级文化行政部门和乡镇政府分别作为聘用方和监督方，服务人员作为受聘方，三方共同签订年度服务合同，实行乡镇、村、农民签字卡

"三卡"管理,按合同进行季度和年度考核,兑现奖惩。按照《省人民政府关于全面推进乡镇事业单位基本养老保险制度改革的通知》的有关规定,建立农村文化服务人员的基本养老保险制度。

"以钱养事"的新机制解决了传统文化体制、机制激励不足的弊病,激发了农村基层文化服务人员的工作热情。竞争机制的引入带来了农村公益性文化服务的一系列变化,尤其是形成了农民群众检验、优胜劣汰的局面,极大地激发了农村文化服务人员工作的积极性和主动性,改变了传统科层制低效率、高成本的状况。随着用人机制的搞活,改革前乡镇文化站的职能"虚化"状况得到了极大改观,它在农村基层文化建设中的作用也日益彰显。[①]

(四)民众的文化需求

地域广阔、农民居住分散、农村内部发展的非均衡是Y区农村的基本现实。长期以来,对农村文化的有限投入大多局限于县乡文化馆站的建设,以致政府供给的公共文化资源主要集中在乡镇政府所在地和城镇,真正进入村庄的公共文化资源严重不足。换言之,过去这种农村文化建设较少服务于农民群众,更多服务于城镇居民和干部自身。真正进入村庄内部、与农民群众日常生活相联系、能够被农民群众所享受的农村公共文化资源不但数量极为有限,而且缺乏多样性,难以满足农民群众多层次、多方面的文化需求。因此,将农村文化建设重心下沉到村,将国家的公共文化服务体系延伸到村庄内部,为农民群众提供更多、更好、文明、健康的公共文化服务,不但很有必要而且迫在眉睫(见表4-8)。

---

① 关于农村文化站改革的内容,我们对该区的文化站负责人进行了专门的访谈,内容参见调研录音资料:Rlp030723a.1。

表 4-8　乡镇文化干部对于文化服务方式的建议　　（N=180）

服务方式	选择频数	所占比例(%)
建立村一级社区文化服务中心	77	44.5
设立功能综合的乡镇文化站提供文化服务	44	25.4
财政支持农民自办文化活动	21	12.1
政府购买并向农村提供服务	16	9.2
政府资助民间文化团体	15	8.1

注：本表内容部分参考了《湖北省农村基层文化建设研究报告》，特此致谢。该报告由湖北省社科联、湖北省经团联、华中师范大学中国农村问题研究中心联合课题组于 2007 年 2 月完成。

资料来源：农村文化状况问卷调查，2006 年 3 月下旬。

一般而言，社会公共产品的供给有三大主体，即政府、企业、非营利性组织等民间组织。在市场经济条件下，对于农村文化这样的公共产品及准公共产品应该采用多中心供给的手段和方法。但目前主要是由政府供给，企业及非营利性组织等民间组织很少参与这一活动。而农村基层文化建设需要充足的文化建设资金、丰富的农村文化基础设施、较高业务素质的文化工作人员。有限的财政投入，必然制约农村文化事业的建设和发展（见表 4-9）。

表 4-9　农民认为农村文化活动偏少的原因

选项	人次	百分比(%)
没有钱	436	41.1
没有文化设施	179	16.9
没有文化人才	89	8.4
没有政府组织	349	32.9
农民不感兴趣	8	0.8
合计	1 061	100

资料来源：农村文化状况问卷调查，2006 年 3 月下旬。

在相当长的一段时间内,农村基层文化建设在地方政府工作中被边缘化,虽然乡镇文化站人员富余,但由于缺少有效的工作激励和约束机制,乡镇文化站难以发挥自身职能。因为经济的发展是各级政府优先追求的目标,在片面追求 GDP 的环境下,各级政府之间形成一种压力型体制关系,上级政府对下级政府的考核多注重经济发展指标,而对农村文化建设等软指标较少关注。具体表现为:地方政府财政对农村文化建设投入较少,农村公共文化设施建设滞后,政府组织农村公共文化活动的力度不够。在农村税费改革前,相当一部分乡镇文化站主要围绕乡镇政府所谓的"中心"工作(如征税、计划生育等)而运转,几乎没有精力进行农村基层文化建设、从事农村公共文化服务工作,"种了他人地,荒了自家田"。同时由于旧的文化体制和运行机制的局限性,基层文化工作人员一直捧着"铁饭碗",在日常工作中缺乏动力和压力,人浮于事,上级规定的文化工作职能被虚化。加之农村文化建设在短期内很难彰显政绩,以至于农村文化工作在基层政府的工作中处于边缘化状态,最终导致乡镇文化站虚设化,农村公共文化服务严重匮乏。有的地方,乡镇文化站场地挪作他用、侵占变卖。宜昌市134 个文化站,已有 29 个文化站被卖、被占。这些文化阵地陷入"无人管"、"无钱管"、"管不了"的境地,原有的功能丧失殆尽;与此同时,还存在农村文化人才大量"跳槽"、外流现象,农村文化队伍"青黄不接"。正是因为如此,农民群众不但知道乡镇文化站的少,打交道也不多,对文化站的工作评价较低(见表 4-10)。

农村基层文化主要由文化行政部门单向供给,具有强制性、灌输性和改造性特点,与农民实际需求相脱节。这种文化供给模式较少考虑农民群众的现实需求和受众地位,重视"送文化"而轻视

表 4-10 农民群众与乡镇文化站之间的联系

地域	是否知道乡镇文化站			有没有与乡镇文化站打过交道		
	回答人数	知道(%)	不知道(%)	回答人数	有(%)	有(%)
湖北省	909	67.3	32.7	560	28.4	71.6
16省、区	14 776	62.8	37.2	6 930	36.8	63.2

资料来源:农村文化状况问卷调查,2006年3月下旬。

"种文化",与农民群众的文化需求相脱节,基层文化建设效果不明显。虽然各级政府的文化下乡、电影进村活动对丰富农民的文化生活具有一定的作用,但是这种"喂食"式的文化供给体制,往往是政府"唱独角戏",难以有效激发群众参与文化建设、发展的热情,基层文化建设缺少乡土根基。虽然过去投入了不菲的财力和人力,但农村基层文化建设的效果并不明显,并常常与农民群众的文化需求相脱节。实际上,这种脱节的情况在乡村社会是十分严重的,在访谈的过程中,地方的官员和民众表达了很多这样的看法,具体内容参见访谈记录。[①]

三、医疗卫生支出

卫生服务在农村是公共服务的基本构成部分,提供适当的卫生服务也是公共财政的当然职能。一方面,从财政资金出资者角度分析,中央政府与地方政府之间、各层级地方政府之间在医疗卫生服务财政支出上有着较为明确的责任划分;另一方面,从卫生财政资金接收者角度分析,医疗卫生服务各机构之间在资金分配上有着较为明确的划分。在财政资金安排上,政府依据卫生服务的

---

① 调研录音资料:Rlyc070613p.1,Rlp030723a.1,Rzcz070511a.1。

不同项目划拨相应的支出项目,随着经济社会的发展,医疗卫生事业财政支出结构会作出相应的调整,由此也导致不同卫生服务支出项目呈现出较大的差异。

当前医疗卫生服务财政支出方面的研究主要关注以下项目:新型农村合作医疗资金筹集及其制度运行、城乡群众医疗救助、卫生体制改革、计划生育、血吸虫病防治、农村改水改厕工程等。随着经济社会的快速发展,如何为居民提供良好的卫生服务成为政府和学者关注的焦点问题。首先的核心问题是公共筹资,这需要政府发挥重要作用。[1] 并且政府应加大对农村卫生的投入,调整财政支出结构,让农民获得更好的卫生服务。[2] 尽管新型农村合作医疗还面临一系列矛盾,如农民筹资水平的提高与确保农民参合率之间的矛盾、就地获取医疗服务与医疗服务机构能力不足的矛盾、运转经费不足与地方财政困难的矛盾、各级财政补助的刚性化与财政承受能力的矛盾、防范基金的风险与有限管理能力的矛盾等,[3]特别是解决贫困人口的医疗救助还有问题,[4]但可以通过制度创新来解决,[5]

---

[1] 参见曾光:《中国公共卫生与健康新思维》,北京:人民出版社2006年版,第78页。

[2] 参见韩俊:《中国农村卫生调查》,上海:上海远东出版社2007年版,第9页。

[3] 参见刘尚希:《新型农村合作医疗:制度平台与实际效应》,中国农村研究网2007年3月21日。

[4] 参见柳清瑞:"中国新型农村合作医疗制度的利弊分析",《中国发展观察》2007年第5期,第36页。

[5] 参见蒋中一:"特困人口医疗救助制度和农村新型合作医疗制度的结合",《中国改革论坛》2007年4月28日。

比如,实行政府购买卫生服务支出方式①等。这表明医疗卫生服务供给及其方式创新、医疗保障制度建设、卫生体制改革等日益成为政府和学术界关注的焦点问题之一,应特别关注政府间财政支出结构、卫生服务机构之间资金分配问题以及卫生服务项目财政投入的动态变化。

(一)基本概况

近年来,Y区的医疗卫生事业取得长足的发展,农村缺医少药的状况得到了较大的改善,农民的健康水平有了很大提高。表4-11反映的是2003年至2007年Y区医疗卫生事业发展的基本状况。

表4-11 Y区医疗卫生事业发展状况

年 份	2003	2004	2005	2006	2007
医疗卫生机构(个)	73	139	159	165	134
卫生技术人员(人)	1 227	1 371	1 491	1 469	1 485
拥有病床数(张)	864	889	730	729	790

资料来源:Y区统计局,2003年至2007年《Y区国民经济和社会发展统计公报》。

1. 制度体系建设

通过实施县、乡两级疾病预防控制机构和农村卫生三项建设,支持农村艾滋病和血吸虫病等重大疾病防治以及"降低孕产妇死亡和消灭新生儿破伤风"等项目的实施,Y区农村公共卫生的整体服务能力有了根本性的提升,农民主要健康指标得到了较大改善。85%的乡镇实现了以乡镇为单位达标的规划目标,制定并实施了

---

① 参见刘军民:"政府购买服务:医改的正确方向",《中国财经报》2007年12月7日,http://www.crifs.org.cn。

现代结核病控制的策略;从2004年开始,连续三年对全区晚期血吸虫病人实施免费救治。儿童计划免疫"四苗"接种率为96.69%,住院分娩率由2000年的75.74%上升到2004年的89.92%,全区孕产妇死亡率为42.14/10万,婴儿死亡率为10.97‰,这两项指标均低于全国平均水平。

2. 卫生管理体制

农村卫生实行各级政府按职责分级管理、以县(市)为主的管理体制。农村卫生管理体制的工作重点是乡镇卫生院实行"县办县管";村卫生室在独立核算的原则下,实行人员、机构、业务、财务、药品"五统一"的"乡村一体化"管理。截至2005年年底,Y区乡镇卫生院基本完成了人员、业务和经费上划到区级管理的工作。每个乡镇都有一所由政府设立的乡镇卫生院,普遍开展了"乡村一体化"管理,全区已经初步建立了农村卫生服务网络。

3. 新型农村合作医疗试点[①]

按照中央统一部署,湖北省从2003年7月开展新型农村合作医疗试点工作。Y区为此制定了《新型农村合作医疗制度实施办法》,实现大病住院统筹为主,兼顾门诊医疗,使得该区农村卫生服务体系和农民医疗保障体制有所发展,参保农民数量逐年上升。截止到2006年12月31日,Y区共收缴入库新型农村合作医疗参合基金5 019 615元,参合农民334 641人,剔除长期整家外出无法联系家庭和非农人口,全区农民参合率达到了93.13%,高于各县市平均水平。按2005年统计年报的农村从业人口数398 262计算,全区农民新型农村合作医疗参合率达84.03%。

---

① 参见:《Y区城乡贫困群众医疗救助实施办法》,Y政发[2005]11号。

(二)财政支出结构

1.基本情况

图4-9、表4-12反映了2003年至2006年Y区用于医疗卫生方面支出的财政拨款数的变化情况,研究发现,Y区四年间用于医疗卫生事业的财政拨款从2 563万元上升到2 639万元,增长了76万元,增长幅度为2.97%,财政拨款数额总体上变化不大,但考察每一年的增减幅度的变化情况发现,增减幅度的差异很

表4-12 Y区医疗卫生财政支出基本情况

年　份		2003	2004	2005	2006
医疗卫生支出	支出数额(万元)	2 563	2 094	2 294	2 639
	增减幅度(%)	—	-18.30	9.55	15.04
一般预算支出	支出数额(万元)	40 049	43 575	52 927	72 433
	增减幅度(%)	—	8.80	21.46	36.85

资料来源:2003年至2006年《Y区财政总决算报表》,Y区财政局。

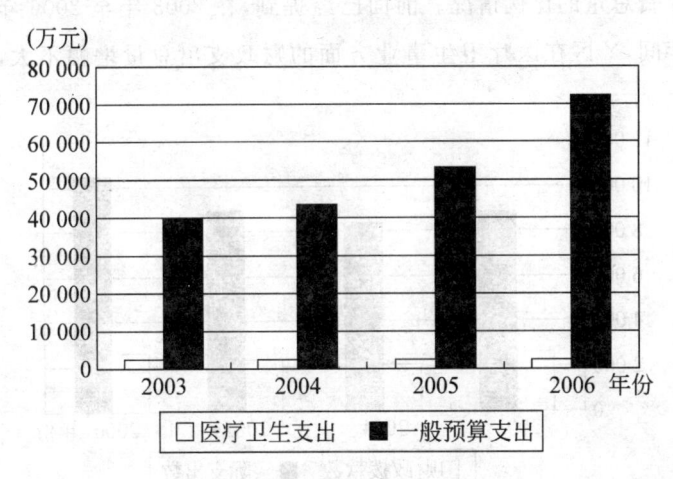

图4-9 Y区医疗卫生和一般预算支出

大,说明在不同年份间的 Y 区医疗卫生财政拨款的波动情况还是比较大的。而同期 Y 区一般预算支出的变化幅度要明显大于医疗卫生支出,四年间该区一般预算支出从 40 049 万元增长到了 72 433 万元,增长了 32 384 万元,增长幅度为 80.86%。两相比较可以发现,Y 区的一般预算支出的增长幅度明显高于该区医疗卫生财政支出,这也导致了医疗卫生财政支出在该区一般预算支出所占比例的不断下降,2003 年这一比例为 6.40%,而在此后的几年中分别只有 4.81%、4.33% 和 3.64%。由此可见,在 Y 区的财政支出结构中,医疗卫生事业的支出所占比例甚小,而且逐年呈现下降的趋势。

图 4-10 反映的是 Y 区用于医疗卫生事业方面的财政拨款数与实际支出数的比较情况,两者之间的比较能够反映出该区本级财政投入在医疗卫生事业方面的经费同在这项支出上实际所使用的经费总量的比例情况。前面已经提到,在 2003 年至 2006 年的四年间,Y 区在医疗卫生事业方面的财政支出总量增幅不大,从

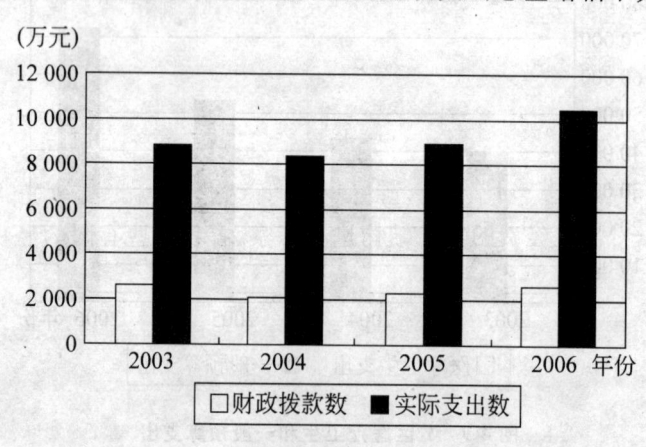

图 4-10　Y 区医疗卫生财政拨款与实际支出

图 4-10 中可以看出，该区用于医疗卫生事业的实际支出数总量的增幅也是比较有限的，从 2003 年的 8 822 万元增长到了 2006 年的 10 463 万元，增长了 1 641 万元，增长幅度为 18.60%。但是，将 Y 区医疗卫生事业的财政拨款数和实际支出数两相比较可以发现，在实际支出数中财政拨款数所占的比例十分有限，而与此同时该区医疗卫生事业支出中财政拨款数的增幅低于同期实际支出数的增幅，这意味着财政拨款数占实际支出数的比例是下降的。实际上，从 2003 年到 2006 年，Y 区医疗卫生事业支出中财政拨款占实际支出的比例依次是 29.05%、25.00%、25.62% 和 25.22%，也就是说，该区医疗卫生事业的支出经费中只有很少的一部分是通过本级财政拨款来解决的，甚至可以说，其本级财政拨款用于支付人员工资都仍然存在缺口，[①]单纯依靠本级财政投入，Y 区的医疗卫生事业连运行都难以为继，更不用提实现发展了。

2. 财政支出结构

从对 Y 区医疗卫生事业财政支出总量分析中发现，医疗卫生事业支出在整个 Y 区的财政支出中所占的比例非常小，而且近年来增长幅度不大，投入十分有限；而本级财政支出在整个实际支出所占的比例十分有限且呈现出下降的趋势，仅仅依靠本级财政支出，医疗卫生事业的发展是难以为继的。这部分主要是对 Y 区有限的医疗卫生经费的支出结构进行考察，看看这些有限的经费是如何花出去的。

图 4-11、图 4-12 主要反映的是从 2003 年至 2006 年 Y 区用于医疗卫生事业的实际支出数的基本结构，主要包括人员支出、公用

---

① 关于人员工资的具体数据会在本书后文中进行详细的讨论。

(万元)

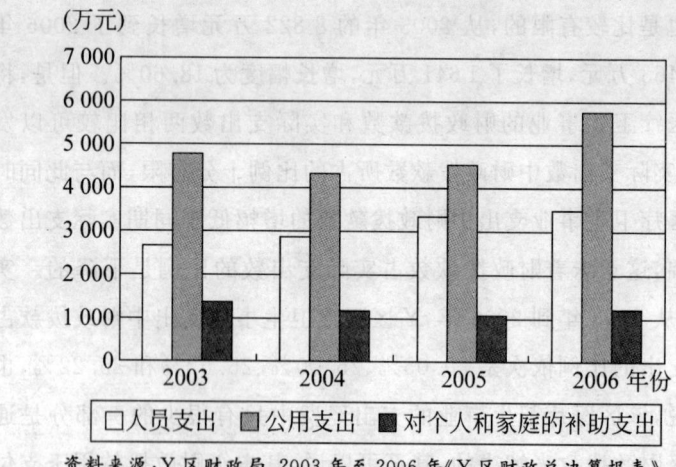

资料来源：Y 区财政局，2003 年至 2006 年《Y 区财政总决算报表》。

图 4-11　Y 区医疗卫生事业实际支出分项变化

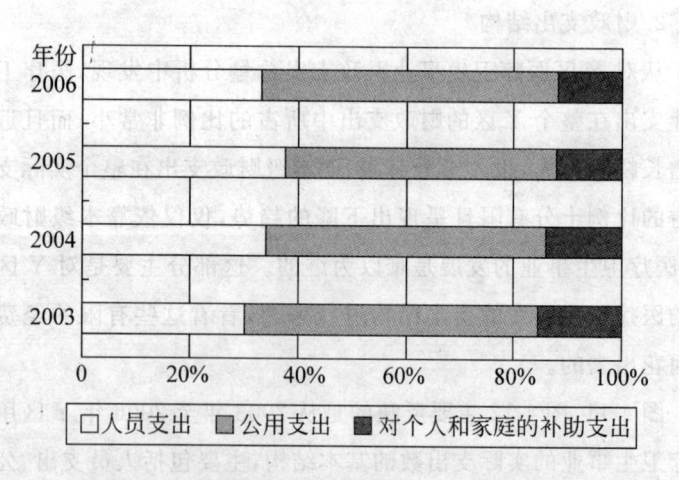

图 4-12　Y 区医疗卫生事业实际支出分项结构

支出以及对个人和家庭的补助支出三项各自在数额上的变化情况和各项在实际支出数中所占比例的变化情况。从图中可以看出，Y区四年医疗卫生事业的实际支出中人员支出部分的变化趋势比较稳定，从支出数额来看始终呈上升的趋势，从2003年的2 661万元上升到2006年的3 485万元。与此不同的是公用支出部分，虽然从总体趋势来看支出数额是上升的，但是在四年中经历一个先降后升的过程。至于对个人和家庭的补助支出部分，从变化趋势来看同公用支出类似，经历了一个先降后升的过程，所不同的是支出数额的上升并不足以抵消下降的数额。2003年对个人和家庭的补助支出的数额为1 369万元，而2006年为1 224万元，减少了145万元。

而在支出结构方面，在Y区医疗卫生事业的实际支出中，公用支出部分所占的比重较大。从2003年至2006年，公用支出占该区医疗卫生事业的实际支出比例分别为54.32％、51.89％、50.81％和54.99％，实际支出中的一半以上的经费是作为公用支出部分花出去的。而人员支出的数额在各年份都是上升的，这也就是为什么前文指出该区对医疗卫生事业的本级财政支出连支付人员工资尚有缺口，因为人员支出部分的数额每年均高于本级财政拨款的数额，但是其在实际支出数中所占的比例呈现一个先升后降的波动过程，2003年至2006年，这项支出所占的比例分别为30.16％、34.09％、37.25％和33.05％。对个人和家庭的补助支出部分在总量上是下降的。其在实际支出中所占的比例较小，且逐年呈下降的趋势，四年中所占的比例分别为15.82％、14.01％、11.94％和11.70％。

通过以上这些数据分析发现Y区医疗卫生事业财政支出结

构上的一些特点：首先，同一般预算支出的增幅相比，Y区医疗卫生事业支出的增长幅度不大，经费投入有限；其次，Y区本级财政用于医疗卫生事业的支出有限，实际支出中只有很少的一部分（低于30%）是依靠本级财政支出解决的；最后，在实际支出的三个项目中，公用支出所占的比重较大，历年这项支出所占的比重超过了人员支出与对个人和家庭的补助支出这两项所占比重的总和。

3. 支出相对规模

前面是对Y区医疗卫生财政支出的概况和结构的表述，要知道这样的支出规模和结构在全国处于什么样的水平，就需要将这两者进行比较分析，因此我们将全国平均水平作为参照系，同Y区的医疗卫生财政支出情况进行对比。我们选取了人均医疗卫生支出作为指标来将全国和Y区的情况进行比较，表4-13、表4-14反映的是从2003年至2006年Y区和全国人均医疗卫生支出及其占人均财政支出的比重。

表4-13 全国和Y区人均医疗卫生支出

年份	全国人均医疗卫生支出		Y区人均医疗卫生支出	
	数额（元）	增长率（%）	数额（元）	增长率（%）
2003	60.21	—	49.82	—
2004	65.75	9.20	39.61	−20.49
2005	79.29	20.60	44.42	12.14
2006	100.44	26.67	51.00	14.81

资料来源：根据2003年至2006年《Y区财政总决算报表》及历年《中国统计年鉴》整理计算而得。

表 4-14 全国和 Y 区人均医疗卫生支出占人均财政支出比例

(单位:%)

年 份	全国比例	Y 区比例
2003	3.16	6.86
2004	3.00	5.02
2005	3.06	3.40
2006	3.27	2.69

资料来源:根据 2003 年至 2006 年《Y 区财政总决算报表》及历年《中国统计年鉴》整理计算而得。

从全国和 Y 区人均医疗卫生支出中可以看出,全国人均医疗卫生支出从 2003 年的 60.21 元上升到 2006 年的 100.44 元,增幅为 67%,增长了 40.23 元;Y 区人均医疗卫生支出从 2003 年的 49.82 元上升到 2006 年的 51.00 元,增幅为 2%,增长了 1.18 元,增幅低于全国同期增幅 65 个百分点。在增长率方面,全国人均医疗卫生支出增长率呈现出比较迅速的上升趋势,最高年增长率达到了 26.67%,而 Y 区人均医疗卫生支出增长率波动幅度较大,经历先降后升的过程,这也同 Y 区医疗卫生支出的变化过程相符合。从人均医疗卫生支出占人均财政支出的比例来看,全国的比例水平比较稳定,四年间始终维持在 3% 左右的水平,而反观 Y 区这一比例,虽然相比同期全国比例要高,但从 2003 年开始一直呈现出迅速下降的趋势,使得这一比例在 2006 年低于全国平均水平。

从以上分析我们可以看出,从人均水平来看,全国人均医疗卫生支出呈现出明显的上升趋势,但是 Y 区人均医疗卫生支出经费则是经历了先降后升的过程,2006 年的医疗卫生支出经费仅仅略高于 2003 年的水平,而且同期 Y 区人均医疗卫生支出经费充裕程度要弱于全国人均医疗卫生支出经费充裕程度。同时,Y 区的人均医疗卫生支出增长率同全国相比呈现出较大的波动状态。从人均医疗卫生支出占人均财政支出的比例来看，Y区的人均医疗卫生支出占人均财政支出的比例呈现出明显的下降趋势，使得这一比例在2006年低于全国平均水平，这说明Y区人均医疗卫生支出的增长幅度没有赶上同期其他项目人均财政支出的增长幅度，从而使得人均医疗卫生支出所占的比例呈现出下降的趋势，而同期全国的这一比例则变化不大，始终保持较为稳定的水平，说明全国人均医疗卫生支出的增长幅度基本上与全国其他项目人均财政支出的增长幅度能够保持一致。

(三) 财政投入体制的变迁

纵观Y区医疗卫生财政体制的变迁过程，不难看出，其逻辑是在中央自上而下的推动下进行的分权化改革，经历了从"统分统支"到"划分收支、分级包干"的过程。1997年，《中共中央、国务院关于卫生改革与发展的决定》明确提出"卫生工作实行分级负责、分级管理……各级地方政府对本地区卫生工作全面负责，将其作为领导干部任期目标责任制和政绩考核的重要内容"。本阶段卫生改革要求政府加大对卫生事业的投资，卫生事业的公共财政支出必须保持必要的和一定比例的供给及增长，从卫生服务的供给层面保证亿万农民的健康。但1994年分税制改革中财政政策也明确提出中央、省、市财政只负责本级直属卫生机构的投入，中央财政只按专项转移支付的办法对地方进行补助。专项转移支付主要用于防治防疫和农村卫生三项建设两个专项上面。

1998年公共财政体制目标的确立，对农村医疗卫生财政投入体制作出了进一步的明确规定，首先，加强农村公共卫生和预防保健体制建设。农村公共卫生是典型的纯公共产品，具有强外部效应，是公共财政投入的重点。公共财政投向农村公共卫生和预防保健体系的建设，解决机构、人员、经费、技术不足等问题，增加经费投入。其次，加强农村医疗卫生服务体系建设。再次，建设农村大病合作医疗体系。通过启动《农村卫生服务体系建设与发展规划》，健全县、乡、村三级医疗卫生服务体系和网络；加大对乡镇卫生院和部分县医院的房屋和设备的改造。

实际上，医疗卫生财政体制的改革始终是在中央主导下进行的，以新型农村合作医疗制度为例，从时间上看，中央于2003年提出建立新型农村合作医疗制度，湖北省于2003年7月1日下发了《湖北省新型农村合作医疗试点工作方案》，[①]而Y区于2007年1月1日公布了《新型农村合作医疗制度实施办法》，正式启动新型农村合作医疗制度。Y区并非湖北省新型农村合作医疗试点县市，该区的这项改革也是晚于上级政府的政策制定时间，从根本上说，是中央政府主导了这次改革，而地方层面尤其是基层地方政府发挥的是对政策的执行和反馈的作用。在这一过程中，地方政府在本级医疗卫生财政投入总量有限的情况下，面对中央和省级政府对这项政策实施效果的刚性要求，必然会将其困境向上反馈，促使上级政府作出回应。这也就不难理解从2003年到2007年农村合作医疗筹资过程中，承担经费增量的主体是中央和省级政府以及享受这项政策的农民个人，而不包括区级政府。"这种从上而下推动的改革在实际运作中，地方按照国家要求推行农村合作医疗，农民反映效果还蛮好，不过这也是国家拿钱的，农户出一部分钱，

---

① 参见《湖北省人民政府办公厅关于印发湖北省新型农村工作医疗试点工作方案的通知》（鄂政办发[2203]72号）。

拿 15 块钱。"①（见表 4-15）

表 4-15 新型农村合作医疗资金构成 （单位：元）

年份	中央政府	省级政府	区级政府	农民个人	合计
2003	10	5	5	10	30
2007	20	15	5	15	55

资料来源：《Y 区新型农村合作医疗制度实施办法（试行）》，Y 政发[2006]27 号。

四、社会保障支出

农村社会保障作为我国社会保障的一个重要组成部分，是社会发展的"稳定器"，是经济可持续发展的"调节器"，是实现社会公平与经济效益的"平衡器"。由于我国农村人口比例相对较高而城市化水平较低，经济基础薄弱，同时受经济发展水平以及历史文化传统的限制，农村社会保障与城市社会保障相比，不仅建立得比较晚，而且项目不全，保障水平也很低。保障民生是政府的当然责任和其赖以生存的基础。因此，对农村社会保障的参与、构建和管理以及财政投入等也就成了政府义不容辞的责任和义务。但学术界对政府在农村社会保障资金积累方面所承担的责任（投资的比重）等问题还存在着分歧。有人认为应吸取国际经验教训，避免重蹈"福利国家"的覆辙。②但也有学者认为，社会保障制度的核心问

---

① 调研录音资料：Rfxz070614a.1。
② 参见刘云旺："对我国农村社会保障制度的思考"，《农村经济》2004年第 2 期，第 70 页。

题是筹措资金,政府应该是农村社会保障资金的主要提供者。①无论如何,农村社会保险在发展并存在一些必须解决的问题,这是不争的事实,政府应有所作为。

(一)发展概况

表 4-16 反映了 2003 年至 2007 年 Y 区社会保障发展的基本情况,从中可以看出,Y 区参加基本养老保险、基本医疗保险、失业保险的人数在增加,社会保障事业的发展呈上升势头。

表 4-16 Y 区社会保障基本情况　　　(单位:人)

年　　份	2003	2004	2005	2006	2007
基本养老保险	29 924	31 025	43 200	45 400	41 000
农村养老保险	—	—	—	—	12 468
基本医疗保险	25 688	33 133	40 300	39 600	49 800
失业保险	—	—	25 900	26 000	27 000

资料来源:Y 区 2003—2007 年统计公报,其中空白处表示由于历年统计标准的变化,不同年份统计口径不同使得数据不完整。

1. 五项社会保险

目前夷陵全区已形成覆盖城镇各类企业职工及灵活就业人员享有基本养老保险、医疗保险、失业保险、工伤保险、生育保险,机关事业单位全体职工享有医疗保险,除国家公务员以外机关事业单位职工享有基本养老保险、失业保险的社会保险体系。截止到 2006 年,全区企业养老保险累计结余基金 21 363 万元,按 2006 年全区月均支付 455 万元企业养老金标准测算,可足额支付 47

---

①　参见尹焕三、陈玉光:"政府在农村社会保障体系建设中的职能定位",《国家行政学院学报》2004 年第 2 期,第 39 页。

个月。

2. 救助优抚体系[①]

据调查统计,1996年Y区五保供养人数为904人,2006年五保供养人数达到1 664人,10年内净增760人,年均增长8.4%,Y区民政局在2007年上半年依据新条例审批纳入318户。1996年Y区集中供养368人,占当时全区五保总人数904人的40.7%;到2002年,Y区集中供养人数406人,占全区五保总人数1 012人的40.1%,这与福利院容量和条件也有关。实施"福星工程"后,全区改扩建福利院14所,改造建筑面积1.6万平方米,投入资金545万元,新增床位1 067个。2007年Y区五保对象集中供养人数达到1 290人,比2002年年底增加884人,全区五保对象集中供养率达到75%,比2002年年底提高了30个百分点。[②]

3. 新型农村合作医疗

2007年年初,Y区被湖北省纳入全省新增试点县(市、区),Y区委、区政府制定出台了《Y区新型农村合作医疗制度实施办法》,区、乡镇(街办)成立了合管办,各医院成立了合管科,目前,全区参合农民334 641人,参合率达93.1%。截至2007年5月份,"新农合办"共筹集基金6 692 820元,给参合农民补偿33 306人次311.1万元。[③]

---

① Y区社保局工作总结:《提升Y区五保供养水平全力服务新农村建设》,2006年。

② 数据来源:《Y区人民政府2007年政府工作报告》。

③ 数据来源:《Y区人民政府2007年政府工作报告》。

4. 移民保障工作

Y区移民主要包括三峡工程移民、葛洲坝工程移民和大中型水库移民。Y区一方面通过特困救助、重大疾病医疗救助、中小学生"两免一补"、计划生育家庭奖励扶助等形式加强移民社会保障体系建设,另一方面对三峡工程移民实行养老保险安置或纳入"新农合",对Y区的大中型水库移民实行后期扶持。同时,失地农民的征地补偿标准也逐步提高。目前Y区社会保障事业发展的成效同当地民众和官员的思想有很大关系,之所以能取得这些成效,一方面是地方政府在落实社会保障政策方面做出了努力,而另一方面也是因为农民开始认识到这些保障所起的巨大作用。[①]

(二)社会保障财政支出结构

1. 支出概况

社会保障财政支出包括抚恤和社会福利救济费、行政事业单位离退休经费、社会保障补助支出。

表4-17、图4-13反映了2003年至2006年Y区用于社会保障方面的财政拨款数的变化情况,分析发现,Y区四年间的社会

表4-17 Y区社会保障财政支出基本情况

年 份		2003	2004	2005	2006
社会保障支出	支出数额(万元)	1 412	1 531	2 358	8 969
	增减幅度(%)	—	8.42	54.02	280.36
一般预算支出	支出数额(万元)	40 049	43 575	52 927	72 433
	增减幅度(%)	—	8.80	21.46	36.85

资料来源:Y区财政局,2003年至2006年《Y区财政总决算报表》。

[①] 调研录音资料:Rlyc070613p.1。

220　地方财政与治理能力

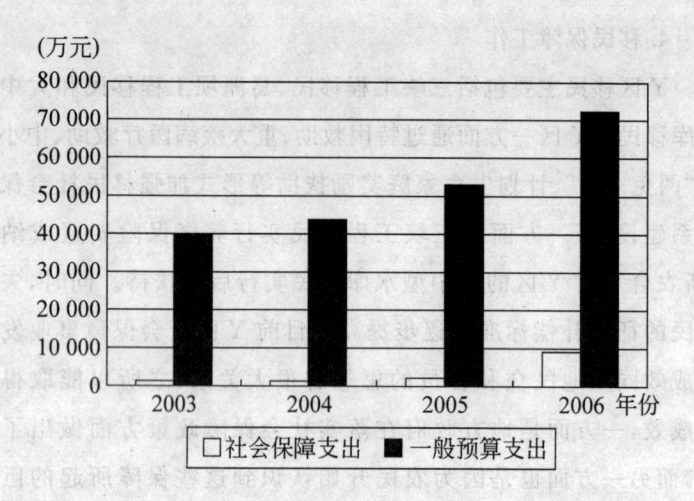

图 4-13　Y 区社会保障和一般预算支出的变化

保障支出从 2003 年的 1 412 万元上升到 2006 年的 8 969 万元,增长了 7 557 万元,增长幅度为 535.20%,该区近年来在社会保障方面的财政支出呈现出直线上升的趋势,尤其是 2006 年与上年同比增长幅度高达 280.36%。同期 Y 区一般预算支出从 40 049 万元增长到了 72 433 万元,增长了 32 384 万元,增长幅度为 80.86%。可见,Y 区在社会保障方面的财政支出增长幅度明显高于该区一般预算支出的增长幅度。这使得该区社会保障财政支出在该区一般预算支出中所占的比例也呈现出上升的趋势,四年间该区的这一比例分别是 3.53%、3.51%、4.46% 和 12.38%,这里需要指出的是,虽然总体上看 Y 区社会保障支出的增幅变化明显,但是细分到各年度中我们发现,增幅主要集中在 2006 年,而此前的三年虽然也略有变化,但总体变化情况不大;同时由于该区用于社会保障方面的财政支出基数太小,大幅度增加投入后所占的比例才达到 12.38%,而此前的几年均未超过 5%。由此可见，在 Y 区的财政支出结构中，早前几年社会保障的支出基数较小，所占比例不高，但随着对社会保障投入的大幅度增加，这一比例呈现出直线上升的趋势，这与国家要求实行农村社会保障政策有关。

图 4-14 反映的是 Y 区用于社会保障的财政拨款数与社会保障的实际支出数的情况，两者之间的比较能够反映出该区在社会保障方面的本级财政投入经费同在这项支出上实际所使用的经费总量的比例情况。前面已经指出，该区近年来在社会保障方面的财政支出增长幅度较大，与此相对应，该区在社会保障方面的实际支出也与财政拨款数呈现出同期增长的趋势，需要指出的是，与此前所分析的义务教育和医疗卫生支出相比，Y 区用于社会保障方面的实际支出数中本级财政拨款所占的比例很高，四年间本级财政拨款占实际支出数的比例分别高达 85.37%、86.16%、

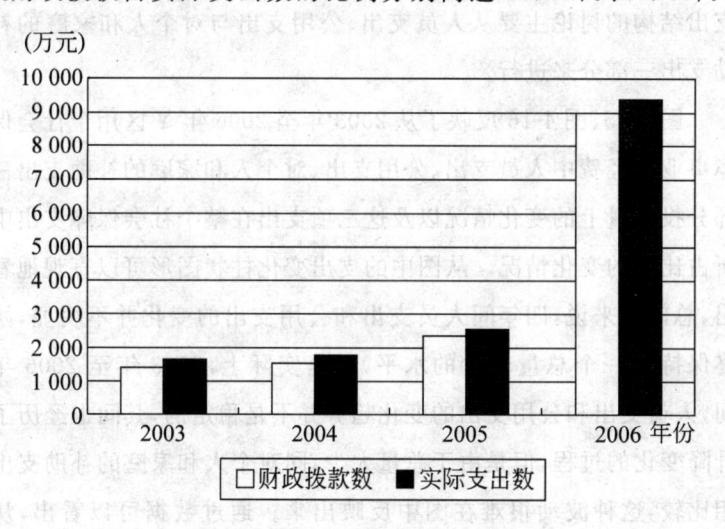

图 4-14　Y 区社会保障财政拨款与实际支出

92.62%和96.37%,可见,该区在社会保障方面的财政拨款数的增幅是要高于实际支出数的增幅的,这就使得其本级财政拨款占实际支出数的比例不但比义务教育和医疗卫生要高出很多,同时还呈现出不断上升的趋势。这也就是说,Y区在社会保障方面的实际投入中绝大部分是依靠本级财政解决的,该区在社会保障投入对中央和省级政府转移支付的依赖度远远不如义务教育和医疗卫生的支出的依赖度,而且这种依赖度随着该区本级财政对社会保障投入的力度加大,反而呈现出下降的趋势。

2. 支出结构

前面已经指出,我们这里讨论的社会保障是包括抚恤和社会福利救济费、行政事业单位离退休经费、社会保障补助支出三项内容的"小社保",而这三项内容的支出又都分为人员支出、公用支出与对个人和家庭的补助支出三部分,因此,这部分对社会保障财政支出结构的讨论主要从人员支出、公用支出与对个人和家庭的补助支出三部分来进行。

图 4-15、图 4-16 反映了从 2003 年至 2006 年 Y 区用于社会保障事业的经费中人员支出、公用支出、对个人和家庭的补助支出三部分投入量上的变化情况以及这三项支出在整个社会保障支出中所占比例的变化情况。从图中的支出变化柱状图形可以直观地看出,总体上来说,四年间人员支出和公用支出的变化并不明显,始终保持在一个总量较少的水平,但是实际上,2003 年至 2006 年间,人员支出和公用支出的变化趋势并不是稳定的,其间也经历了升降变化的过程,但是由于总量太少,同对个人和家庭的补助支出相比较,这种波动很难在图中反映出来。通过数据可以看出,从 2003 年至 2006 年 Y 区社会保障经费中的人员支出分别为 199 万

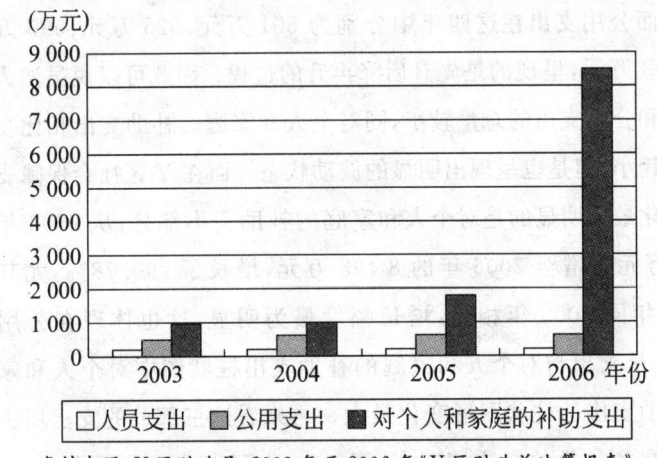

资料来源：Y区财政局，2003年至2006年《Y区财政总决算报表》。

图4-15　Y区社会保障实际支出分项变化

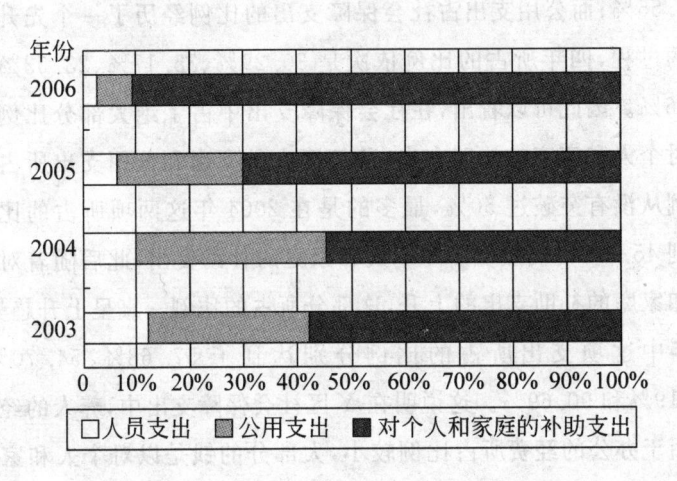

图4-16　Y区医疗卫生事业实际支出分项结构

元、180万元、160万元和239万元,很明显是一个先降后升的过程。而公用支出在这四年中分别为501万元、625万元、599万元和633万元,呈现的是先升后降再升的过程。因此可以说虽然人员支出和公用支出的总量较小,同对个人和家庭的补助支出相比变化幅度较小,但是也呈现出明显的波动状态。而在Y区社会保障支出中变化最为明显的是对个人和家庭的补助支出部分,从2003年的954万元骤增至2006年的8 498万元,增长了790.78%,尤其是2006年同2005年相比,增长幅度最为明显,这也体现在公用支出、人员支出与对个人和家庭的补助支出柱状图中对个人和家庭的补助支出的柱状图形变化最大。再来看这三部分的支出所占的比例在各年份的变化情况,从图4-16中可以直观地看出,在这三项支出中,人员支出所占的比例在各年份是呈下降趋势的,历年人员支出占社会保障支出的比例分别是12.03%、10.13%、6.28%和2.55%;而公用支出占社会保障支出的比例经历了一个先升后降的过程,四年所占的比例依次是30.29%、35.17%、23.53%和6.76%。因此可以看出,在社会保障支出中占了绝大部分比例的是对个人和家庭的补助支出,各年度人员支出和公用支出所占的比例从没有突破过50%,最多的是在2004年这两项所占的比例达到45.30%,仍然低于对个人和家庭的补助支出,此后随着对个人和家庭的补助支出的上升,这部分所占的比例一直呈上升趋势,四年中这项支出所占的比例分别达到了57.68%、54.70%、70.19%和90.69%。这说明在Y区社会保障支出中,养人的经费和用于办公的经费所占比例较小,大部分的钱是以对个人和家庭的补助支出的形式花出去了。

通过以上的这些分析发现Y区在社会保障财政支出方面的

一些特点,首先,近年来尤其是 2006 年,Y 区用于社会保障事业的财政支出增长幅度较大,经费投入有较大幅度的增加;其次,在 Y 区各年份用于社会保障事业的支出中,本级财政拨款占了实际支出的绝大多数,也就是说 Y 区社会保障对上级转移支付依赖度较低;最后,在整个社会保障支出结构中,人员支出和公用支出总量较小,所占比例有限,但是各年份间呈现出一定的波动情况,而对个人和家庭的补助支出占了整个社会保障支出的绝大部分,增长幅度明显高于其他两项支出。

3. 支出相对规模

前面是对 Y 区社会保障财政支出的概况和结构的表述,那么要知道这样的支出规模和结构在全国处于什么样的水平,就需要将这两者进行比较分析,因此我们将全国平均水平作为参照系,同 Y 区的社会保障财政支出情况进行对比。我们选取了人均社会保障支出作为指标来将全国和 Y 区的情况进行比较,表 4-18、表 4-19 反映的是从 2003 年至 2006 年全国和 Y 区人均社会保障支出及其占人均财政支出的比重。

表 4-18 全国和 Y 区人均社会保障支出

年 份	全国人均社会保障支出		Y 区人均社会保障支出	
	支出数额(元)	增长率(%)	支出数额(元)	增长率(%)
2003	205.52	—	27.44	—
2004	239.72	16.64	29.60	7.87
2005	282.65	17.91	45.66	54.26
2006	331.83	17.40	173.82	280.68

资料来源:根据 2003 年至 2006 年《Y 区财政总决算报表》及历年《中国统计年鉴》整理计算而得。

表 4-19 全国和 Y 区人均社会保障支出占人均财政支出比例

(单位:%)

年 份	全国比例	Y 区比例
2003	10.77	3.78
2004	10.94	3.75
2005	10.89	3.50
2006	10.79	9.14

资料来源:根据 2003 年至 2006 年《Y 区财政总决算报表》及历年《中国统计年鉴》整理计算而得。

从全国和 Y 区人均社会保障支出可以看出,全国人均社会保障支出从 2003 年的 205.52 元上升到 2006 年的 331.81 元,增幅为 61%,增加了 126.29 元;Y 区人均社会保障支出从 2003 年的 27.44 元上升到 2006 年的 173.82 元,增幅为 533%,增加了 146.38 元,增幅高于全国同期增幅 4.72 倍。在增长率方面,全国人均社会保障支出增长率保持比较稳定的上升趋势,增幅较为平稳,而 Y 区人均社会保障支出增长率波动幅度较大,呈现出急速上升的趋势。从人均社会保障支出占人均财政支出的比例来看,全国的比例水平比较稳定,四年间维持在 10% 左右的水平,变化幅度没有超过 0.2%,而反观 Y 区这一比例则从 2003 年的 3.78% 猛增至 2006 年的 9.14%。

从以上分析我们可以看出,从人均水平来看,Y 区人均社会保障支出经费的充裕程度远远弱于全国人均社会保障支出经费充裕程度,但是从 2005 年开始,Y 区的人均社会保障支出经费呈现出急速上升的趋势,同期全国人均社会保障支出经费上升趋势较为平稳,因此,Y 区的人均社会保障支出增长率同全国相比呈现出较大的波动状态。从人均社会保障支出占人均财政支出的比例来看,Y 区的人均社会保障支出占人均财政支出的比例呈现出明显的上升趋势;尤其在2006年,这一比例从此前的3.50%猛增至9.14%,这说明Y区人均社会保障支出的增长幅度近年来较同期其他项目人均财政支出的增长幅度要高,从而使得人均社会保障支出所占的比例呈现出急速上升的趋势;而同期全国的这一比例则变化不大,始终保持较为稳定的水平,说明全国人均社会保障支出的增长幅度基本上与全国同期其他项目人均财政支出的增长幅度能够保持一致。

(三)支出政策

前面分析了Y区社会保障财政支出结构近年来的变化情况,从财政数据的变化中我们可以看出Y区对社会保障财政投入的重视程度日益提高,这种提高一方面可以理解为在新农村建设过程中,民众对社会保障这类基本公共服务的需求不断提高,地方政府面对这种需要以及由这种需要带来的新情况、新问题作出主动的回应;另一方面也可以理解为基层地方政府的这些行为是在中央和高层级地方政府的主导下进行的。

下面我们通过五保供养的情况来考察其行为逻辑,Y区的五保供养管理办法是根据《湖北省农村五保供养工作规定》[①]制定并执行的,从这一规定中对供养经费筹集的说明可以看出,[②]湖北省

---

① 参见《湖北省农村五保供养工作规定》,2006年。

② 五保供养所需经费和实物,应当按规定标准从村提留或者从乡统筹费中列支。在有集体经营项目的地方,可以从集体经营的收入、集体企业上交的利润中列支。五保供养经费和实物由乡、民族乡、镇统一筹集,农村经济经营管理机构收取后交乡、民族乡、镇民政办公室统一管理。乡、民族乡、镇民政办公室对统一筹集的五保供养经费和实物,应当建立严格的管理制度,按时足额发放,并定期公布账目,接受乡、民族乡、镇人民政府和上级主管部门的监督检查。对从其他渠道筹集的款物,应当用于五保供养事业,严禁挪作他用。

出台的关于五保供养的政策实际上是将筹资责任下放到区和以下层级的地方政府,在压力型体制下,Y区这样的低层级地方政府并没有同上级政府讨价还价的余地,对于这些政策规定只能执行,这也在客观上造成了Y区加大了对社会保障方面的支出。①

与此相类似的是Y区对农村特困户救助和对农村孤儿救助的规定实际上都是由上级政府出台政策,Y区在此基础上制定政策予以落实执行,其核心是这些社会保障支出项目的财政分担责任,实际上都是在中央主导下对这些社会保障项目投入专项资金,而地方对专项资金进行配套,这些政策客观上造成了地方政府在中央政策的驱使下,加大了对中央重点支出的项目的投资,也正是在中央不断加大对社会保障财政投入的背景下,才有了Y区近年来在社会保障方面财政支出的急剧增长情况。在调研的过程中,我们深刻地体会到,对于这些政策,从地方民众和官员来讲都是支持的,问题的关键就在于这些政策的落实情况,以及相关的资金和配套政策的情况,不然这些政策的出发点虽好,却有可能无法落到实处。②

五、专项资金支出

由于地区间经济发展水平的差异和中央政府对地方政府行为的监管,在政府间财政收支结构上,通常中央政府的财政收入大于其财政支出,而地方政府的财政支出大于其财政收入,地方政府由此出现的财政收支缺口通过中央政府的财政转移支付获得补偿。转移支付制度成为财政管理体制中平衡地区间财力差异和实现中央政府宏观调控措施的重要制度。转移支付的种类可简单划分为

---

① 调研录音资料:Rlyc070613p.1。
② 调研录音资料:Rfxz070614a.1。

有条件拨款和无条件拨款,其中有条件拨款是地方政府必须按照中央政府指定的用途来使用这些拨款,同时需要地方政府提供相应的配套资金,专款专用,以此保证特定项目的有效运行。当前,我国政府间有条件转移支付主要为专项资金支出项目,中央财政依据行业种类分别提供分门别类的专项资金,要求地方政府在提供相应配套资金的前提下使用专项资金,在促进地方经济社会发展的同时体现了中央政府的宏观调控行为。在专项资金构成中,涉农专项资金占有较大的比重。

当前学术界关于涉农财政专项资金支出的研究主要体现在以下方面:

第一,从财政支农结构与农业 GDP 相关性分析财政支农专项资金结构优化。王金秀研究提出[①]:(1)支援农业生产支出和农业事业费的产出弹性为 1.079,这说明财政支援农业生产支出和农业事业费增加 1 元能使当年农业 GDP 增加 1.079 元,增加农业生产和农业事业费对当年农业 GDP 增长作用非常显著。(2)农业基本建设费对当年农业 GDP 的产出弹性为 －0.335。这说明财政对农业基本建设费增加 1 元却会使当年农业 GDP 减少 0.335 元,增加农业基本建设费与增加当年农业 GDP 呈负相关。(3)农村救济费对当年农业 GDP 的产出弹性为 0.285,说明财政对农村救济增加 1 元能使当年农业 GDP 增加 0.285 元,增加农村救济费对增加当年农业 GDP 效果比较显著。(4)农业科技三项费用占财政用于农业支出总额比重过低,同时研究也显示,财政农业科技三项费用

---

① 王金秀:"财政支农最优结构与效率",《中国国情国力》2007 年第 9 期,第 38 页。

支出对增加农业 GDP 影响不大。在提出上述观点的基础上,王金秀提出了财政支农资金的政策选择:加大对农业的财政投入,将农业事业费用由养人变为做事;以公共需要为标准,增加农业公共产品供给,加大对农业基本建设的投入,加快农村社会保障制度建设,构建和谐社会,提高农村劳动力素质,为提升科技对农业发展的贡献夯实基础;增加农业生产性支出,推进农业现代化,健全农业支持补贴制度,确保粮食安全,加大对农机设备的补贴范围和力度,加快农业机械化进程,加大对生猪生产投入力度,解决人们吃肉贵的难题。

第二,财政支农专项资金运作中存在的问题[①]:1. 制定农业专项资金预算时缺乏一定的科学依据。农业专项的资金拨付(特殊情况除外),一般都是由基层单位编制年度预算,提出资金使用计划。但由于在编制预算时缺乏可行性分析和确实可行的预算依据,无法全面分析某种项目的社会效益和经济效益,有时为了争取资金而盲目地立项,从而造成支农专项资金的损失与浪费,达不到预期效果。2. 支农专项资金的管理方面存在严重漏洞。由于支农专项资金所涉及的使用对象具有部门多、范围广的特点,使资金不能最大限度地发挥其有效功能,缺少整体意识和观念。由于资金的安排在规定上比较笼统,使资金使用上存在着制约性差、不严密

---

① 参见李国安:"农业专项资金管理亟待解决的几个问题",《农村经济》2006 年第 1 期,第 73 页;张萍:"农业专项资金使用中存在的问题及对策",《财会研究》2006 年第 10 期,第 69 页;吴开宇:"关于加强农业专项资金监管的思考",《中国农业会计》2007 年第 10 期,第 35 页;邢西珍:"应加强农业专项资金管理",《中国农业会计》2007 年第 10 期,第 45 页;段景田:"加强财政专项资金管理的几点建议",《中国农业会计》2008 年第 1 期,第 26 页。

的现实,使大量的支农专项资金不能专款专用。3.支农专项资金存在着挪用和挤占的情况。由于支农专项资金和正常经费在一个账户上,各种违纪的现象易于发生,如农业专项最易被人员经费和公用经费等占用。4.资金拨付层次多,时间长,影响项目效益。在现行体制下,农业资金性质复杂,概括起来表现为"三多"。一是资金来源渠道多,有中央的、省、地(市)的,还有县、乡、村项目配套的;二是资金类别多,既有财政资金,也有单位、个体、农民自筹资金以及金融政策贷款和其他引进资金;三是项目分布广、散,实施单位分布县、乡、村、组,项目涉及农、林、水、交通、种养殖、基础设施建设。

第三,针对财政支农专项资金绩效考评存在的问题,构建绩效考评机制。[①] 问题主要体现在缺乏有效的项目前期绩效评价,考评的总结性多于约束性,考评时间过于集中,不能贯穿项目全过程,缺少考评后的跟踪问效制度,对项目的长期效益缺乏客观的评价。主要问题有:整个财政专项资金绩效考评体系动态性不足;在对社会效益考评中量化指标不足;未建立起与资金使用单位上级主管部门相互关联的机制。构建绩效考评机制主要涉及:绩效考评总体路径与指标体系规划、明确绩效目标、选择绩效考评对象、制定考评程序、应用考评结果、赋予绩效责任者更大的预算自主权、发挥财务部门在绩效考评中的作用。同时加强专项资金使用中的审计监督,提高资金使用效率。在财政支农专项资金运作中

[①] 参见姜东升:"财政专项资金绩效动态考评初探",《统计与决策》2006年第7期,第136页;刘建堂:"对专项资金绩效考评几个问题的探究",《中国农业会计》2007年第9期,第13页;魏平英:"农业专项资金效益审计亟待解决的几个问题",《中国农业会计》2005年第8期,第38页;王新奇:"农业专项资金效益审计研究",《财会通讯(综合版)》2007年第11期,第57页;刘菊香:"加强专项资金管理提高资金使用效益",《中国农业会计》2007年第11期,第44页。

优化支出结构、建立绩效考评机制、加强审计监督非常重要,但对涉农专项资金从种类上具体分析其绩效及政府间的支出结构演变也不可忽视。

(一)财政涉农专项资金拨付

专项资金的来源主要为高端政府的转移支付补助。当前财政支农专项资金种类繁多,数目庞大,Y 区财政局所列专项资金数目达 70 多种,其中 61 项支出涉及三农。近年来,Y 区在涉农支出上不断加大投入,在积极争取上级政府资金支持的同时,积极整合财政支农资金,创新财政支农方式。由于财政支农专项资金数额庞大,因此采取项目运作形式,实行专款专用,封闭运行,杜绝挪用专项资金行为,保证资金能够真正用于农村经济社会发展。表 4-20、表 4-21 反映了 Y 区 2006 年和 2007 年涉农主要专项资金的基本情况。

表 4-20 2006 年 Y 区财政专项资金统计表

资金名称	省厅分配金额(万元)	下拨金额(万元)	总户数(户)
"福星工程"资金	18	18	6
百镇千村补助资金	101	101	8
柴油化肥综合直补资金	371	371.18	100 907
群众大病医疗救助资金	34	119.62	626
地质灾害搬迁避让资金	73.92	0	0
扶贫专项资金	124	167	73
耕地占补开发复垦资金	302	138.71	9
粮食直接补贴资金	394	394.11	104 219
粮油精深加工贴息资金	17	17	1
良种补贴资金	231	240.62	82 726

续表

资金名称	省厅分配金额（万元）	下拨金额（万元）	总户数（户）
农村五保户供养资金	29	237.67	5 471
计生家庭奖励补助资金	70	86.28	1 438
特困户救助资金	93	113.7	15 071
分散供养孤儿救助资金	31	23.92	216
劳动力转移培训资金	59	68.78	3 555
农村适龄青年婚检资金	14	0.04	8
税费改革转移支付资金	1 504	1 828.25	166
农村文化设施建设资金	20	23	16
义务教育政策转移支付	189	189	24
综合改革以钱养事资金	201	801.23	434
农机购机补贴资金	49	49	268
产业化经营项目资金	240	743.55	6
土地治理项目资金	560	318.85	15
取消农业特产转移支付	2 899	2 899	35
省定贫困村补助资金	32	32	32
水土保持生态保护补助	16	16	2
退耕还林补助资金	279	254.14	34 198
退耕还林粮食补助资金	2 778.3	2 668.45	34 198
晚血病人补助资金	1	1	2
优势农产品板块资金	65	65	5
自然灾害生活补助资金	33	142.01	11 074

注：由于专项资金的拨付存在时间上的间隔，也就是说同一项专项资金可能会分别在不同时段进行拨付，这里的统计表中将不同时间段拨付的款项金额进行了加总。

表 4-21　2007 年 Y 区财政专项资金统计表

资 金 名 称	省厅分配金额（万元）	下拨金额（万元）	总户数（户）
百镇千村补助资金	127	0	—
柴油化肥综合直补资金	867	866.68	103 494
群众大病医疗救助资金	91	94.5	468
扶贫专项资金	299	169	1
耕地占补开发复垦资金	365	56.4	1
粮食风险基金配套	275	34.02	1
粮食直接补贴资金	394	393.71	103 778
粮油精深加工贴息资金	27	27	1
良种补贴资金	230	230.15	63 871
能繁母猪补贴资金	159	170.99	21 630
农村五保户供养资金	29	254.88	6 343
计生家庭奖励补助资金	76	101.1	1 685
特困户救助资金	263	319	15 725
分散供养孤儿救助资金	31	8.7	116
农村改水资金	343	532.6	1
农村劳动力转移培训资金	88	6	2 298
农村适龄青年婚检资金	20	0	—
税费改革转移支付资金	1 324	2 041.29	140
新型合作医疗补助资金	1 127	1 140.86	81 052
义务教育公用经费补助	110	204.4	160
义务教育免杂费资金	986	969.73	160
农村校舍维修补助资金	838	271	26
免费教材补寄宿生活费	157	359.63	23 274
综合改革以钱养事资金	397	662.28	550
农机购机补贴资金	84	127.73	704

续表

资金名称	省厅分配金额（万元）	下拨金额（万元）	总户数（户）
农田水利设施建设资金	70	0	—
产业化经营项目资金	735	600	2
土地治理项目资金	405	77.5	5
取消农业特产转移支付	2 899	2 899	120
省定贫困村补助资金	32	32	32
水土保持生态保护补助	20		—
退耕还林补助资金	267	0	
退耕还林粮食补助资金	2 700.6	0	
晚血病人补助资金	1	0	
优势农产品板块资金	150	80	3
自然灾害生活补助资金	419	227.68	2 906

从表 4-20、表 4-21 中不难看出，Y 区涉农专项资金种类繁多，在这些名目繁多的专项资金中，可以总结为以下几项内容：第一，农村社会发展，包括扶贫资金、救灾救济资金、农村贫困与五保供给资金的筹集与管理；第二，农业经济发展，包括农田水利开发资金、防汛抗旱、农技推广资金、农业综合开发、粮种补贴、退耕还林、农业生产资料补贴等专项资金的筹集与管理；第三，农村基础设施建设资金筹集与管理；第四，农村公共服务供给，包括安全饮水、科技文化、义务教育、医疗卫生等专项资金筹集与管理；第五，农村基层组织建设，包括以钱养事、村组建设等资金的筹集与管理；第六，农村税费改革，包括税费改革转移支付和取消农业税及除烟叶外特产税转移支付。

(二) 涉农专项资金支出

根据这一分类标准，我们对 Y 区 2006 年和 2007 年主要涉农专项资金进行分类统计。[①] 首先来看 2006 年的情况，根据表 4-20 所列出的内容，该年度涉农专项资金主要项目为 31 项，其中涉及农村社会发展的项目为 7 项，涉及农业经济发展的项目为 13 项，涉及农村基础设施和农村基层组织建设的项目各为 1 项，涉及公共服务的项目为 7 项，涉及税费改革的项目为 2 项。再看涉农专项资金的数额，2006 年，Y 区主要涉农专项资金数额达到了 10 828 万元，其中农村社会发展资金为 360 万元，农业经济发展资金为 5 376 万元，公共服务资金为 387 万元，税费改革资金为 4 403 万元，农村基础设施和农村基层组织建设分别为 101 万元和 201 万元。研究发现，上级对 Y 区的涉农专项资金中的绝大部分是用于农业经济发展和税费改革，这两项占该区 2006 年主要涉农专项资金的比例分别高达 49.85% 和 40.66%，远远高于其他几项，可见中央和省级政府专项资金的重点是在这两个项目上。

再来看 2007 年的情况，该区 2007 年的主要涉农专项资金为 37 项，比 2006 年多，但是这主要是因为在义务教育等方面的专项资金进行进一步的细分，根据义务教育经费保障机制改革中的规定细分为若干资金，而不是笼统地称为义务教育专项资金。在这 37 项专项资金中，涉及农村社会发展的项目为 6 项，涉及农业经济发展的项目为 15 项，涉及农村基础设施和农村基层组织建设的项目各为 1 项，涉及公共服务的项目为 12 项，涉及税费改革的项

[①] 统计数据的过程中我们对小数点后一位数字进行了四舍五入的处理。

目为2项。在涉农专项资金的数额方面,2007年Y区主要涉农专项资金为16 665万元,其中农村社会发展资金为1 073万元,农业经济发展资金为6 749万元,公共服务资金为4 096万元,税费改革资金为4 223万元,农村基础设施和农村基层组织建设分别为127万元和397万元。与2006年相比,2007年Y区的公共服务专项资金得到了大幅度增加,农业经济发展、税费改革和农村公共服务的专项资金在整个专项资金中所占的比例分别为40.50%、25.34%和24.58%。

图4-17、图4-18反映了2006年和2007年Y区的主要涉农专项资金中不同项目的投入量以及所占比例的变化情况。通过图表并结合前部分的描述,发现Y区涉农专项资金投入主要集中在农业经济发展和农村税费改革上,2006年和2007年这两项支出的数额虽然有所变化,但是绝对投入量相对于其他几项明显高出很多,成为整个涉农专项资金的重点所在。因为专项资金在促进地

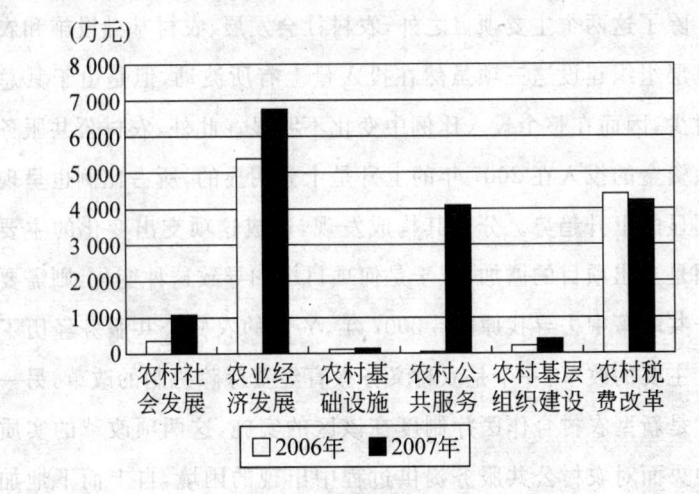

图4-17　Y区涉农专项资金分项投入

238 地方财政与治理能力

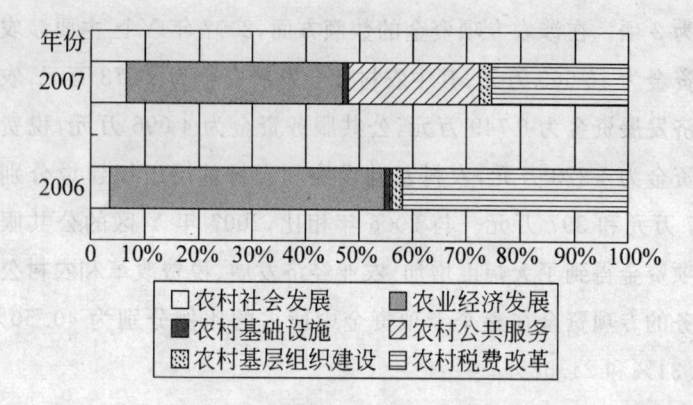

图 4-18 Y 区涉农专项资金分项投入比例

图例：农村社会发展、农业经济发展、农村基础设施、农村公共服务、农村基层组织建设、农村税费改革

方经济社会发展的同时还要体现中央政府的宏观调控行为,农业经济发展是实施新农村建设战略的关键,自然成为中央和省级专项资金投入的重点,而税费改革专项资金则是因为税费改革对基层政府本身的财力冲击过大,中央为保证其运转必须进行转移支付。除了这两个主要项目之外,农村社会发展、农村基础设施和农村基层组织建设这三项虽然在投入量上有所波动,但是由于其总量过少,因而在整个投入比例中变化不明显。此外,农村公共服务专项资金的投入在 2007 年的上升是十分明显的,所占比例也呈现出明显的上升趋势。分析其构成发现,造成这项支出变化的主要原因是支出项目的增加,至于是何项目增加导致这种变化,则需要到公共政策中去寻找原因。2007 年,Y 区的农村公共服务经历了两个主要的改革,一个是农村义务教育经费保障机制的改革,另一个就是新型农村合作医疗制度在该区的实施,这两项改革的实质是中央面对农村公共服务提供过程中出现的困境,自上而下地加大了对公共服务的投入力度,通过专项资金的方式并要求地方对

其予以配套,加大投入力度,这些政策的变化是导致结构变化的根本原因。正是这两项改革,使得中央和省级政府加大了对Y区公共服务方面的专项资金的支持力度,使得该区的涉农专项资金结构呈现出明显的变化。实际上,近年来Y区的支农专项资金一直是呈上升趋势的,这一点通过访谈也为相关的负责人所证实,但是除了总量上的投入,这些资金的投入方式和结构也起了非常重要的作用,这也正是被访谈者反复跟我们强调的:"支农资金投入主要是通过激活机制增加各种支农资金,加大对农村投入,确保农村预算支出按比例增长。这几年都是呈增长趋势,2004年支农资金2 113万,省、中央专款1 000多万。但是最主要的问题就是改革后支农资金过于分散,专项资金、支农资金,不利于资金集中使用,达不到预期的使用效果。"①

第三节 民众服务需求

前文分析了Y区对于不同项目公共服务的财政支出及其结构情况,也研究了各项公共服务财政制度的变迁过程,从回应性、时效性、公正性和投入度等四个维度主要对Y区公共服务的贯彻力进行了讨论。在此基础上,我们还应看到,公共服务不仅仅是一个资源投放的过程,而且是一个复杂的系统工程,还涉及公共服务的对应性问题和普及度问题。那么,Y区提供的公共服务的对应性和普及度到底怎么样呢?恐怕只有深处其中、能直接体会到这些服务的当地民众的感受才是最重要的指标,因此,这部分内容是

---

① 调研录音资料:Rlgl050717a.1。

基于对Y区公共服务的统计问卷结果进行的分析,从这个角度用民众需求的指标来衡量其公共服务的对应性和普及度。

从Y区财政对公共服务的投入度和公共服务的普及度来看,确实是呈现出上升发展的势头,但是这仅仅是从统计学的角度对数字和指标进行分析,并不能将公共服务的绩效完全体现出来。①事实上,衡量公共服务绩效最重要也是其最终目的的一个指标是对民众需求的满足度,简单来说,地方政府提供的公共服务是面向公众的需要的,虽然地方政府加大了对某项公共服务的投入度,提高了这项公共服务的普及度,但是这项公共服务是否是民众最为迫切需要的呢?如果这项公共服务并不是民众最为需要的,那么这项公共服务投入度和普及度的提高并不能作为其绩效良好的证据。因此,对公共服务绩效考评最重要的考评指标是公共服务同民众需要之间的对应性以及这种对应性的高低,这就需要我们从民众需求的角度来考察公共服务的绩效。同时,通过民众对需求的反应反观财政支出结构是否与民众需求相吻合,以此考察政府的花费中有多大的比例是用于满足民众的需求,进而为政府以后的花费提供参考及目标导向。

由于Y区的农业人口占绝大多数,公共服务所面向的对象主要为农民,因此这种民众需求实际上就是农民对公共服务的需求,

---

① 中国人民大学毛寿龙教授针对2004年国家人事部中国政府绩效评估课题组推出的一套适用于中国地方政府绩效评估的指标体系指出,更为重要的是在制度上完善政府绩效评估,他还认为,在绩效考评的问题上,无论用什么样的指标都没有"群众是否高兴和满意"这个指标实在,因此,应该让民意作为地方政府绩效评估的最重要的考核指标。http://unn.people.com.cn/GB/14748/3275207.html。

其考核的指标也就是公共服务对于农民需求的满足度。为了解农民对公共服务需求的满足度，我们于2005年8月对Y区农民和部分乡镇干部进行了问卷调查。农民需求问卷共发放问卷3 419份，回收问卷3 400份。在3 400份问卷中，农民与村干部占到了73.85%，县乡公务员为2%，教师为10.6%，乡镇站所/服务中心职工为1.1%；在收入中没有打工收入的为26.94%，打工收入占到一半及以上的比例为29.21%，而有打工收入但不到收入一半的则占41.59%。① 鉴于回收问卷中有近3/4为农民及村干部，因而以下的分析就基于农民与村干部填写的问卷，共计2 511份。

在教育方面，绝大多数(89.04%)愿意为子女的教育花钱，而且更高的比例(89.32%)愿意在子女接受完义务教育后，继续读书(普通高中、职业中专、职业高中或成人教育)，即使是在外打工家庭中，也不忘子女的教育问题，况且在外打工增加收入的主要目的之一就是为了让子女接受更好的教育，89.37%的家庭子女或是跟随父母到打工地接受教育或是由父母寄钱在家里接受教育，对教育的需求是持久的、永恒的。即使不做调查，其教育需求大体上也是人所共知的，而体现在政府教育支出上，无论从数量上还是其所占比重上，都是基本公共服务几项支出中最高的。

在医疗卫生方面，对"目前农民最大的困难是没钱看病"这一观点：67.70%有点同意或完全同意，仅有5.81%的比例非常不同意；对政府组织农民搞农村合作医疗的态度上，60.10%认为有些作用或作用很大，然而仍有20.71%的比例认为没有什么作用或完全没有作用；有49.22%的农民及村干部认为搞医疗合作包大病

---

① 问卷中该题目的不规范填写和无作答比例比例近2.3%。

治疗好,只是小病无法纳入,靠自己治疗。而且对小病,有71.88%的选择村里或周围的个体诊所,面对大病,56.95%的农民及村干部选择了县、市大医院,而无论是面对大病还是小病,都有超过1/5(分别是21.74%与22.18%)的人数选择了乡镇卫生院,表明加强乡镇卫生院建设具有重要意义。在调查农民究竟需要哪些医疗服务时,我们将设置的选项分别与"无选择"构成一道问题,问卷情况分别为:认为"县、乡院医生经常下乡指导和检查"比例占到了43.01%,需要"建立农民的医疗保障、防止无钱看病"的比例为55.56%,认为"村里建医务室,方便治小病"占到了48.98%,而且"对农村医生搞培训,提高其医务水平"占到了48.86%,而需要"农民联合搞合作医疗、国家提供支持、农民互相帮助"的比例仅为32.54%;在面对农民的医疗服务需求时应将村医务室的建设及其医生的培训工作放在与加强乡镇卫生院建设并重的地位。2005年后医疗卫生支出大幅增长,然而面对超过3/5的农民完全同意或有点同意"目前农民最大的困难是没钱看病"这一调查结果,医疗卫生支出占财政一般预算支出的比重显得偏低,没钱看病仍然是农民中的主流观点,而且合作医疗与医疗保障对于农民来讲是不同的两个概念。在合作医疗工作的推进中,要真正了解农民对于合作医疗与医疗保障的不同看法,从农民需求的角度上探索合作医疗的完善之路。

在社会保障方面,对解决养老问题的方式上,有66.15%的农民及村干部认为政府应修建老人福利院,赡养孤寡老人。64.87%的农民认为养老应由政府出面及五保户的供养应由县财政及以上层级政府财政出钱。面对如此迫切的民众需求,2005年后社会保障支出表现出明显的增长形势,2006年的社会保障支出已是2003

第四章 民生财政与服务能力

年的6倍有余,其占财政一般预算支出的比重也由3%快速上升至12%,成为基本公共服务支出中仅次于教育支出的一项。

在文化事业方面,有15.85%的比例认为农村中最缺的是政府拨付的文化事业经费,有54.20%的农民认为农村中最缺的是能干的带头人或领头办事的文化组织,认为文化设施是农村中最缺的占到了12.78%;这就说明了农民对公共文化的需求,要有人组织,要有组织介入,而且在农民对农村公共文化的需求上,钱还不是主要的问题。

在涉农专项服务中,表现出如下需求状态。第一,在农业生产中遇到病虫害等问题,有72.76%选择根据自己的经验解决及询问其他有经验的村民,而只有15.09%选择找县、乡农技站和农技员解决,这表明Y区一般的种植业还是传统型的,技术含量不高。第二,在获取农业新品种信息的渠道方面,只有16.57%选择从县、乡农技站和农技员那里获取,有75.19%的农民或村干部选择了新闻媒体的广告、种子公司的宣传及听其他有经验的农民介绍,这表明现代传媒对农民有较大影响,可以跨越空间和政府层级的信息传递。第三,在购买良种的方式上,只有3.58%的比例选择县、乡农技站组织统一购买,72.28%的农民还是自己到市场购买,说明市场经济对农民的生产具有较大影响,农民愿意承担风险。第四,在"农民解决农业生产技术问题的情况"方面,我们设置了"听天由命"、"想获得科学的帮助但是没有门路"、"政府的农技服务站没有发挥什么作用"、"农民一般各顾各的"四种情况。每种情况分别与"无选择"构成一道问题,共4道。其结果是选择上述四种情况的比例分别为25.49%、45.32%、37.79%与53.05%,这表明农民需求的多样化和自主性。第五,在解决农业技术问题的最好方式上，有56.31%选择县、乡农技站的农技人员主动下来帮助农民解决问题或县、乡政府要组织农技人员为农民服务，这表明，作为公共服务的重要方面，是单个农民无法解决的。第六，在对家庭牲畜防病防疫的解决方式上，有60.25%选择自己想办法解决或向其他有经验的农民请教，只有9.80%选择了县、乡畜牧部门组织兽医定期进行技术服务，而且有将近一半的农民(49.82%)非常不满意或不太满意该村的牲畜防病防疫情况。并不是农民不需要，而是相关技术人员缺乏解决问题的技能，农民没有信任感。由上述问卷调查我们可以发现，农民或村干部对于农业技术方面的需求并没有得到很好的满足：一方面，有56.21%的农民希望县、乡农技站的农技人员主动下来帮助农民解决问题或县、乡政府组织农技人员为农民服务；但另一方面，却有三成到四成的农民想获得帮助但没有门路并认为政府的农技服务站没有发挥什么作用，而且只有不到1/5的农民在遇到病虫害问题、获取农业新品种信息及购买良种时选择找县、乡农技站及农技员。这两方面既可以看做是一对矛盾也可以看做是前因后果。总之，从农民问卷调查结果看，农民在农业技术方面的需求并没有很好地得到满足。与此同时，2005年前后政府财政在支农支出方面的情况如表4-22所示。

表4-22　Y区支农支出

年份	支农支出(万元)	支农支出比重(%)	支农支出年增长率(%)
2003	4 439	11.08	—
2004	4 291	9.85	−3.33
2005	5 535	10.46	28.99
2006	6 366	8.79	15.01

注：支农支出含农业支出、林业支出与水利和气象支出。

从表 4-22 中可以看出,支农支出在总体上呈现增长的态势,但是其占政府财政一般预算支出的比重却两度跌破 10%,而且其年增长率也呈现出增长逐渐趋缓的态势。这就在很大程度上说明,Y 区政府在民众的农业生产需求方面不断增大对农技的支出,进而不断满足民众在此方面的需求;但相比民众需求,支农支出无论是从数量上还是其占政府财政支出的比重上看,还是有很大的增长空间的。

地方政府对当地民众需求的满足程度决定了其被认可和接受的程度,当地方民众的需求得不到满足的时候,可能会引发地方治理危机,所以,要考察地方政府的治理能力和其治理危机时的反应能力,首先必须从地方民众需求入手来看他们对地方政府的信任程度。在县、乡政府作用方面,农民的回答情况如下。第一,关于农业税取消后县、乡政府的主要工作,我们仍然将所设置选项分别与"无选择"构成一道问题,共 9 道。其情况是:认为"进行乡村道路、农田水利建设等公共建设"占到了最高比例(63.52%),是农业税取消后县、乡政府的主要工作;而认为"办理上级政府交办的事项"所占比例最低(22.19%),比例不到半数的选项还有"发展文化、教育、卫生事业"(47.71%)、"保障农民民主权益和经济利益"(41.82%)、"贯彻和执行党和国家在农村的各项方针、政策"(46.28%)、"计划生育"(35.96%);而超过半数的选项则有"社会治安、维护社会秩序"(51.81%)、"发展经济、招商引资"(54.56%)及"为农民提供农业技术、信息等公共服务"(53.60%)。第二,关于县、乡政府应该为农民提供哪些服务,我们的做法同上,其情况是:认为是"农业适用技术"的比例最高,达到了 72.88%;比例超过半数的选项还有"农产品市场信息"(63.84%)、"帮助农民调整产业结构"(52.45%)及"卫生、医疗、防疫等服务"(52.57%);而比例最低的为"组织农民生产合作"(23.66%),不到半数的选项还有"农资产品"(34.81%)、"务工信息"(36.52%)、"公共安全"(37.36%)及"组织农民外出务工"(35.36%)。第三,在司法方面,有75.07%的农民非常赞成或有点赞成矛盾纠纷能私下解决的尽量不打官司;而77.74%的农民认为公安司法机关人员从来没有到他们村开展过普法活动,每年开展1次也仅占16.29%的比例。从以上的问卷调查结果不难得知:从农民的需求角度讲,县、乡政府涉农领域的工作及其提供的服务是农民需求的焦点与重点。而从农民对取消农业税后县、乡政府主要工作的认识中,政府自身的运作并非农民需求中所关心的,而且大多数农民尽量不去打官司,同时农民司法意识淡薄,普法宣传的力度亟待加强。政府财政中支农支出的低比重相比基本公共服务支出与民众需求还存在较大的差距;而且在上文中也分析了比重较高且不断增长的行政支出相对于民众来讲隐含着不断增长的政府本身运行的成本负担,在面对民众对政府主要工作的认知上,在保持国家政权正常运转的情况下,行政支出在用途上还与民众需求有一定的差距。从民众需求的角度讲,Y区财政中的支农支出以及乡村基础公共设施上要加大投入;其行政支出在维持政府正常运转的前提下,在现有基础上仍要加大基本公共服务的支出特别是前文中提到的几项比重较低的支出,使政府财政支出真正做到"取之于民,用之于民"。

从Y区问卷统计的情况中不难看出,Y区在向农民提供服务方面的绩效同农民的实际需求还存在较大的差距,同时,由于农民的需求情况并不是单一的、固定的,这就客观上要求地方政府能够及时对农民的需求作出回应,而在这方面,Y区提供服务的数量和水平以及变化情况是跟不上当地农民需求的变化情况的。这就使得地方政府的治理很难进入一种良性互动的状态。但是，反过来说，正是因为当地政府在满足农民需求方面还存在一定的问题，这也在一定程度上促使地方政府从自身出发，转变其治理方式，提高治理能力。

任何政治统治的存在都必须以人民的认可和接受为前提，即具有合法性。作为国家政权组成部分的地方政府，其合法性的基础来自意识形态基础、制度基础、有效性基础三个方面，但是考虑到地方政府直接面对地方公众，其合法性一方面来源于中央政府的授权，更重要的是来自于地方民众的认同，这也就意味着地方民众对于地方政府的支撑是其存在合法性的最重要的基础。在这个意义上可以说，地方政府化解治理危机的核心内容就是获得地方民众对政府的支持和信任，而取得民众对于政府的这种信任的根基就在于政府向民众提供充足、高效的服务，只有当政府提供的服务能够满足民众的需要并且有助于保护其权益时，这种信任才有可能达成，政府与民众之间的良性互动才有可能实现。

第四节 公共服务绩效

在实践中，政府的运行过程是由投入—管理—产出—结果四个环节所组成的，其提供公共服务的过程也是如此。要全面、有效地考察其提供公共服务的绩效，必须按照其活动的逻辑顺序，逐一考察各个环节中的运行状况，从而挑选最为合适的绩效指标。

同时，公共服务是一个多投入、多产出的生产系统，其绩效评估涉及的指标众多，只有在充分考虑这些指标的基础上，才能对公共服务的结果和质量作出准确的评价。这就决定了对公共服务的绩效评估必须对其指标进行分解,在设计指标体系时,由于一些指标本身具有不可测性,可以将这些指标分解成若干个子指标,从而形成结构合理的递阶结构。指标的第一层即目标层指标为综合评价;指标的第二层因素层指标为分类评价指标;第三层子指标层指标为单项评价指标。一般而言,单项评价指标具有结构单一、简明可辨、容易测量等特征。

Y区作为基层地方政府,其主要职能是提供公众需要的公共服务,结合此前我们对该区主要基本公共服务支出结构的描述,对该区公共服务绩效评估的指标体系就由教育绩效指标、医疗卫生绩效指标、社会保障绩效指标、农村文化绩效指标和农业相关支出[①]绩效指标这五大分类评估指标构成(见表4-23)。

教育绩效指标包括:教育事业费占GDP的比重、在校学生每百人拥有专任教师数、中小学入学率[②]。教育事业费占GDP的比重的变化情况突出反映了该地方政府对教育事业的投入力度;在校学生每百人拥有专任教师数反映了该地方教育资源和设施的情况;中小学入学率在一定程度上反映出该地方政府用于教育方面的财政支出带来的效果所具有的普及性。

医疗卫生绩效指标包括:医疗卫生支出占GDP的比重、每万人拥有病床数、每万人拥有卫生技术人员数。其中医疗卫生支出占GDP的比重反映了该地方政府对医疗卫生事业的投入程度;而每万人拥有的病床数和卫生技术人员数则反映了该地区医疗卫生

---

① 这里的农业相关支出包括农业支出、林业支出、水利和气象支出。
② 这里的中小学入学率是取小学入学率和中学入学率的算术平均值。

方面的物质资源和人力资源情况。

表 4-23 公共服务绩效评估指标构成

综合评估指标	分类评估指标	单项评估指标	计算方式
地方政府公共服务绩效	教育绩效指标	教育事业费占GDP的比重	$\frac{教育事业费}{GDP} \times 100\%$
		在校学生每百人拥有专任教师数	$\frac{专任教师总人数}{在校学生总人数} \times 100$
		中小学入学率	(小学入学率+中学入学率)/2
	医疗卫生绩效指标	医疗卫生支出占GDP的比重	$\frac{医疗卫生支出}{GDP} \times 100\%$
		每万人拥有病床数	$\frac{当年该地区病床总数}{年末总人口数} \times 10\,000$
		每万人拥有卫生技术人员数	$\frac{当年该地区卫生技术人员总数}{年末总人口数} \times 10\,000$
	社会保障绩效指标	社会保障支出占GDP的比重	$\frac{社会保障支出}{GDP} \times 100\%$
		基本养老保险参加人数	—
		基本医疗保险参加人数	
	农村文化绩效指标	农村文化支出占GDP的比重	$\frac{农村文化支出}{GDP} \times 100\%$
		人均公共图书馆藏书量	$\frac{当年该地区公共图书馆藏书量}{年末总人口数}$
		人均公共图书借阅次数	$\frac{当年该地区公共图书借阅次数}{年末总人口数}$
	农业相关支出绩效指标	农业相关支出占GDP的比重	$\frac{农业相关支出}{GDP} \times 100\%$

社会保障绩效指标包括:社会保障支出占 GDP 的比重、基本养老保险参加人数、基本医疗保险参加人数。当前,我国正处在社会保障体制转轨和制度改革时期,很多项目的统计信息和统计口径并没有完全建立和统一起来,给地方政府社会保障绩效指标的选择带来了困难。这里我们选择了以上三个指标以期反映地方政府在社会保障方面的财政投入力度以及财政投入的普及情况。

农村文化绩效指标包括:农村文化支出占 GDP 的比重、人均公共图书馆藏书量、人均公共图书借阅次数。农村文化支出占 GDP 的比重反映出地方政府在农村文化建设方面的投入情况;人均公共图书馆藏书量是反映地方政府在指导、规划地方文化设施建设方面的工作成绩;人均公共图书借阅次数则反映了地方政府提供的文化设施的使用频率和普及度。

农业相关支出绩效指标有:农业相关支出占 GDP 的比重。

根据上文中设计的公共服务绩效评估指标体系并结合 Y 区 2003 年至 2006 年的统计数据,经过计算得出结果见表 4-24。

表 4-24 中的指标数据基本上反映出了 2003 年至 2006 年 Y 区在提供公共服务方面的基本情况,如前所述,这些指标的设计是从不同的角度来反映 Y 区提供公共服务方面的绩效,遵循的核心内容是投入和产出,实际上是考评 Y 区对公共服务的投入度和这种投入所带来的效果主要是其普及程度,这里主要从这两个方面对这些公共服务的指标进行分析。

对于投入度,可以简单地理解为地方政府在某项公共服务上所花费的财政支出,根据上述指标,实际上指的就是 Y 区在这五类基本公共服务方面的财政拨款,主要涉及各项支出占当年 GDP 的比重关系。从中抽取这五项指标,我们可以发现 Y 区从 2003 年

表 4-24　Y 区公共服务绩效评估指标

分类评估指标	单项评估指标	2003 年	2004 年	2005 年	2006 年
教育绩效指标	教育事业费占 GDP 的比重(%)	1.29	1.33	1.78	1.64
	在校学生每百人拥有专任教师数(人)	6.23	6.59	7.16	7.35
	中小学入学率(%)	99.45	99.80	99.90	100
医疗卫生绩效指标	医疗卫生支出占 GDP 的比重(%)	0.36	0.26	0.36	0.35
	每万人拥有病床数(张)	16.79	17.19	14.14	15.27
	每万人拥有卫生技术人员数(人)	23.85	26.50	28.87	28.39
社会保障绩效指标	社会保障支出占 GDP 的比重(%)	0.20	0.19	0.37	1.20
	基本养老保险参加人数(人)	29 924	31 025	43 200	45 400
	基本医疗保险参加人数(人)	25 688	33 133	40 300	39 600
农村文化绩效指标	农村文化支出占 GDP 的比重(%)	0.14	0.15	0.20	0.24
	人均公共图书馆藏书量(册)	0.20	0.20	0.25	0.25
	人均公共图书借阅次数(次)	0.13	0.14	0.29	0.29
农业相关支出绩效指标	农业相关支出占 GDP 的比重(%)	0.63	0.53	0.87	0.85

资料来源：Y 区统计局，2003 年至 2006 年《Y 区统计公报》。

至 2006 年的财政支出在五项公共服务中，除了医疗卫生事业支出以外均有较为明显的增长，无论是从财政投入的总量还是其财政投入占 GDP 的比重来说都呈现出上升的趋势(见图 4-19、图 4-20)。

从图 4-19、图 4-20 可以看出，从总的趋势来看，在 Y 区 2003 年至 2006 年用于基本公共服务方面的财政投入中，各个项目的投入量都是增长了的，其中教育经费支出从 2003 年的 9 136 万元增

252　地方财政与治理能力

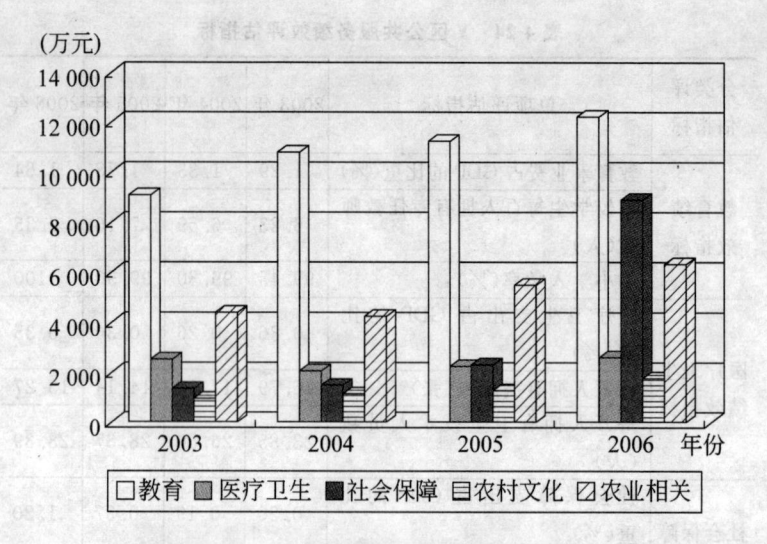

图 4-19　Y 区五项主要公共服务财政支出

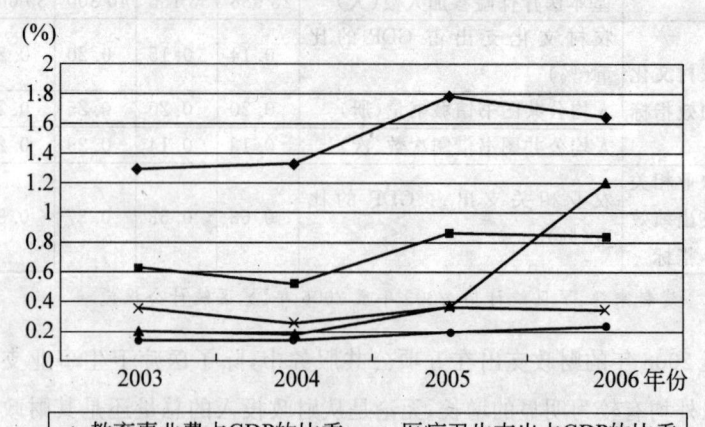

图 4-20　Y 区五项主要公共服务财政支出占 GDP 的比重

长到 2006 年的 12 277 万元,医疗卫生支出从 2003 年的 2 563 万元增长到 2006 年的 2 639 万元,社会保障支出从 2003 年的 1 412 万元增长到 2006 年的 8 969 万元,农村文化支出从 2003 年的 988 万元增长到 2006 年的 1 802 万元,应该说除了医疗卫生这一项以外,其他几项基本公共服务财政支出的增长幅度是较大的。与此同时,这些经费支出占 GDP 的比例也是上升了的,教育经费支出从 2003 年的 1.29% 上升到 2006 年的 1.64%,社会保障支出从 2003 年的 0.20% 上升到 2006 年的 1.20%,农村文化支出从 2003 年的 0.14% 上升到 2006 年的 0.24%,而农业相关支出则从 2003 年的 0.63% 上升到 2006 年的 0.85%。也就是说这几项基本公共服务的投入方面的增长速度是高于同期 GDP 的增长速度的。而医疗卫生方面的财政支出变化幅度不大,其占当年 GDP 的比重也始终维持在一个比较稳定的水平,这就意味着 Y 区在其他几项基本公共服务方面的投入度要高于在医疗卫生方面的投入度。在中央政府的政策向农村基本公共服务均等化这个目标倾斜的背景下,地方政府对与基本公共服务均等化这个目标相关的指标加大财政投入的力度的行为,一方面可以理解为地方政府面对当地民众需要的变化作出的主动转变,另一方面也可以理解为地方政府对中央政策的一种回应,客观上反映了地方政府对中央政策的执行情况,至少从投入总量的角度来说,地方政府是顺应了中央政府的政策取向,将本级财政向基本公共服务方面作出了一定的倾斜。

Y 区在基本公共服务方面加大了财政投入的力度,那么这种财政投入的变化对其服务的效果带来了什么样的影响呢?这里主要从这些公共服务的普及度及其质量来考察。

在主要公共服务项目中的关于普及度和质量的指标数值中，除了每万人拥有的病床数这一项指标以外，其他指标均是呈上升趋势的，这也就是说伴随着地方政府在这几项公共服务方面财政投入力度的逐年加大，其效果是明显的，其中在校学生每百人拥有教师数从 2003 年的 6.23 上升到 2006 年的 7.35，中小学入学率从 2003 年的 99.45% 上升到 2006 年的 100%，每万人拥有的卫生技术人员数从 2003 年的 23.85 上升到 2006 年的 28.39，参加基本养老保险和基本医疗保险的人数分别从 2003 年的 29 924 人、25 688 人上升到 2006 年的 45 400、39 600 人，人均公共图书馆藏书量从 2003 年的 0.20 本上升到 2006 年的 0.25 本，而人均公共图书借阅次数则从 2003 年的 0.13 次上升到 2006 年的 0.29 次，虽然每万人拥有的病床数从 16.79 张下降到 15.27 张，但是从整体的情况来看，这些指标的变化是正向的。这也就是说 Y 区用于公共服务方面财政投入的变化确实对其公共服务的普及度和质量带来了一定程度的提高，这两者之间呈现出正相关的关系。

通过上文的分析，我们不难看出 Y 区在提供基本公共服务绩效方面的一些特点，首先是在基本公共服务的投入方面，地方财政确实是向这些项目倾斜，增加了财政资金的投入量，而且投入增长幅度要高于同期 GDP 的增长幅度；其次，增加了的财政投入确实对这些基本公共服务的普及起到了一定的效果，从统计数据层面来看，地方政府提供的这些基本公共服务的质量和普及度确实有所提高；此外，Y 区加大了对基本公共服务的投入，这些投入也确实对各项公共服务产生了一定的积极效应。

第四章 民生财政与服务能力

第五节 服务能力评价

前文我们在详细分析了Y区在公共服务方面财政投入的基础上,通过设计相关指标对该区的公共服务绩效进行考评,对当前Y区的公共服务绩效进行了评估,并通过对其公共服务财政支出结构和财政制度变迁以及当地民众需求的问卷分析,初步讨论了该区在公共服务方面的对应性、贯彻力和普及度等相关指标情况。那么Y区在提供公共服务方面的绩效是否达到了其应有的水平呢?这就需要在评估其公共服务绩效的基础上,对地方政府公共服务能力进行进一步的论证和评估。

地方政府公共服务能力指地方政府在自身经济条件和财政资源约束下,在一定的公共支出偏好影响下所应该提供的合理公共服务数量。我们不难看出地方政府公共服务能力实际上是一个多层次的系统工程,它受到诸多因素的影响。这就需要我们在评估地方政府公共服务绩效的基础上,引入当地的经济发展水平和地方政府财政收入情况等条件和资源约束,并对地方政府公共支出偏好等多方面的因素进行综合考察,从而确定地方政府当下所具备的公共服务能力以及在这些限制条件下所应该具备的公共服务能力。

地方政府的公共服务提供能力受经济发展、制度环境、政府行为模式等多方因素共同影响。这些影响因素涉及当地经济发展水平、当地政府的财政支出规模、当地政府公共服务提供的行政及制度效率,以及当地政府对公共服务支出的相对偏好。综合来看,这些影响因素主要包括以下几类:一是公共服务能力的经济因素——当地经济发展水平。因为当地经济发展水平是地方政府提供公共服务的经济基础，同时公共服务提供能力也会在一定程度上影响当地的经济发展水平。二是公共服务能力的财政因素——当地财政收入水平和支出相对规模。公共服务的投入直接依赖于一定的公共资源，地方政府从当地经济发展中汲取资源的能力是其向当地提供公共服务能力的前提。三是公共服务能力的制度因素——地方政府行政和制度效率。这是因为作为公共服务提供主体的地方政府有其自身的组织模式和运行方式，而这种组织模式和运行方式效率的高低，会直接决定地方政府的工作绩效，对公共服务能力产生影响。四是公共服务能力的主观偏好因素——地方政府对公共服务支出的相对偏好。地方政府从当地汲取了财政资源后，在对资源的投放上可以有不同的选择，在这样的背景下，地方政府是将资金投放到经济建设领域还是公共服务领域也就是地方政府的财政支出相对偏好，就会对其公共服务能力产生明显的影响。其中，经济发展水平、财政收入水平和支出相对规模是制约公共服务提供的客观条件，政府行政及制度效率和公共支出偏好是政府自身对公共服务提供的影响。

由于对地方政府的公共服务能力的考察是一项系统工程，仅仅通过前文对公共服务的分项目分析和表达，并不能体现一个地区整体的公共服务能力，而通过问卷反映的也仅仅是当下民众对于地方政府提供公共服务的满意情况，也不能作为其公共服务能力的唯一考察标准，因此，要分析和判断Y区提供公共服务的能力，就需要从其公共服务的经济因素、财政因素、制度因素和主观偏好因素四个角度出发，综合起来对其服务能力进行衡量。需要指出的是，这四个主要因素是判断地方政府公共服务能力的核心因素，但是这些因

第四章 民生财政与服务能力

素并不能直接作为我们考察地方政府公共服务的影响因素从而作出判断,这就需要以这四个因素为基础,对影响公共服务能力的因素建立相关指标,通过指标来对其公共服务能力进行判断。

分析 Y 区公共服务能力需要相关指标来辅助,但是由于地方政府行政和制度效率指标难以获得和量化,而 Y 区作为县级行政单位同其他同级单位在行政体制制度安排上基本一致,因此,我们只引入经济因素、财政因素和主观偏好因素作为影响 Y 区公共服务能力的解释变量,至于制度因素可以从第二章"财政关系与制度变迁"中获得部分感知。在这里,我们选择 Y 区人均公共服务支出来反映 Y 区提供公共服务的水平,通过对影响 Y 区提供公共服务水平的相关因素进行分析,进而对其公共服务能力进行判断,并为如何才能提高公共服务能力提供依据;选择 Y 区的人均 GDP 来反映 Y 区公共服务能力的经济因素,这主要是因为人均 GDP 是衡量区域内经济发展水平的最主要指标之一;选择 Y 区的财政自给率和财政支出相对规模来反映 Y 区公共服务能力的财政因素,其中,财政自给率是本级财政收入占财政支出的比重,而财政支出相对规模是本级财政支出占当地 GDP 的比重,前者反映了地方财政的状况,而后者反映了地方财政从当地经济发展中的汲取能力;选择 Y 区公共服务支出占财政支出的比重来反映地方政府财政支出中的主观偏好因素。这里需要指出的是,我们使用的公共服务支出是对教育支出、医疗卫生支出、社会保障支出、文化支出和农业相关支出进行加总后得到的。这里的社会保障支出为抚恤和社会福利救济费、行政事业单位离退休经费、社会保障支出三项之和;文化支出为文体广播事业费;农业相关支出为农业支出、林业支出、水利和气象支出三项之和。这里的各项指标设计,主要是基于前文中对 Y 区各项主要公共服务财政支出基本情况的统计数据,由于这几项主要的公共服务支出占了 Y 区公共服务投入的绝大部分,因此,我们将汇总后的结果作为 Y 区整个公共服务的财政支出情况来进行分析。

根据前述指标设计,我们将 Y 区 1997 年至 2007 年相关方面的统计数据①进行计算得出 Y 区人均公共服务支出、人均 GDP、财政自给率、财政支出相对规模和公共服务支出占财政支出的比重五项指标。其中人均 GDP、财政自给率、财政支出相对规模和公共服务支出占财政支出的比重四项作为自变量,分别为 x_1、x_2、x_3、x_4,同时取人均公共服务支出作为因变量 y,结果如表 4-25、表 4-26、表 4-27、表 4-28 所示:

表 4-25 变量输入/剔除[b]

模型	输入变量	剔除变量	方法
1	公共服务支出占财政支出的比重,财政自给率,人均 GDP,财政支出占 GDP 的比重[a]	无	输入

注:(a)所有要求的自变量都被输入;
(b)因变量:人均公共服务支出。

表 4-26 模型 1 回归结果汇总

模型	相关系数 R	确定系数 R^2	调整确定系数 R^2	估计值的标准误差
1	0.983[a]	0.967	0.944	49.263 07

注:(a)预测因子:(常数项),公共服务支出占财政支出的比重,财政自给率,人均 GDP,财政支出占 GDP 的比重。

---

① 参见 1997 年至 2007 年 Y 区国民经济和社会发展统计公报及相关年份 Y 区财政总决算报表。

表 4-27 方差分析[b]

模型		平方和	自由度 df	均方和	方差检验 F 值	显著性水平
1	回归项	422 691.550	4	105 672.887	43.543	0.000[a]
	残差	14 561.098	6	2 426.850		
	合计	437 252.647	10			

注:(a)预测因子:(常数项),公共服务支出占财政支出的比重,财政自给率,人均 GDP,财政支出占 GDP 的比重;

(b)因变量:人均公共服务支出。

表 4-28 相关系数表[a]

模型		非标准化系数		标准化系数	t 值	显著性水平
		B	标准误差	Beta	B	标准误差
1	(常量项)	−876.467	338.480		−2.589	0.041
	人均 GDP	0.035	0.009	0.490	3.956	0.007
	财政自给率	4.015	2.421	0.315	1.658	0.148
	财政支出占 GDP 的比重	56.599	12.366	0.937	4.577	0.004
	公共服务支出占财政支出的比重	4.046	4.396	0.107	0.920	0.393

注:(a)因变量:人均公共服务支出。

从表 4-28 可得知回归估计方程式为:

$$y = -876.467 + 0.035x_1 + 4.015x_2 + 56.599x_3 + 4.046x_4 \langle 1 \rangle ①$$

$$(0.009) \quad (2.421) \quad (12.366) \quad (4.396) ②$$

我们使用 p 值检定法对其进行检验,在这里我们设定显著水

---

① 〈1〉式中的常数项与自变量回归系数均为非标准回归系数。

② 括号内的数字为非标准回归系数的标准误差。

平 $\alpha=0.05$。因此,$p_{x_1}=0.007<0.05$,$p_{x_2}=0.148>0.05$,$p_{x_3}=0.004<0.05$,$p_{x_4}=0.393>0.05$,由此可以看出,自变量中的财政自给率和公共服务支出占财政支出的比重两项在统计上不显著,即可以看做是这两项对人均公共服务支出没有影响;而只有人均GDP和财政支出占GDP的比重也就是财政支出相对规模这两项统计上显著,即人均GDP和财政支出相对规模对人均公共服务支出存在正影响。

在表4-26中,R^2——多元判定系数,即因变量中被所有自变量共同解释的变异量的比例①——为0.967,意为人均GDP变动有96.7%为所有自变量共同解释。这一结果是如何得出的呢?表4-27就显示了R^2为0.967的由来,即$R^2=422\,691.550/437\,252.647\approx 0.967$。在表4-28中可得知,四个自变量还各有一个标准系数(又称Beta系数),但是没有常数项,其解释力是以标准差为单位,"平均而言,当x每增加(或减少)一个标准差时,y就增加(或减少)Beta系数个标准差",而其在多元回归中的一个重要用途即为比较各个自变量影响力的大小。②

据此,我们又可得知回归估计方程式为:

$$y=0.490x_1+0.315x_2+0.937x_3+0.107x_4 \quad \langle 2\rangle ③$$

从〈2〉式中可以明显地看出,这四项指标对人均公共服务支出都产生着正影响。其中财政支出占GDP比重的Beta系数最大,

---

① 王德育:《政治学定量分析入门》,北京:中国人民大学出版社2007年版,第213页。

② 王德育:《政治学定量分析入门》,北京:中国人民大学出版社2007年版,第170—171页、第212—213页。

③ 〈2〉式中自变量系数均为Beta系数。

人均 GDP 次之，排在后面两位的是财政自给率和公共服务支出占财政支出的比重。由此可以看出，在人均公共服务支出（即公共服务水平）的相关影响因素中，财政支出占 GDP 的比重对人均公共服务支出的影响力居首位，人均 GDP 次之，财政自给率居第三位，而公共服务支出占财政支出的比重排在最后。结合此前我们对统计结果进行的 p 值检验可以发现，在统计上显著的两项指标——财政支出占 GDP 的比重和人均 GDP 这两项在 Beta 系数中也表现为影响力最大的两项，而在统计上不显著的两项指标——财政自给率和公共服务支出在 Beta 系数中所表现出来的影响力也相对较弱。从这个意义上说，是财政因素中的地方财政支出相对规模和经济因素即地方经济发展水平对 Y 区所提供的公共服务水平起了重要的作用，要提高该区公共服务的水平进而提高其公共服务能力，就需要加大在这两个项目上的投入，也就是说要提高地方经济发展水平、扩大地方财政支出的相对规模。

我们将统计结果与现实相结合进行分析，研究发现，统计结果中所指出的对地方政府公共服务能力影响最大的两个指标实际上也是当前地方政府热衷于提高的两项指标。一方面，在仍以 GDP 为主要政绩考核指标的背景下，地方政府官员政绩观是以代表当地经济发展水平的 GDP 指标为重，也就是说地方政府官员为实现其政绩而着力提高 GDP 指标的过程中，实际上也对地方政府公共服务能力的提高起了相当重要的作用；而在另一方面，随着地方经济社会的发展，地方政府会产生扩大其财政能力的冲动，加强从地方经济发展中的汲取能力，这种冲动和能力实际上造成了地方政府获得了更多的财政收入，而财政支出的规模也不断扩大，地方财政支出占 GDP 的比重不断提高，客观上也符合提高地方政府公共

262 地方财政与治理能力

服务能力的指标要求。

此外,对于统计结果上不显著的两项指标又作何理解呢?就财政自给率而言,不难发现在实际中,虽然Y区的财政自给率呈现出不断下降的趋势,但是分析其原因可以看出,导致这种下降的最主要原因并不是因为该区的财政收入大幅度下滑,反而是因为该区财政支出的大幅度上升。从1997年至2007年,Y区的一般预算收入从13 988万元上升到39 128万元,也就是说其财政收入是呈上升趋势的。而同期Y区的财政支出则从22 255万元增至118 929万元。可见决定该区公共服务能力的财政支出能力并没有因为财政自给率的下降而受到削弱,这也就解释了为什么财政自给率这项指标的变化在统计结果中对公共服务能力的影响并不显著。那么为什么反映地方政府财政支出偏好的指标在统计结构中也不显著呢?这同现实中中央和地方各级政府为了提高公共服务能力而加大对公共服务的投入的情况是不是背道而驰呢?实际上,在辖区内人口规模一定的情况下,公共服务投入的加大必然导致人均公共服务支出的增长,从而提高地方政府公共服务能力。但是,在这里我们使用的地方政府财政支出偏好的指标是公共服务支出同整个财政支出的一个比值,也就是说虽然Y区用于公共服务方面的财政投入在不断上升,但是同期用于其他方面的财政投入也获得了相应的增长,这就使得反映地方政府财政支出偏好的这一指标在统计结果上并不能对其公共服务能力产生显著的影响,这也就是为什么在中央和地方的政策导向是加大对公共服务的投入力度的情况下,地方政府财政支出偏好却并不是影响其公共服务能力最主要因素的原因。

因而,通过Y区的统计数据分析,就会得出这样的结论:一方面,理论上认为提高当地人均 GDP 和当地财政支出占 GDP 的比重将有利于该区公共服务能力的提高,在实际中受到政绩考核和扩大财政能力冲动影响的地方政府和官员确实是提高了这两个指标,客观上有利于提高其公共服务能力;另一方面,虽然加大对公共服务的财政投入有利于提高公共服务能力,但由于其他财政支出的加大,这并没有使得地方政府的财政支出偏好发生太大的变化,而没有发生太大变化的财政支出偏好同理论上的不显著统计结果也是相符的。

前文我们对 Y 区的公共服务进行了绩效评估,指出了该区在提供基本公共服务方面所呈现出来的特点,必须指出的是,这些财政投入数据和绩效统计数据的变化实际上是对该区的公共服务绩效的直观反映,但是并没有指明这些变化发生的原因。我们在考察任何财政支出和结构变化的时候都不能忽略的一个核心问题就是导致这种变化发生的政策、制度上的变迁。正是这种政策和制度的变迁对地方政府施加了影响,而地方政府基于这种影响对自身的财政支出结构进行了调整,从而对整个公共服务的绩效产生了一系列的影响。县级政府作为中央政策的落脚点和执行者,其在提供地方公共服务方面绩效的变化实际上就是一种对中央政策的回应,通过对这种绩效的考评,既可以看到地方政府在公共服务方面工作的成效,也可以体现出地方政府对中央政策的执行情况。

从这个意义上说,在以实现基本公共服务均等化为目标的背景下,正是由于中央在农村基本公共服务方面的政策变迁,加大了中央对 Y 区基本公共服务的投入力度,进而对 Y 区产生了相应的影响。这就客观上要求 Y 区调整本级的财政支出结构,加大对本辖区内基本公共服务的投入力度,从而对当地的基本公共服务绩效水平带来影响。然而,地方政府提供公共服务绩效水平的变化情况是否是按照中央政策的本意来进行的呢？这就需要对其过程进行详细的分析。首先从中央政策层面来看,为了提高农村基本公共服务的水平,中央先后在农村义务教育、医疗卫生、社会保障、农村文化等方面出台了一系列的相关政策文件,①从中央的政策来看,是希望通过这些政策文本改变当前对农村基本公共服务的投入情况,中央本身在加大对农村基本公共服务投入力度的同时,也要求地方政府(也就是个案中的Y区)承担起投入的责任,因此,中央的政策就对地方政府的行为产生影响,迫使其通过改变自身的财政支出结构来加大对农村基本公共服务的投入力度。那么,地方政府将财政资源投向基本公共服务以后,就涉及这些钱通过什么样的方式花出去、花在哪些方面的问题。

实际上,地方政府执行中央政策的过程也是表达其自身偏好的过程,在压力型的体制下,地方对中央的决策"讨价还价"的余地不大,这就意味着地方对中央的政策必须执行,在当前的政绩观背景下,地方政府官员在执行中央政策的过程中,很自然地将财政资源投放到容易产生政绩的项目上,当中央将项目限定在基本公共服务的情况下,财政资源也自然而然地倾向于那些易于产生政绩的考评指标上。这就不难理解我们此前描述的虽然Y区逐年加大了对农村文化的投入,但是农民却对这种投入不以为然,在他们

---

① 包括《国务院办公厅关于完善农村义务教育管理体制的通知》(国办发[2002]28号);《国务院深化农村义务教育经费保障机制改革的通知》(国办发[2005]43号);《关于进一步加强农村文化建设的意见》(中办发[2005]27号);《关于进一步加强农村卫生工作的决定》(中发[2002]13号)等。

看来当前农村文化最为迫切的还不是经费问题，而是缺乏人才和组织的介入来组织农村文化。但是两相比较，显然地方政府对文化财政投入的加大、兴建一些文化基础设施、购置一些公共图书这些更容易反映出地方政府官员的政绩的项目更为关心。这就不难理解为什么Y区加大了对基本公共服务的投入力度，各项基本公共服务的指标数值也有了明显的上升，但是从农民需求的角度来看，并没有得到最大限度的满足，财政投入没有同农民需求形成最大限度的契合，农民认为很多钱花在了没有用的地方上，而从地方政府和官员的角度来看，这些钱却又花在了最为值得的地方。在这样的情况下，地方政府对中央政策实际上是有选择地执行了，这种执行很难说是真正实现了中央制定相关政策的本意。当农民对中央政策有所认知，一旦发现与自己利益相关的相关政策在地方政府的实行过程中不到位或不落实，致使自己的利益受到损失，就会采取不合作的方式回应地方政府，这时地方政府就将面临风险危机。

第五章　财政风险与应急能力

在任何社会中,社会需求都具有无限性,而财政资源及政府供给能力都具有有限性。特别是随着现代化发展,人们的各种需求日益增加,地方政府财政的入不敷出使之处于财政紧缺与财政风险之中,正因如此,地方财政赤字和财政困难表现得非常突出,地方政府采取不少措施来应对这一系列风险。财政是政权的表现,财政危机和风险不仅造成政府管理危机、经济危机,也造成政治危机和社会危机。因此,在现代社会中,如何防范财政危机和风险,是各级政府普遍关注的问题。所有的社会风险都与财政具有直接或间接的相关性,财政风险会引起其他的风险增加,其他的风险也需要通过财政的途径来加以解决。

20世纪80年代以来,我国进入了体制转轨和社会转型时期,在这种"双重转型"的过程中,政治的合法性基础面临着从传统到现代的嬗变,也就是说各级政府的合法性基础在很大程度上转向"政绩合法性"。县级政府直接面对当地民众,其职能就是根据社会发展和民众需要提供公共服务,这种公共服务提供的有效与否在很大程度决定了县级政府的合法性,决定了县级政府的治理绩效。这就意味着当地民众需求的满足程度成为社会对县级政府支撑(信任度)的决定性因素。因此,只有当县级政府提供的社会服务能够满足当地民众的合理需要的情况下,县级政府的治理才有可能进入一种良性互动的状态；反之，在民众的合理需要得不到满足的情况下，就可能出现绕过县级政府向更高层级政府寻求需要的满足或者通过其他渠道将自身的需要表达出来，县级政府由此失去了民众的认同，从而引发县级治理的危机。

评判县级政府的应急反应能力，可以依据公共事件的预案制度设置、财政预备费、预备费的比率以及其他可调动的资源等指标。《中华人民共和国预算法》第32条规定，各级政府预算应当按照本级政府预算支出额的1％—3％设置预备费，用于当年预算执行中的自然灾害救灾开支及其他难以预见的特殊开支。Y区和很多县级政府一样，没有单列预备费，只是2005年说明预备费300万元，其余年份均是在预算报告中说"总预备费在预算执行中已列支到上述有关科目"。至于单独各项以及总体上按照什么标准，并未说明。这有几种可能：一是没有设置预备费，所列预算数全部用于实际开支，一旦有突发公共事件，下级政府或部门向上级政府申请相关经费或者想别的办法解决开支。二是单项预算支出中包含预备费，由各单位灵活掌握，这就给执行单位使用空间。其结果是要么不留预备费，全部用于正常开支，一旦遇到突发公共事件无法及时应对；要么多留预备费，使得正常开支不足，产生潜在风险。当然也不排除严格按照法律规定开支的可能，只是这种可能性较小。比如分乡镇2000年预算总支出是647.29万元，总预备费20.49万元，接近3％的比例，但2001年预算总支出837.57万元，总预备费2万元，波动性很大。

由于Y区财政预算支出中没有总预备费具体数据，无法通过预备费的绝对数量和相对数量来评价其应急反应能力。至于其他是否有可调动的资源也是一个不明显的指标。因此，这里先分析其财政结构风险和财政管理风险,进而考察应对突发公共事件的制度设置,在此基础上,分析其风险危机管理办法。

第一节 财政结构风险

在前面几章中分析了 Y 区的财政收支特点,这里是基于考察财政抗险能力的需要,再讨论相关问题。理论上讲,财政风险并无确切的时空限制,在地方财政的收入、支出以及管理运行过程中都有可能产生,所以这不是一个线性问题,而是一个系统反映。

从图 5-1、表 5-1 可以看出,Y 区的本级财政一般预算收支差距很大,除 2001 年外,2002—2007 年的支出均超过收入的 2 倍。如果没有其他资金来保持收支平衡,存在较大资金缺口是无法回避的事实,这表明存在的风险较大。

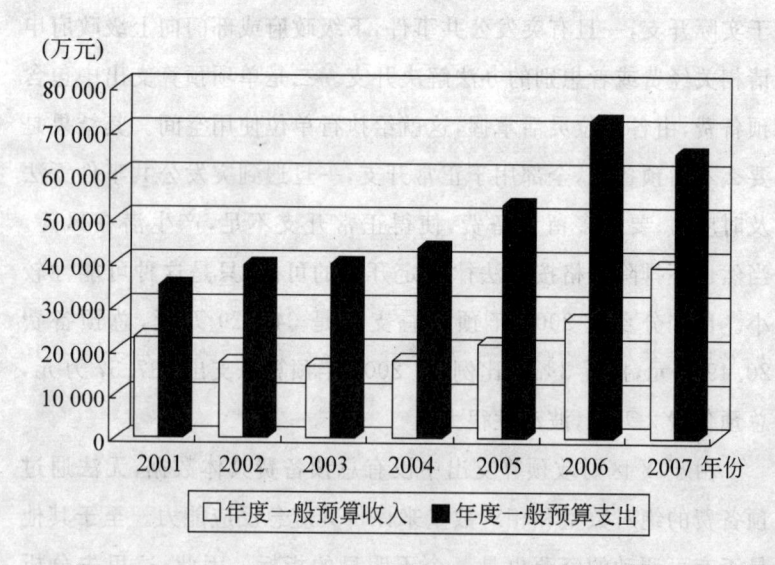

图 5-1 一般预算收支决算比较

表 5-1　Y区一般预算收支决算比较　（单位：万元）

	2001	2002	2003	2004	2005	2006	2007
年度收入	23 119	17 250	16 781	17 851	21 674	26 979	39 128
年度支出	35 023	39 735	40 049	43 575	52 927	72 433	65 057

表 5-2 反映，Y区一般预算财政收入的波动性较大，税收收入的质量和结构调整的空间较大，非税收入所占比例由2001年的不到1/5增至2007年的1/3，除专项收入平稳增长外，其余都处于非平稳性，特别是增值税、企业所得税、其他收入等大起大落，这说明基础财源不稳定。这种状态就充满着不确定性，潜伏着危机。

表 5-2　Y区本级财政一般预算收入决算　（单位：万元）

	2001	2002	2003	2004	2005	2006	2007
增值税	3 703	2 688	3 224	3 426	4 035	4 675	2 349
营业税	5 104	4 552	3 646	3 713	3 856	4 838	5 618
企业所得税	5 122	1 243	1 023	1 024	1 807	2 829	815
个人所得税	1 632	663	418	454	515	630	417
契税	109	127	349	543	604	1 110	3 085
行政收入	515	478	476	489	688	—	583
罚没收入	842	1 000	1 232	1 530	1 605	—	1 102
专项收入	590	641	611	711	735	1 340	1 570
其他收入	1 554	50	10	36	1 209	4 720	3 224

从表 5-3 中可以看出，支农支出在总体上呈现增长的态势，虽然其中有负增长率的出现，但是其占政府财政一般预算支出的比重却两度跌破10%，而且其年增长率也呈现出逐渐趋缓的态势。这就在很大程度上说明，Y区政府在面对民众在农业生产需求方面上，不断增大对农技的支出，进而不断满足民众在此方面的需求，但相比民众需求，支农支出无论是从数量上还是其占政府财政

支出的比重上看,还是有很大的增长空间的。

表 5-3　Y 区支农支出

年份	支农支出(万元)	支农支出比重(%)	支农支出增长率(%)
2003	4 439	11.08	—
2004	4 291	9.85	−3.33
2005	5 535	10.46	28.99
2006	6 366	8.79	15.01

注:1. 支农支出含农业支出、林业支出与水利和气象支出;

2. 支农支出比重为其占一般预算支出的比例。

从图 5-2 中可以直观看出,尽管有所增长,支农支出在整个财政支出中所占份额很少,而本级财政支农支出就更少了。支农支出的增长速度远远不及整个财政支出的增长速度,这就说明在有的方面财政支出增长速度一定超过整个财政支出增长速度。这从

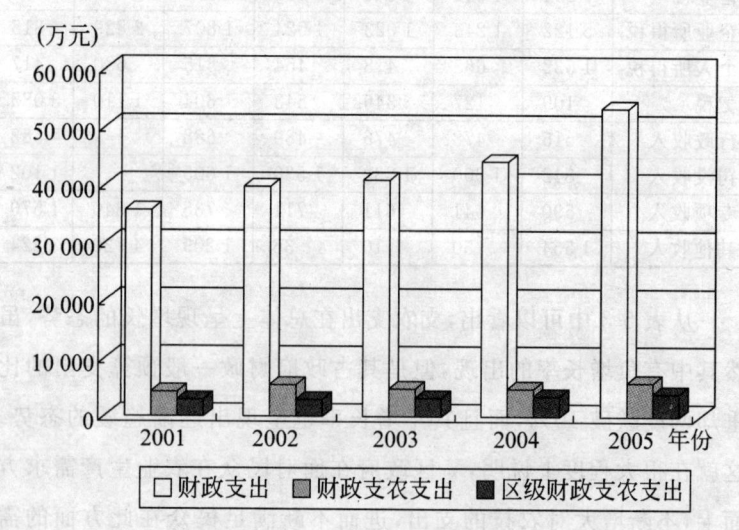

图 5-2　财政支出与支农支出

前面的收支结构与成本分析中可以了解详细情况。

从表 5-4 可以看出,教育支出、行管支出、农业支出、公检法司支出等几项占了地方财政支出的主要份额。结合前面的分析可以明白,这些较大份额的支出中,绝大部分用于人员工资与福利待遇,具有较强的刚性特征,用于生产性支出的份额较少。2006 年,农业支出和行管支出大幅降低,而"其他支出"呈现较大幅度的明显上升。这进一步证明生产性支出的减少。

表 5-4 Y 区一般预算部分支出项目比较 (单位:万元)

年份 项目	2003	2004	2005	2006
农业支出	2 841	3 293	4 826	2 168
林业支出	1 275	619	1 144	416
水利气象支出	323	379	467	386
文体广播支出	988	1 188	1 293	1 533
教育支出	9 138	10 828	11 317	12 010
医疗卫生支出	2 563	2 094	2 294	2 527
抚恤福利救济	997	1 120	1 478	779
社会保障支出	387	410	880	1 365
行管支出	6 227	8 035	9 037	7 300
公检法司	2 237	2 777	3 568	4 503
专项支出	763	1 061	2 029	902
其他支出	2 015	2 143	2 229	3 980

从表 5-5 能更清晰地看出财政支农的情况,原本财政支农资金在整个财政支出结构中所占份额较少,但实际上,这有限的预算也没有落到实处,没有落实到预算数额的一半。对于中部地区的一个县级单位而言,其财政状况和发展经济的重任决定了不可能将支出重点放在支农上面,换言之,县级财政支农支出预算的数额应该是该领域满足需求的底线。然而实际执行的额度远远达不到

这一底线,相关的需求得不到满足,自然会产生风险,不是显性的就会是隐性的。一旦由隐性风险转化为显性风险,政府就将付出更大的成本。

表 5-5　财政支农预算与实际执行情况（单位：万元）

项目	2004 年		2005 年		2006 年	
	预算数	实际执行数	预算数	实际执行数	预算数	实际执行数
科技三项费用	498	82	727	82	780	88
农业支出	3 293	2 805	4 826	3 087	4 492	3 175
林业支出	619	258	1 144	386	1 185	386
水利气象支出	379	365	467	420	689	395
文化广播事业费	1 188	535	1 293	575	620	620
教育支出	10 828	5 820	11 317	6 447	12 277	7 273
医疗卫生支出	2 094	863	2 294	1 023	2 639	1 420
抚恤和社会福利救济	1 120	79	1 478	118	1 531	145
政策性补助支出	311	242	524	275	468	275
支农总投入	20 330	11 049	24 070	12 413	24 681	13 777

资料来源：作者根据财政部门提供数据整理。

第二节　财政管理风险

财政结构失衡既是财政管理导致的结果,又会加大财政管理的风险。从 Y 区每年的经济社会发展公报和财政预决算审计报告可以看出，Y区存在着一定的风险，既有政策因素，也有人为原因。总体上存在下列问题：一是财源结构不合理，地方可用财力占财政总收入的比重仍然偏低，新上项目财政贡献尚不明显。二是由于上级财政出台政策性增支因素较多，本级配套支出压力增大，其支出结构性矛盾日益显现，财政平衡压力不断加大，资金调度十分困难。三是乡镇财政发展极不平衡，部分乡镇财政困难，自求平衡能力越来越弱。四是支持新农村建设措施有待进一步细化。五是预算约束、财政财务监督还有待进一步加强，财政专项资金的管理有待进一步规范。下面分年度考察Y区财政管理中存在的风险：

（一）2003年风险表现在以下四个方面：一是当年已将可以预见的财力全部安排了支出，全年预备费和预留不可预见费只有1 200多万元，而常年追加项目和解决单位公务费超支达2 000多万元，财政平衡压力增大。二是因财力问题，除行政机关、事业单位和教育部门的医保按工资总额的13%计算外，其他事业单位人员医保未能按6%进行补差。三是预算编制难以摆脱基数的困扰。旧的利益分配格局难以彻底打破，单位只想年年增加支出，对减少的支出往往意见较大。四是综合预算难以实施。单位征收的行政事业性收费收入所有权比较明晰，但使用权不变的观念根深蒂固，不能对预算实施统筹调控，以致部门之间苦乐不均问题未能从根本上得到解决，部门既得利益很难调整。

（二）2004年风险突出表现在两个方面：一是工业企业受外部环境和生产要素瓶颈制约，效益出现下滑。受市场竞争和市场需求的影响，部分工业产品产销率有所下降。由于资源环境的压力不断加大，土地、电力、工资等要素成本上升的趋势日益明显，从而造成企业的固定成本不断提高,企业主营业务利润上升空间有所缩小。在土地供应方面,国家实行项目申报、计划控制,新征项目用地的条件及控制更为严格,土地报批和项目建设周期长,项目征地、拆迁、安置补偿的难度也越来越大。在电力供应方面,保障能力脆弱,2004 年元月至 2 月,就拉闸限电 540 余次,累计限电 2 371 个小时,在很大程度上影响和制约了工业发展和项目建设。同时国家严格节能减排、区域限制措施的实施,也使该区新上工业项目面临着较大压力。全区 108 家规模工业企业上半年主营业务成本、营业费用同比分别增长了 29% 和 45%,劳动者工资同比增加 4 205 万元,增长 30.5%,利润总额同比减少 3 117 万元,下降 19.2%,亏损企业达 36 家,占全区规模工业企业总数的 33.3%,全区规模工业企业自身发展能力有所减弱。规模工业生产不够平衡,上半年全区规模工业产值同比净增 7.2 亿元,规模工业新投产项目完成工业产值 6.9 亿元,占全区规模工业产值净增总量的 95.8%,有 26 家企业产值同比下降,纺织行业产值大幅下降;规模工业增加值总量和增幅在全市范围内仍然偏低。发展后劲比较缺乏,工业项目与招商引资工作同比差距较大,新洽谈、新签约、新开工项目大幅减少,在建项目大多为续建项目,新开工大项目少,投资亿元以上新签约的项目只有德克电缆铜加工项目和 809 创意经济园 2 个,在谈投资过亿元项目也仅有 4 个,工业发展后劲显得不足;全区固定资产投资总量和增幅在全市范围内也不够理想。二是农业和农村抗灾害及风险能力脆弱,增产增收压力大。农业经济管理和技术推广服务队伍结构性矛盾突出,生猪蓝耳病和柑橘大实蝇、水稻稻飞虱等病虫害防控压力大,任务艰巨,农业技术服务体系特别是"以钱养事"新机制亟待健全和完善。上半年农资价格指数达110,同比上涨了10个百分点,其中幼禽家畜、饲料、种子价格分别上涨了38.9%、14.1%和12%,在一定程度上抵消了全年农民纯收入的增加。入夏以来,部分乡镇遭遇强暴雨袭击,农作物受灾面积6.2万亩,区乡道路毁损178.7公里,直接经济损失达1.2亿元。

(三) 2005年风险表现在以下三个方面:第一,经济结构不合理的矛盾依然存在。从财政收入结构上分析,主导Y区财力的仍然是资源型经济,即矿产经济。制造业发展很不平衡,除稻花香发展势头强劲以外,其他工业企业在发展规模、发展后劲和达产达效上存在不同程度的问题与差距,部分工业企业规模萎缩、效益下降。同时,第三产业发展速度不快,效益不够理想,除房地产业和建筑业发展势头较好外,旅游业、信息、商贸及服务业仍然存在"腿短"问题,这些问题的存在,导致了收入结构不优和收入质量偏低的财政现状。第二,财政收入与支出的矛盾依然存在。根据调查分析,Y区财政支出的压力将增大:政策性增资和规范津贴、补贴所需支出大大超过年初支出预算;灾情严重,抗灾所需资金远远超过年初支出预算;重点项目建设追加支出超出预算。因此,财政收支平衡的难度较大,资金调度比较困难,执行预算的难度较大。第三,财政预算约束和财政监督力度不够的问题依然存在。财政预算执行仍然存在控制不严的问题,支出追加较多,重点表现在零星指标追加,待安排专项资金指标追加和列收列支项目资金指标追加等方面。如不加以控制,支出预算将严重失控,同时,对政府性投资项目及资金的监管力度不够,部分政府投资项目执行合同不严,有些工程项目变更不按程序审批,存在随意性,财经违纪违规和损失浪费的现象比较突出。

（四）2006年审计局共审计建设资金10 450.34万元，核减工程支出造价1 103.42万元，存在工程决算违背合同约定，虚报工程量，抬高结算单价；建设单位管理不严，招投标流于形式，"挂靠"、"围标"、"串标"、"分包"现象突出，固定价格合同不固定，包干合同"包而不死"；政府投资建设项目没有统一的准入制度，没有统一的地方建材价格体系和造价标准，没有公开透明的竞争机制，造成政府投资损失浪费。同时，在财务管理上存在一系列问题，主要表现在：第一，计提业务费和奖励基金不够规范。宜昌鑫源投资公司2006年多提奖励基金8.41万元。区财政局从2005年、2006年预算外资金政府调控收入中计提业务费68.08万元。第二，预算内指标追加不够规范，有的部门追加支出没有严格按规定的程序审批。预算外资金的使用没有严格的预算指标控制，支出报批手续不够规范。第三，专项资金管理不够规范。比如，区财政局将区政府2004年安排的对口支援频振式杀虫灯专款结余资金48.68万元转入农业股"暂存款—其他"科目，到审计日止该资金未安排使用。拨付5万元矿产资源保护项目资金给无项目计划的黄花石灰石矿区，用于解决遗留问题。区财政局2006年按区发改局所列项目计划，将三峡库区水利专项资金拨付了20万元给项目外的黄牛岩生态林建设项目。区财政局从历年三峡库区水利专项结余资金中冲减2006年前拨辰丰甜橙苗圃基地5万元、计划局往来款项12.5万元。第四，退库管理不够规范。2006年12月，区财政局批准将国有土地使用权有偿使用收入退库1 100万元，冲减历年城建支出挂账。第五，财政资金管理不够规范，增加了财政资金安全风险。2000年，宜昌鑫源投资公司为湖北威陵集团股份有限公司提供贷款担保2 700万元，到期未还。2006年9月，咸宁市法院强制扣款149.72万元。宜昌鑫源投资公司2006年发放萧氏茶叶公司周转金50万元(2006年已全部收回)。第六,财政票据管理不够规范。区财政局内部股室存在转借票据的现象。区非税收入管理局对财政票据的管理不够规范,领销存管理及核销审查不严。

审计局2006年对区旅游局、区特产局、夷陵医院、区粮食局、区经济商务局、区卫生局、区安全监督局、区供销社、鸦鹊岭镇和区人才交流中心等10个单位主要负责人的经济责任进行了审计,审计调查单位57个,查出违纪违规金额4 049万元,主要存在下列问题:一是少数单位负责人追求部门及单位利益,乱收费、乱集资。2005年经济责任审计的10个单位中,有4个单位乱收费247万元。二是个别单位弄虚作假套取资金问题突出。如区供销社以安置职工、处理遗留为名出具虚假内容的报告获取土地出让金返还275.12万元,且将资金划转给相关房地产公司;区柑研所开具工程发票套取国债资金78.92万元。三是乡镇财政管理不规范,政府债务较重,政府举债和借出财政资金上项目的情况依然存在。初步统计截至2006年年底全区乡镇债务总额为3亿元,个别乡镇高达8 200万元。如鸦鹊岭镇在负债2 000多万元的情况下,用于上项目办企业占用财政资金1 700多万元,造成大量资金沉淀和损失。四是部分单位违反财经纪律,财务管理不规范,财务支出手续不全,无依据列支,设置"小金库",违规为企业担保,收入不纳入预算等。五是资产管理及处置不够规范。主要表现在资产入账不及时、账实不符、资产处置不够规范等问题。有的单位存在少计资产租赁收入和资产转让收入现象,大额资产处置不评估、不报批、自行处理,造成国有资产管理混乱和资产流失。

2006年,区审计局进行涉农专项资金审计,对三峡库区产业发展资金、民政农保资金、工业污染国债项目、沼气国债项目、国土资金进行了审计调查,涉及12个乡镇31个单位,发现两个方面的问题:第一,部分专项资金的立项不够科学规范。审计发现部分项目多头申报,资金投向分散,少数项目的立项以民营企业为主,未能发挥项目资金的整体效益和社会效益。如三峡库区产业发展基金2004年至2005年的35个项目共补助资金3 348万元,其中小于50万元的项目18个,占项目总数的51%,最小的项目3万元。部分项目资金未按程序报批,资金投入项目无计划,随意性大;项目公开透明度不够,不利于资金监管。第二,项目资金管理不够规范,挤占、挪用专款和滞留专款的问题尚未得到有效的遏制。2005年,区审计局对5项专项资金以及10个经济责任审计结果显示,专项资金被挤占、挪用的问题仍然存在,有6个单位挤占、挪用专项资金。

（五）2007年冰冻灾害、冰雹、暴风雨等自然灾害频繁发生,使Y区27.9万亩农作物、30万亩椪柑和15万亩茶园等不同程度受灾,直接经济损失达1.71亿元。其中椪柑与2006年相比减产90%,2007年新发展椪柑50%幼苗冻死,茶园30%幼苗冻死;从影响周期看,椪柑、茶叶的雪灾冻害恢复至少需要一年以上。蔬菜绝收面积3.08万亩,农村水电路等基础设施受灾也较严重。灾后重建投入大,乡镇、村、农户资金短缺。与此同时农民生产费用支出急速增长,与去年同期相比,化肥价格上涨46.9%,农药价格上涨17.4%,饲料价格上涨7.5%,仔猪价格上涨68.5%,农业生产资料价格的持续上涨直接影响部分农民的生产积极性,尤其是生猪养殖空栏户大幅增加,大户养殖意愿也出现下降,对畜牧业生产影响较大。据有关统计显示,上半年劳务收入增长缓慢,增幅仅为3.22%,外出打工收入更是大幅下降,降幅达到70.29%,实现全年增收目标的不确定性因素增多。

同时,产业升级和招商引资压力加大。收入增长主要依赖于资源型财源,招商引资企业提供的税收增长不快,有的反而呈直线下降。开发区规划和基础设施建设滞后,项目建设和招商引资的主平台作用还未显现。而且全区商贸服务业发展规划滞后,产业"腿短"问题较为突出,政策支持亟待加强。区级财力与事业发展、经济建设的需求还存在较大的差距,财政平衡的压力不断加大。财政管理上存在的风险不可避免:第一,应作未作预算收入2 078.21万元。其中:矿业价款收入412.08万元,公路管理费收入740万元,人防易地建设费9 318.64万元,国资收益420.31万元,利息收入176.8万元,罚没收入6.82万元,社会抚养费收入3.56万元。第二,应作未作政府性基金预算收入12 906.85万元。其中:土地出让金收入12 669.63万元,出租车出让金109.9万元,水利建设基金37.31万元,新墙体材料基金90.01万元。第三,欠拨各项财政资金22 580.29万元。一是各项专款和各单位经费结余17 169.47万元,列"一般预算支出"后转"预拨经费"科目挂账,结转下年;二是列"一般预算支出"后转预算暂存5 410.82万元。第四,地税部门存在滞留税款、非税收入和社保费问题。2007年年末共计滞留各项收入25 119.08万元。其中:未缴库税款23 452.31万元,非税收入435.79万元,社保费等资金1 230.98万元。第五,公务接待费支出过大。审计组对区财政局、区地税局、区劳动和社会保障局、区民政局、区发展和改革局、区教育局等6个部门2006年至2007年公务接待费进行了调查。6个单位开支公务接待费共计

918万元,占公用经费支出的22.74%,占经费支出的9.89%。按国家规定公务费2‰的公务接待费标准计算,超支837.34万元。同时还存在公务接待费列支渠道过多、票据不规范、审核把关不严格、挤占项目资金等问题。

区审计局2007年对区残联、区文化局、三斗坪镇、邓村乡、区劳动局、区教育局等单位主要负责人的经济责任进行了审计,涉及审计及审计调查单位45个,共查处各类违纪违规金额达4 223万元。第一,在去年经济责任审计的6个单位中,有3个单位违规设置"小金库"、账外账122.8万元;有4个单位挤占、挪用专项资金307.6万元;有2个单位违规向企业收取管理费、赞助费79.25万元;有2个单位向下属单位摊派资金、报销费用、占用车辆等共计676万元。第二,专项资金的相关配套资金落实存在困难,部分工程项目未能及时完工,如农村沼气建设国债项目配套资金有32万元未到位;农业综合开发项目省级配套资金到位较迟,影响工程施工进度。第三,企业财务管理不够规范。如托管的宜昌市夷陵水电公司少计提折旧831.76万元;招待费超支630.64万元;截留挪用城镇公用事业附加费33.5万元;擅自集资765万元;虚开工程发票套取现金支付费用54.23万元;少转国家资本金160万元。

2007年8月,Y区财政局局长召开会议,告诫各乡镇财政所所长目前存在的财政管理问题:"区局组成检查组对各乡镇财政所2006年财政财务情况进行了大检查,从检查的情况来看,问题还很多,有的问题还很严重,甚至犯有很低级的错误,这是我们没想到的。主要表现有:预算管理不规范。收入项目未按政策规定执行到位,少数乡镇政策性支出安排不到位,预算指标追加程序不合法,收支缺口大;挤占、滞留财政专项资金现象较多;财务监管不得力。在经贸办、农业办等非预算单位设置账簿,派出所在安保队列支费用等;票据管理不严。部分财政所存在串开、代开、超范围发放财政票据等问题。这些问题说明我们的财政监管只停留在口头上、制度上、表面上,没有很好地付出行动。"在2008年8月Y区财政局召开的乡镇财政工作会议上,局长再次指出财政管理中存在的问题:"部分乡镇(街道)缺少本土骨干税源,还存在变相买税现象,税收引进成本不断攀高。预算既不全也不细,操作性不强;资金分配不透明,乡镇其他收入未完全纳入预算,大量预算外资金的使用透明度不高;预算调整不规范,有些乡镇追加预算没有严格履行报同级人大审批的程序,超出预算部分脱离了同级人大的监督。有少数乡镇政府以招商引资、盘活资产等为名,将属于集体、企业的资产低价处置,没有进行资产评估,没有公开竞价拍卖,也没有履行报批手续,造成公用资产的流失,债务悬空。部分乡镇财政所没有履行出资人的职能,股东会、董事会的监管不到位,产权关系不明确,没有真正按《公司法》规定进行操作,处理不好将会给乡镇财政背上沉重的债务包袱。由于政府部门在支农项目管理职能上交叉,'上面千根线,下面一根针',导致乡镇专项资金管理分散,情况不明。尤其是对项目多、资金量大的乡镇,未按规定对资金实行专项核算。大部分支出在经常性科目中核算,各项目之间互相调剂、挤占,很难有效进行监督管理和绩效评价。此外,对专项资金支出的监督突击性检查多,且对发现的问题没有具体的处罚和整改措施,使监督流于形式,致使乡镇普遍存在挤占、挪用专项资金和代管资金的情况。乡镇债务居高不下,化解措施乏力,部分乡镇的债务不降反增。"

由此可见,地方政府财政风险体现在财政收入、财政支出和财政管理过程中。地方财政的收入风险集中体现为财政吃紧,财政经常性预算平衡难度增加,使得地方可调配收入与公共需求的差距逐年增大,收支矛盾日益突出,减弱了政府抗风险能力。它主要源于三个方面:第一,自有财力不足且增长缓慢。地方财政收入起着维系地方政府机构正常运转和维持地方社会经济事业持续发展的作用,因此地方政府能够长期保持一种合适的收入规模具有重要意义。如果地方政府可供支配的财力有限,这不仅在相当程度上制约着地方政府对地方居民提供必要公共产品与服务的能力,而且客观上决定了地方政府参与调控地方经济发展的能力较为薄弱。第二,财政收入质量明显下降。一方面是我国地方财政"虚收"现象严重,导致地方财政出现"假平衡、真赤字"现象,不仅增大了地方财政收入的水分,而且直接构成地方财政风险。许多乡镇为了完成税收考核指标,采取各种形式的垫税、强行摊派税收任务,甚至花钱"买税"和政府出钱"空转"及税务部门预征下年度税款等,使乡镇财政收入的水分增加,可用财力严重不足。另一方面是其税收收入占财政总收入的比例偏低,而非税收入所占比例则偏高。非税收入的不断膨胀和税收收入规模的相对萎缩,不仅无助于改善收入质量,而且加速了整个地方财政收入结构的失衡。第三,收入来源结构不尽合理。地方财政收入缺乏稳固的财源作为基础,而且财政收入来源单一、结构简单,会增加地方政府的财政风险。

地方财政的支出风险集中体现在地方政府财政负担过重,增支压力过大且刚性过强,收支矛盾日益突出,支出范围不明晰,支出结构不合理等问题。首先,使得政府职能"越位"和"缺位"并存,一是县乡财政的供应范围过宽,包揽过多,行政经费的急剧膨胀挤占了其他各项事业所需经费的正常增长的需要,显现出典型的"吃饭财政"特征。二是地方公共产品供应不足,支出缺口大,严重制约了教育、农业和社会保障等各项公共事业的健康发展,财政支出"缺位"影响了市场机制的正常运行,资源配置的效率难以提高。同时还造成有限财政资源的使用不当且浪费严重。近几年受体制、政策及其他因素的影响,地方财政支出呈刚性增长,而收入受经济环境的影响却增长缓慢。各种应支未支、已支未报、单位垫支、财政挂账等隐性赤字到底有多少,很难得到准确统计。[1] 地方政府因缺乏有效的风险防范机制,担保过多,大量社会风险向县乡财政转移和积累,据国务院发展研究中心的估算,我国地方政府债务中县乡负债占最主要部分,县乡政府负债累累,偿债任务艰巨。[2]

县乡财政目前实际上已是我国财政层级体系中最薄弱的环节,主要表现在:第一,大多数县乡财政是典型的"吃饭财政",财政收入仅够勉强保证工资的发放;第二,县乡政府在许多重要的公共事业项目,如对本地区的卫生事业、农村义务教育等方面的投入上都存在资金缺口;第三,县乡财政普遍存在巨额的显性和隐性负债。如此高的县乡财政风险水平,其危害是多方面的,如引起基层政府的信用危机,影响党群关系;不利于全社会特别是广大农村地区的稳定。[3] 政府举债数额较大,债务包袱逐年加重,形成还贷风

---

[1] 参见周宝湘:"防范化解县乡财政风险研究",《特区经济》2006年第6期,第180页。

[2] 参见吴志敏、郭文亮:"近年来我国公共危机管理研究综述",《广西社会科学》2007年第6期,第185页。

[3] 参见陈志楣、杨琼:"我国县乡财政风险的特殊成因分析",《中国特色社会主义研究》2005年第6期,第88页。

险;政府投资事项过多,存在大量隐性赤字;财政有偿投资运行存在风险。政府对于它所承担的公共产品和公共服务、对于社会安全体系改革,没有充足的财政收入和合理的制度安排作保障;我国公共支出的低效、无序运行,在很大程度上使有限的财政资源更加捉襟见肘。①

当然,Y区350平方公里区域的面积中70%属山区,51万人口中40万属农民。为解决上学难、就业难、住房难、看病难、交通难、饮水难等"六难"问题,仅靠县级财政本身也确实存在一定难度。一是加大教育投入,完善农村义务教育经费保障新机制,建立中等职业技术教育学生资助制度,加大教师待遇落实力度,提高农村义务教育阶段中小学公用经费保障水平,加强教育财务核算点建设,切实解决上学难。二是加大就业和再就业投入,继续实施"雨露计划"、"阳光工程"、"农村劳动力转移培训计划",完善面向所有困难群众的就业援助制度,切实解决就业难。三是加大城乡居民住房投入,着力解决城市低收入家庭住房困难,启动住房货币化政策,加大房地产市场监管力度,加强住房公积金资金监管,切实解决住房难。四是加大医疗卫生投入,逐步提高医保对象补助标准,支持以覆盖城乡居民为重点的公共卫生服务体系、医疗服务体系、医疗保障体系、药品供应体系建设,提高突发卫生事件应急处理能力,切实解决看病难。五是加大交通建设投入,大力支持"通达工程"、"畅通工程"、"安保工程"建设,切实解决行路难。六是加大安全饮水投入,着力改善农村居民饮水质量和集镇居民饮

---

① 参见张瑶:"我国隐匿性财政风险及其对策研究",《财会研究》2004年第6期,第8页。

水困难问题,切实解决饮水难。但 Y 区在提供公共服务方面还是进行了很大努力,加大了财政投入度,增加了普及度。以 2007 年为例,全年的民生支出总额达到 8.7 亿元,占总支出的比重为 77%。其中投入解决"六难"问题的资金达 4.03 亿元,占全区可用财力的 44%。2007 年,Y 区通过"一折通"方式,委托代理银行为 12.78 万户农村居民发放惠农补助资金 5 607 万元,全区 39.5 万农民人均收益 142 元。其中,粮食直补 394 万元,良种补贴 230 万元,农资综合直补 867 万元,退耕还林补助 2 862 万元,农机具购置补贴 91 万元,能繁母猪补贴及保险费补贴 342 万元,农村部分计划生育家庭奖励扶助 101 万元,大中型水库农村移民后期扶持 274 万元,石油提价补贴 446 万元。教育支出 1.94 亿元,同比增长 50.8%;在实施农村义务教育经费保障新体制时,安排保障资金 2 320 万元,同比增长 90%,使农村儿童入学率、巩固率均达到 100%。医疗卫生支出 4 599 万元,增长 82%;实施了新型农村合作医疗,使全区 6.83 万农民得到 1 315 万元的医疗补偿。安排资金 500 万元,用于结核病、血吸虫、地方病、晚血病等预防和救治。社会保障和就业支出 4 507 万元,增长 37.8%;社会保险基金支出 2.22 亿元,增长 23.9%。实现了社会救助全覆盖:一是安排资金 1 350 万元,对城镇居民、"三无"人员 5 634 户 12 000 多人实行最低生活保障。二是安排资金 500 万元实施"福星工程",集中供养和社会寄养五保老人 1 823 名,使全区五保老人 100%实现了老有所养;安排资金 450 万元,保障了伤残军人、双定人员、三属定期抚恤、三线致残人员的待遇落实和提标。三是安排资金 267 万元,将 3 962 户、9 423 名农村特困人员纳入农村低保范围,初步建立了农村低保制度。四是安排资金 94 万元,对 465 名大病患者和贫困群体按医疗费额度和病种,给予人均1 000—3 000元的大病医疗救助,解决了大病群体的实际困难。五是安排资金360万元(其中从政府性基金中安排资金160万元,争取上级补助资金200万元),用于146名肢体残疾人的肢体矫治、215名残疾人假肢矫形、230名白内障患者复明、43名脑瘫儿童的康复训练免费治疗。六是安排资金56万元,对222名精神病患者进行了治疗,减少了社会不稳定因素。500多户的住房条件因此得到改善,3万人用上了安全卫生的自来水,8 000多名库区移民、下岗人员和老区贫困人员实现再就业。投入到农村公路硬化的建设资金就达7 427万元。全区公路通达里程已达到4 175公里,农村公路硬化里程达到1 700多公里。

第三节　应急预案制度设置

如果财政结构和财政管理中存在的风险进一步演进,就可能产生突发事件。为应对突发公共事件,各级政府都会通过相应制度设置来确保对突发事件的妥善处理,这是显示政府功能的最后防线。Y区在2006年就建立和完善了应急预案,包括总体应急预案和相关事件应急预案。

一、总体应急预案

为提高保障公共安全和处置突发公共事件的能力,预防和减少自然灾害、事故灾难、公共卫生事件、社会安全事件及其造成的损失,保障人民生命财产安全和社会稳定,全面履行政府职能,根据《国家突发公共事件总体应急预案》、《湖北省突发公共事件总体应急预案》、《宜昌市突发公共事件总体应急预案》以及国家其他有关法律、法规、规章的规定,2006年8月8日,Y区人民政府第23次常务会议审议通过总体应急预案,[①]并于10月10日颁布施行。要求各乡镇人民政府(街办)及区直各部门、各企业事业单位要加强领导,统筹规划,加强应急机构、应急队伍、应急救援体系、应急平台建设,整合各类应急资源,建立、健全统一指挥、功能齐全、反应灵敏、运转高效的应急机制;做好应急预案的培训和演练工作,不断提高各级领导干部、管理人员、应急救援人员的指挥水平和专业技能;抓好面向全社会的预防、避险、减灾等方面的宣传教育,增强公众的忧患意识、社会责任意识,提高自救、互救能力,努力形成全民动员、预防为主、全社会防灾减灾的格局。

(一)事件分类。该预案将突发公共事件界定为突然发生,造成或者可能造成重大人员伤亡、财产损失、生态环境破坏和严重社会危害,危及公共安全的紧急事件。并根据突发公共事件的发生过程、性质和机理,将突发公共事件分为四类:第一,自然灾害:主要包括水旱灾害、地质灾害、气象灾害、地震灾害、生物灾害、森林火灾等。第二,事故灾难:主要包括公路、水运、民航、铁路等重大交通运输事故,工矿商贸企业、机关事业单位及公共场所发生的各类安全事故,供水、供电、供气、供油等事故,通信、信息网络、建设工程、特种设备、易爆物品等安全事故,核辐射事故,环境污染和生态破坏事故等。第三,公共卫生事件:主要包括传染病疫情、群体性不明原因疾病、食品安全和职业危害、动物疫情以及其他严重影响公众健康和生命安全的事件。第四,社会安全事件:主要包括恐

[①] Y区人民政府:《Y区突发公共事件总体应急预案》,Y政发[2006]20号。

怖袭击事件、民族宗教事件、经济安全事件、涉外突发事件和其他群体性事件等。并要求对各类突发公共事件相互交叉和关联,可能共生、伴生、耦合或引发次生、衍生事件的,实行具体分析、统筹应对。按各类突发公共事件性质、严重程度、可控性和影响范围等因素分为:Ⅰ级(特别重大)、Ⅱ级(重大)、Ⅲ级(较大)和Ⅳ级(一般)四级。

(二)预案结构。该区突发公共事件应急预案体系包括:第一,突发公共事件总体应急预案,是全区应对突发公共事件的整体计划、规范程序和行动指南,由区政府制定并公布实施。第二,突发公共事件专项应急预案,是全区应对某一类型、涉及数个部门职责的突发公共事件的应急预案,由区政府指定部门牵头编制,以区政府办公室名义发布实施。第三,突发公共事件部门应急预案,是区政府有关部门根据总体应急预案、专项应急预案和部门职责,为应对单一突发公共事件制定的预案;由区政府有关部门制定并发布实施,报区政府备案。第四,突发公共事件区域应急预案,包括乡镇政府(街办)应急预案。乡镇政府(街办)应急预案在区人民政府的领导下,按照属地管理的原则制定,并报区政府备案。第五,突发公共事件企事业单位应急预案,是企事业单位特别是高危作业单位、公共服务单位,为应对本单位或服务范围突发公共事件制订的工作计划、保障方案和操作规程,报区政府应急办和行政主管部门备案。第六,突发公共事件重大活动应急预案,是为举行重大集会、节庆、庆典、会展等活动,按照"谁主办,谁负责"的原则制定的应急预案,报直接批准举办活动的机关备案。主办单位为中央、省市驻Y区单位的,应当同时报上级政府应急办和有关主管部门备案。

(三)工作结构。区政府是负责全区突发公共事件应急管理工作的行政领导机关,设立Y区突发公共事件应急委员会(以下简称"区应急委"),由区长任主任,常务副区长任常务副主任,其他副区长和区政府办公室主任任副主任,区政府办副主任、区直有关部门及有关单位主要负责人为成员。区应急委经编委批准后在区政府办公室常设应急办公室(以下简称"区政府应急办"),履行值守应急、信息运转、综合协调、临机处置职责。区政府有关部门为相关突发公共事件应急处置的工作机构。根据突发公共事件的类型、各部门的法定职责和工作需要,各专项突发公共事件应急预案对应确定一个应急主责部门和若干应急辅责部门,其具体职责在各专项应急预案中予以明确。

(四)保障措施。(1)财力保障。第一,全区各级行政机关按照事权、财权划分和分级负担原则,在年度预算方案中安排应急工作预备费和一定数量的日常工作经费,并根据经济发展逐步增加。财政和审计部门负责对突发公共事件财政应急保障资金的使用及其效果进行监督管理。第二,受突发公共事件影响较大的行业、地区,由事发地乡镇政府(街办)或区直有关部门提出申请,上级财政按规定适当给予补助。第三,鼓励从事高危作业的企业购买财产保险和为员工购买人身意外伤害保险。鼓励自然灾害多发地区的公民、法人和其他组织购买财产保险和人身意外伤害保险。(2)物资保障。第一,建立科学规划、统一规范、平时分开管理、用时统一调度的应急物资储备保障体系。区发展改革部门会同经商、民政、粮食、药品监督管理等部门,根据有关法律、法规、应急预案和职责分工做好物资储备、调拨和紧急供应工作。第二,加强对储备物资的管理,防止储备物资被盗用、挪用、流失和失效,对各类物资及时予以补充和更新;建立与其他地区物资调剂供应的渠道,以备本地区物资短缺时迅速调入。(3)救援装备保障。区政府有关部门和各乡镇政府(街办),以应急救援队伍为依托,按照应急预案储备与应急处置工作相适应的现场救援装备,建立维护和调用制度;同时采用市场化运作方式,与拥有有关设备、器材的单位订立应急保障服务合同。(4)医疗卫生保障。区卫生部门负责组织制订突发公共事件卫生防控技术方案,健全医疗卫生应急保障系统,加强疾病和健康监测,合理布设和建立急救站点;区医疗紧急救援指挥机构和全区各医疗机构根据"分级救治"原则,按照预案和应急指挥机构的指令,现场开展医疗救治等卫生应急工作。卫生、药品监管、经济商务等行政部门,及时为受灾地区组织药品、医疗器械、卫生设备供应。必要时组织动员红十字会等社会卫生力量参与医疗卫生救助工作。(5)交通运输保障。交通部门确保紧急情况下对交通工具优先安排、优先调度、优先放行,确保运输安全和畅通。交通滞阻或设施受损时,当地乡镇政府(街办)、区直相关部门和单位应当迅速组织力量疏通和抢修。事发地应急指挥机构按照紧急情况下社会交通工具征用程序规定,指令征用必要的交通工具,确保灾区受伤人员、抢险救灾人员和物资能够及时、安全运送。公安交通管理部门在必要时对现场及相关通道实行交通管制,开设应急救援"绿色通道",保证应急救援工作的顺利开展。(6)治安维护。突发公共事件发生后,由公安部门和事发地乡镇政府(街办)负责治安保障,立即在突发公共事件处置现场周围设立警戒区和警戒哨,做好现场控制、交通管制、疏散救助、维护公共秩序等工作,依法严厉打击违法犯罪活动,确保社会治安稳定。(7)应急避难场所保障。各乡镇政府(街办)、专项和部门应急预案确定的主责部门和高危作业企业,结合城市、农村人口密度,在群众生活、工作场所周围规划、预置、确定紧急避难场所,保证在紧急情况下为群众提供疏散和临时生活的安全场所。(8)通信保障。通信、信息产业、广播电视等有关部门负责组织、指导、协调全区突发公共事件应急通信和广播电视保障工作,负责建立、健全应急通信、应急广播电视保障体系,建立有线和无线相结合、基础网络与机动系统相配套的应急通信、广播电视系统,确保通信和广播电视畅通。(9)公共设施保障。供电、供气、供水、供油等单位,要按照相关应急预案规定,确保应急状态下事发地居民和重要用户用电、用油、用气、用煤、用水的基本需求。环境保护、危化品管理等部门和单位要加强对废水、废气、固体废弃物等有害物质的监测和处理。

(五)责任追究。建立突发公共事件责任追究制度,对突发公共事件中的有关责任单位和责任人员依法予以处理。有下列情形之一的,由行政监察机关或其主管部门责令改正;情节严重或者造成严重后果的依法给予行政处分;构成犯罪的,由司法机关依法追究刑事责任:(1)不按规定开展突发公共事件预防工作、应急准备工作,造成严重后果的。(2)不按规定报送和公布有关突发公共事件信息或者瞒报、谎报、迟报、漏报的。(3)不服从应急领导机构、指挥机构对突发公共事件应急处置工作统一领导和指挥的。(4)不及时采取措施处置突发公共事件,或者处置不力导致事态扩大的。(5)截留、挪用、私分或者贪污应急资金或者物资的。(6)恢复重建工作不力的。(7)其他依法依纪应当追究的。

尽管是县级政府总体应急预案,但还是比较概念化。从财政角度看并无具体详细的规定,其可操作性有限。

二、森林火灾应急预案

在总体应急预案之下,有若干具体涉及相关事件的应急预案,包括财政风险防范、森林火灾应急方案、社会治安应急方案和自然灾害应急方案等。本书选森林火灾应急预案作为代表介绍,是因为这与民众的日常生活密切相关。只要有森林就存在火险,就会对民众的生命财产安全构成威胁,这比冰雪灾害更频繁。在我们对乡镇调研的过程中,有好几次都发现乡镇主要领导从"打火"现场回来,救火成为他们工作中很重要的内容。

为保证在处置森林火灾时反应及时、准备充分、决策科学、措施有力,把森林火灾造成的损失降到最低程度,保障国家资源和人民生命财产安全,维护社会和谐稳定,Y区根据《中华人民共和国森林法》、《森林防火条例》、《湖北省森林防火条例》、《宜昌市处置森林火灾应急预案》和《Y区突发公共事件总体应急预案》,制定《Y区处置森林火灾应急预案》。

(一)启动条件。当发生下列情况之一时,立即启动本预案。第一,森林火灾在24小时仍未得到有效控制的;第二,受害森林面积100公顷以上的;第三,造成3人以上、5人以下死亡或重大财产损失的;第四,威胁林区居民地、重要设施和原始森林的;第五,发生在区级以上行政区域毗邻地区的,危险性大,需要上级森林防火指挥部门跨区支援扑救的。

(二)组织指挥体系。区政府设立区森林防火指挥部(以下简称"区防指"),各乡镇政府(街办)设立森林防火指挥机构,负责本行政区域的森林火灾突发事件应对工作,自然保护小区、森林风景名胜区、国有林场、森林公园等单位也应根据需要设立森林防火指挥机构,负责本单位的森林火灾突发事件应对工作。区防指负责领导、组织全区森林防火的预防和扑救工作。区防指办公室(以下简称"区防火办")设在区林业局,区林业局为本区处置森林火灾应急主责部门。由区政府分管副区长任指挥长,区政府办公室分管副主任、区林业局局长、区人武部副部长任副指挥长,区财政局、区交通局、区民政局、区教育局、区卫生局、区广电局、区气象局、区电信局、区公安分局、区林业局、区旅游局、区人武部、区武警中队、区武警消防中队负责人为成员。指挥部下设办公室,区林业局分管副局长兼任办公室主任,办公地点设在区林业局。

(三)职责任务。(1)区防指职责。区防指的主要职责是贯彻执行国家、省、市森林防火工作的方针、政策、法律、法规和制度,结合实际拟定全区预防和扑救森林火灾的政策、制度和措施;协调解决区及各乡镇(街道)之间和部门之间有关森林防火的重大问题,组织开展森林防火宣传教育;组织森林防火安全检查,组织森林防火设施的规划和建设;统一组织扑救森林火灾;决定有关森林防火的其他事项。(2)区防指成员单位职责。区发展和改革局:指导全区森林防火规划的制定工作,负责森林防火基础设施,防火重点项目立项安排、建设和监督管理。区财政局:负责筹措、安排、调拨森林防火资金并监督使用。区公安分局:当发生森林火灾时,及时组织武警消防中队、武警中队官兵在扑火前线指挥部的统一领导下参加火灾扑救工作,组织公安民警做好灾区治安管理、安全保卫、火场道路交通管制和指导森林公安侦破火灾案件工作。区人武部:负责组织调派民兵和预备役部队官兵参加扑火救灾工作。区交通局:负责组织运力对扑火力量、物资和机具的运输工作。区民政局:当发生森林火灾造成灾民需要紧急转移时,负责协助乡镇人民政府(街办)做好灾民临时安置和生活保障;组织、指导和开展救灾捐赠工作。**区卫生局**：当发生森林火灾造成人员伤亡,且火灾发生乡镇（街道）的医疗部门无法满足救助需要时,做好紧急药品医疗器械支援、卫生防疫、受伤人员的救治工作。**区监察局**：负责指导、督办森林火灾责任事故有关责任人的责任追究。**区气象局**：及时提供火场天气预报和天气实况服务,可能时,适时实施人工降雨作业,同时做好火险预报和高火险警报的发布工作。**区广电局**：根据区防指的要求,发布信息。**区教育局**：当发生森林火灾造成中小学校学生需要紧急转移时,负责学生的安全转移和安置保障工作,同时协调灾区恢复正常教学秩序和灾后校舍的恢复重建工作。**区电信局**：建立火场应急通信系统,保障扑救森林火灾时的通信畅通。**区旅游局**：对旅游景点的游客做好安全防范、疏导工作。**区武警中队**：负责组织官兵参加森林火灾的扑救工作,按程序调度。**区武警消防中队**：积极参与森林火灾的扑救工作,实行山火家火一起防。（3）区防火办职责。区防火办承办区防指的日常工作。启动本预案时,负责组织火灾现场督导组、综合调度组、后勤保障组、宣传报道组和技术咨询组等,承担协调、联络、信息收集等工作职责。第一,综合调度组。成员为区人武部、区发展和改革局、区气象局、区电信局、区移动、联通分公司。主要负责全面掌握火情信息、火场天气状况和扑救情况,进行全方位的综合调度,协调组织扑火力量,车辆调配、通信联系、火场监测及部门间的协调等各项具体应急处置措施的落实工作。第二,后勤保障组。成员为区公安分局、区民政局、区交通局、区财政局、区卫生局。确保扑火人员、扑火机具、扑火设备及救援物资快速运输,协调维持灾区社会治安秩序,协调伤员救治、灾民安全转移、救援物资筹措等后勤保障工作,同时组织力量开展火案侦破。第三,技术咨询组。由区防火办挑选森林防火专业技术人员组成。负责召集有关技术人员组成技术咨询组,对火场态势及火灾发展趋势进行科学分析和评估,为扑救工作提供技术咨询。第四,现场督导组。成员为区林业局、区监察局、区武警中队、区武警消防中队。深入火场一线,检查督导乡镇(街道)对区委、区政府和区森林防火指挥部有关扑火救灾指示精神的执行情况,协助和指导当地扑火前线指挥部反馈火场信息,协调解决当地政府在扑火工作中存在的实际困难。第五,宣传报道组。成员为区林业局、区广电局。组织新闻单位及时报道经区防指审定的处置森林火灾动态。(4)乡镇(街道)森林防火指挥机构职责。结合实际拟定本乡镇(街道)预防和扑救森林火灾的政策、制度和措施;协调解决部门之间有关森林防火的重大问题,组织开展森林防火宣传教育;组织森林防火安全检查,组织森林防火设施的规划和建设;统一组织扑救森林火灾;决定有关森林防火的其他事项。

(四)预警、监测、信息报告和处理。

1. 森林火灾预防。全区各级森林防火部门开展经常性的森林防火宣传教育,提高全民森林防火意识;严格控制和管理野外火源,规范生产、生活用火行为;加强对高火险时段和危险区域的检查监督,消除各项火灾隐患;有计划地清除可燃物,开设防火隔离带;加强森林防火基础设施建设,全面提高预防森林火灾的综合能力。

2. 火险预测预报。依据区气象局气候中长期预报,区防火办分析各重点防火期的森林区域内火险形势,向全区发布火险形势宏观预测报告;区气象局依据天气预报信息,制作全区24小时森林火险天气预报,在区电视台的天气预报栏目中向全区发布。

3. 林火监测。区防火办、区林业局通过省护林防火指挥部办公室利用卫星林火监测系统,及时掌握热点变化情况,制作卫星热点监测图像及监测报告;火灾发生地利用瞭望台、巡护人员密切监测火场周围动态。

4. 信息报告和处置。凡是发生火情,各乡镇(街道)防火办都必须按照林火日报告制度的规定上报区防火办,由区防火办进行统计,按日报告和月报表上报市防火办。出现下列重要火情之一时,区防火办应立即核准情况并向市防火办和区政府报告:第一,森林受害面积50公顷以上的;第二,造成1人以上死亡或者3人以上重伤的;第三,发生在森林自然保护小区、森林风景名胜区、国有林场、森林公园范围内的;第四,12小时内明火尚未扑灭的;第五,威胁居民地和重要设施安全的;第六,发生在市(州)、区交界地区且危险性大的;第七,需要省、市防指协调扑救的。报告内容:发生森林火灾的时间、地点、起因、资源、当地气象条件、损失、发展态势、影响及涉及人民生命财产、重要设施等情况和采取的应急措施,并根据事态发展和处置情况及时上报。

(五)火灾级别与响应行动

根据森林火灾发展态势,按照分级响应原则,及时调整扑火组织指挥机构的级别和相应工作的职责。随着灾情的不断加重,扑火组织指挥机构的级别也相应提高。森林火灾的响应级别由高到低分为四级。

1. Ⅰ级响应行动。当出现下列情况之一的,为Ⅰ级响应:第一,受害森林面积1 000公顷以上,且火场仍未得到有效控制的;第二,造成30人以上死亡或重大影响和财产损失的;第三,严重威胁或烧毁城镇、居民地、重要设施的;第四,其他特殊情况需要上级政府直接支援森林火灾的。区防指按照国家、省、市处置森林火灾应急预案Ⅰ级响应行动要求,组织协调指挥火灾扑救工作。即区防指指挥长主持会商,区防指成员参加,作出森林火灾应急工作部署,并及时将情况上报区委、区政府和市防火办。派出工作组赴一线指导火灾扑救工作。密切监视火情的发展变化,做好火情预测预报和应急工作调度。区防火办增加值班人员,每天在区电视台发布《火情通报》,报道火情动态、扑救进展、扑救措施等。请示市防指调拨资金和扑火救灾物资,以及增援扑火人员的调度。区防火办紧急调度扑火力量和扑救设备;区交通局为扑救物资运输提供运输保障;区民政局及时救助受灾群众,调拨救灾物资;区卫生局及时派出医疗卫生人员开展医疗救治;区防指其他成员按照职责分工,做好相关工作。应将工作情况及时上报市防指。

2. Ⅱ级响应行动。当出现下列情况之一的,为Ⅱ级应急响应:第一,燃烧蔓延时间超过 72 小时没有得到有效控制的;第二,受害森林面积超过 300 公顷尚未得到有效控制的;第三,造成 10 人以上、30 人以下死亡或重大财产损失,且火灾仍未得到有效控制的;第四,威胁林区居民地、重要设施和原始森林的;第五,发生在市(州)区交界地区、危险性较大或需要跨区支援扑救的。区防指按照省、市处置森林火灾应急预案Ⅱ级响应行动要求,组织协调指挥火灾扑救工作。即区防指指挥长主持会商,区防指成员参加,作出森林火灾应急工作部署,并及时将情况上报区委、区政府和市防火办。派出工作组赴一线指导火灾扑救工作。密切监视火情的发展变化,做好火情预测预报和应急工作调度。区防火办增加值班人员,每天在区电视台发布《火情通报》,报道火情动态、扑救进展、扑救措施等。请示市防指调拨资金和扑火救灾物资,以及增援扑火人员的调度。区防火办紧急调度扑火力量和扑救设备;区交通局为扑救物资运输提供运输保障;区民政局及时救助受灾群众,调拨救灾物资;区卫生局及时派出医疗卫生人员开展医疗救治;区防指其他成员按照职责分工,做好相关工作。应将工作情况及时上报市防指。

3. Ⅲ级响应行动。当发生下列情况之一且火灾没有得到有效控制的,为Ⅲ级应急响应:第一,火场燃烧持续 48 小时以上的;第二,受害森林面积 200 公顷以上的;第三,造成 5 人以上、10 人以下死亡或者重大财产损失的;第四,威胁林区居民地、重要设施和原始森林的;第五,发生在县(区)级以上行政区域毗邻地区的,危险性大,需要市或省森林防火部门跨区支援扑救的。区防指按照市处置森林火灾应急预案Ⅲ级响应行动要求,组织协调指挥火灾扑救工作。即区防指指挥长主持会商,区防指成员参加,作出森林火灾应急工作部署,并及时将情况上报区委、区政府和市防火办。派出工作组赴一线指导火灾扑救工作。密切监视火情的发展变化,做好火情预测预报和应急工作调度。区防火办增加值班人员,每天在区电视台发布《火情通报》,报道火情动态、扑救进展、扑救措施等。请示市防指调拨资金和扑火救灾物资,以及增援扑火人员的调度。区防火办紧急调度扑火力量和扑救设备;区交通局为扑救物资运输提供运输保障;区民政局及时救助受灾群众,调拨救灾物资;区卫生局及时派出医疗卫生人员开展医疗救治;区防指其他成员按照职责分工,做好相关工作。应将工作情况及时上报市防指。

4. Ⅳ级响应行动。当发生下列情况之一,且火灾没有得到有效控制的,为Ⅳ级应急响应:第一,火场燃烧持续 24 小时以上的;

第二,受害森林面积100公顷以上的;第三,造成3人以上、5人以下死亡或者重大财产损失的;第四,威胁林区居民地、重要设施和原始森林的;第五,发生在县(区)级以上行政区域毗邻地区,需要市防指支援扑救的。区防指按照本预案启动条件立即启动应急预案,区防指指挥长主持会商,区防指成员参加,作出森林火灾应急工作部署。区防火办立即进入紧急工作状态,拟订扑火方案,调动扑火力量,下达扑火任务,派出工作组赴一线指导火灾扑救工作,并及时将情况上报区政府和市防火办。密切监视火情的发展变化,做好火情预测和应急工作调度。区防火办增加值班人员,每天发布《火情通报》,通报火情动态、扑救进展、扑救措施等。区防指成员单位按职责一起联动,分工负责,做好相关工作,必要时可请示市防火办援助。

(六)扑火前线指挥。

扑救森林火灾由当地乡镇人民政府(街办)或森林防火指挥部统一组织和指挥,参加扑火的所有单位和个人必须服从扑火前线指挥部的统一指挥。各级领导靠前指挥到位,随着火情趋势严重,扑火前线指挥部的级别随之提高,人员组成相应调整。一般情况下,接到火情报告后,2小时内明火尚未扑灭的火灾,乡镇政府(街办)主要负责人应赶到现场组织指挥;6小时内明火尚未扑灭的火灾,区政府和区防指主要负责人应赶到现场组织指挥;24小时内明火尚未扑灭的火灾,应向市防指或区政府报告。要坚持由上到下的逐级指挥体系。下级指挥必须执行上级指挥的命令。火场范围较大且分散的情况下,可将火场划分战区,落实各战区负责人和扑火任务,在扑火指挥部的统一领导下,各战区负责人具体负责本战区的组织指挥。扑火指挥部设立指挥长1人,副指挥长2—

3人，下设扑火指挥员、扑火力量调集员、后勤保障员、火场通信员、技术咨询员、火场宣传报道员等。扑火指挥部的主要职责是：负责组织火场侦察，摸清火场情况、火场周围情况和扑火可利用的条件；负责制订扑火作战计划、战法和战术措施；负责计算所需扑火力量和具体兵力部署，合理划分扑火战区，进行合理分工，组织指挥扑火战斗；负责做好火场后勤保障、物资分配的落实，确保扑火战斗的基本需要；负责做好火场扑救人员的安全避险工作，严防人员伤亡事故的发生；负责向后方指挥部随时报告火场情况，及时传达、落实上级的命令、指示；火灾扑灭，要组织力量清除残火，并派人看守火场，严防死灰复燃。在落实责任制上，采取分段包干、划区包片的办法，建立扑火、清理和看守火场的责任制。在扑火过程中，首先要保护人民生命财产、扑火人员、居民点和重要设施的安全。乡镇人民政府（街办）应在林区居民点周围开设防火隔离带，预先制订紧急疏散方案，落实责任人，明确安全撤离路线。当居民点受到森林火灾威胁时，要及时果断地采取有效防火措施，有组织、有秩序地及时疏散居民，确保群众生命安全。因森林火灾造成人员伤亡时，伤者火灾发生地乡镇政府（街办）、区卫生局组织医疗机构开展救治工作，死难者由区民政局、当地乡镇政府（街办）根据有关规定进行妥善处置。

（七）扑火力量组织与动员。

扑救森林火灾应以当地专业（半专业）森林消防队、武警部队、驻军、民兵预备役部队等扑火力量为主，必要时可动员当地企事业职工、机关干部及群众等非专业力量参加扑火工作。如当地扑火力量不足时，根据乡镇（街道）森林防火指挥部提出的申请，区防指按有关程序可调动其他乡镇（街道）的扑火队伍实施跨区域支援扑火。原则上以军队、武警部队为主,地方专业森林消防队为辅;就近增援为主,远距离增援为辅。可视当地火险程度和火灾发生情况,调整增援梯队顺序。当需要调动武警部队增援扑火时,由区防指分别向区委、区政府和市森林防火指挥部提出申请,按有关调动程序报批实施。武警接到命令后按照规定程序和行动计划,下达作战任务。其他扑火人员的跨区调动,由区防指向调出乡镇(街道)森林防火指挥部下达调动命令,由调出乡镇(街道)森林防火指挥部组织实施。跨区增援扑火队伍的输送由调出部队和乡镇(街道)联系落实。

(八)综合保障。(1)通信与信息保障。区、乡镇(街道)林场要建立与火场的森林防火通信网络和火场应急通信保障体系,配备与扑火需要相适应的通信设备和通信指挥车。要充分利用现代通信手段,把有线电话、卫星电话、移动手机、无线电台及互联网等有机结合起来,发挥社会基础通信设施的作用,为扑火工作提供通信与信息保障。(2)后备力量保障。加强区、乡镇(街道)专业森林消防队伍建设,在坚持重点武装专业扑火力量的同时,也要重视后备扑火力量的准备,保证有足够的扑火梯队。各种扑火力量要在当地森林防火指挥部的统一组织指挥下,互相支持,积极配合,协同作战。(3)扑火物资储备保障。区、乡镇(街道)两级森林防火指挥部根据森林防火任务,建立相应的森林防火物资储备库,储备所需的扑火机具和扑火装备。(4)资金保障。处置突发事件所需经费,按区发展和改革局、财政局的应急保障预案执行。(5)技术保障。区防火办公室要建立森林防火技术人员信息库,汇集各个领域能够为森林防火提供技术支持的全面信息,为扑火工作提供技术保障。

此预案规定资金保障依照发改局和财政局的应急保障预案，但从预决算总表之中并未发现相关数据，还是存在操作性不强的问题，在其他预案中也有类似情况。一旦出现突发公共事件，就会出现资金供给不及时、资金总量不够的情况，不利于公共事件的解决。比如，2008年元月中旬以来，Y区出现长达十余天的雨雪低温天气，低温持续时间之长为该区50年之罕见。低温冻害天气造成全区220个村13万多户39.7万人受灾，农作物受灾7.28万亩，经济作物柑橘、茶叶、天麻等受灾40.7万亩，倒塌农房28户、45间，1 235间农房受损，部分乡镇交通、电力、通信中断，供水设施受损，高山地区群众饮水困难，全区因灾直接经济损失达6 000多万元。Y区财政部门积极协助区政府启动公共安全二级预警预案，紧急调拨资金36万元，通过国库集中支付到各乡镇（街道）、交通局、农业局、城管局等相关职能部门，重点解决受灾群众的生活物资供应、紧急转移群众的安置、供水设施抢修、道路防冻防滑处理等。这对于经济损失而言，只是千分之六，可谓杯水车薪。其余的还是民众自己承担，在以后的补助中有两种人首先得到援助：一是因灾害生存受到威胁的农户，二是生产遭到严重破坏的经济发展大户，至于绝大多数中间民众就只有生产自救了。

又比如，Y区黄花乡小峰河流域、乐天溪镇横溪河流域和沙坪流域2007年7月遭受强暴雨袭击，造成特大洪涝灾害。全区9个乡镇，95个行政村约27 520户受灾，697户、1 456间农房严重受损，其中倒塌321户、972间，农作物受灾面积6.21万亩，成灾4.72万亩，因灾直接经济损失1.15亿元。区财政局立即启动救灾应急预案，紧急下拨90万元救灾应急专款，用于重灾区灾民安置、农房重建及灾民生活补助以及灾区公路紧急恢复。相当于经济损失0.7826%的救灾款显然无法解决这一危机,尽管政府努力救灾(最后媒体报道累积划拨资金1650万元),问题是这些资金从何而来？从区财政下拨的款项在财政预算表中看不出来,总预备费科目空缺。只有一种可能,就是从"其他支出"中解决。当然,"其他支出"这一科目数额较大,并且增长速度较快,但原则上并不包括总预备费。这就涉及财政管理中存在的风险问题。

第四节 风险危机管理

财政资源总是有限的,民众的需求是无限的。维持社会稳定、确保一方平安,是地方政府特别是县级政府的重要工作目标,综合治理属于"一票否决"的政治责任考核范围。如果政府提供服务的质和量还不能满足民众的需求,就易产生矛盾和冲突。在公、检、法、司等部门的工作报告中反映出,2004—2006年共处理群众来信669封、来访1092人次。受理各类举报、控告、申诉案件线索372件；处理了13件涉法上访案件。2006年,检察院审查起诉了坑农、害农案件17件26人。查办职务犯罪案件37件41人,受理各类民事、行政申诉案件58件,向市院提请抗诉或建议提请抗诉22件,息诉21件。2006年,受理各类技术检案240件,改变原鉴定结论10件。

为了确保农村社会稳定,Y区各乡镇(街道、开发区)把平安创建工作同村两委班子成员、村治调主任的工资待遇相挂钩。实行"一票否决"和治安问责,先后对区国土资源局、小溪塔街道岩花村等4个单位进行了一票否决,对65个单位进行了治安问责。2007年区乡两级财政共预算社会治安综合治理和平安创建工作经费

331.88万元,同比增长72%。其中区级预算128.9万元,乡镇预算173.98万元,省转移支付29万元。各村(居)委会保证社会治安综合治理平安创建工作经费2 000元。其工作机制如下:

一是维稳工作机制。近几年来,区政府相继出台了《Y区维护社会稳定利益协调机制》、《Y区矛盾纠纷调处工作机制》、《Y区群体性事件应急处置机制》、《Y区维护社会稳定工作研究协调督办机制》、《Y区维护社会稳定责任机制》等,2007年成立了区"维稳办"(维持稳定办公室),落实3名专职工作人员,各乡镇(街道、开发区)也调整充实了综治力量,由党委副书记或政府副职兼任综治办主任,落实3名以上专兼职工作人员。

二是该区从2004年开始构建"三级中心五级网络",先后投入200多万元用于区、乡镇(街道、开发区)、村(社区)调处中心硬件建设,并将区乡两级调处中心工作经费据实纳入财政预算。每村补助1 000元支持村级调处中心建设,并设立了农村中心户、调处员专项奖励经费14万元,全力支持调处中心建设。目前全区共建调处中心237个,治调小组1 118个,农村中心户3 338户,全区调处工作人员达5 682人,形成了"党委政府统一领导、政法综治组织协调、司法信访业务指导、调处中心具体运作、职能部门发挥作用、社会各界广泛参与"的工作机制。仅2007年"三级中心"就受理纠纷2 632起,调处成功2 581起,防止自杀事件5件7人,防止民转刑案件19件47人,防止群体上访46件1 380人。

三是强化维稳情报信息工作。积极构建情报信息中心、信息工作站、联系员、信息员"四位一体"的情报信息网络,组建了由1个情报信息中心、18个情报信息工作站、650名信息员、180名特情人员组成的情报信息网络。仅2007年就收集各类情报信息

1 291 条,其中重大信息 373 条。

四是加大群体性事件防范和处置工作力度。制定工作预案,防止群体性事件等隐患或苗头 150 多起。对出现的群体性事件,在处置中坚持有领导现场指挥、有民警维护秩序、有专班开展法制宣传和化解矛盾纠纷,仅 2007 年就妥善处理了 30 多起群体事件。

虽然以上这部分人在 50 多万人的 Y 区仅仅是很少一部分,但绝不可理解为在 Y 区就只有这部分人影响政府的稳定目标。政府所建立的严密的防控网络反映了地方政府的政策主导性,但同时也表明要建立和谐社会,还需继续努力。

第五节 应急能力评价

应急反应能力并不仅仅是应对突发公共事件,是公共服务不到位的综合反映,与财政运行和管理所存在的问题有极大关系,但又不仅仅是财政的问题。随着科学技术的发展,社会的不确定性和不可预测性日益增多,人们不得不面对更多的风险。现代社会的风险更具多发性、突发性、扩散性、全局性、复杂性和危害性,具有与以往社会不同的逻辑和特征。[①] 县乡是我国农村的基层单位,县乡财政风险直接关系到县级经济社会的可持续发展。

无论是社会风险还是财政风险,都可以分为显性风险、隐性风险和潜在风险。显性风险就是通常说的"危机",危机的比较公认的定义是指"对一个社会系统的基本价值和行为准则构架产生严

---

① 参见项继权:"我们已经进入风险社会",《华中师范大学学报(人文社会科学版)》2008 年第 4 期,第 1 页。

重威胁,并在时间压力和不确定性极高的情况下必须作出关键决策的事件"。① "危机管理"却没有一个统一的定义,有学者称之为"突发事件管理"、"紧急状态管理",特指公共危机的潜伏、爆发、控制、化解、修复、常态化等全过程中的应对机制和制度安排。② 还有学者界定为"一种有组织、有计划、持续动态的管理过程,政府针对潜在的或者当前的危机,在危机发展的不同阶段采取一系列的控制行动,以期有效地预防、处理和消弭危机"③。或者是政府组织相关力量在监测、预警、干预或控制以及消解危机性事件的生成、演进与影响的过程中所采取的一系列方法和措施。④ 农村公共危机是农村各种社会矛盾与社会问题积聚和激化后的社会形态表现,农村各种社会不稳定因素在内部矛盾和外部干扰共同作用下产生出社会焦点问题,并经过聚集效应形成所谓的"问题集束",当它受一定社会触发因子或自然触发因子刺激而超过某一临界压力时,就会发生所谓的公共危机。农村公共危机外延到农村经济、政治、文化、社会服务和自然等方面,甚至对整个国民经济和社会政治经济安危产生极强的外部性影响。

引起农村治理危机的一个重要原因是财政风险。所谓财政风

---

① Uriel Rosenthal, Michael T. Charles, Paul T. Hart, *Coping with Crises: Management of Disasters, Riots and Terrorism.* Springfield: Charles C. Thomas, 1989.

② 杨建顺:"论危机管理中的权力配置与责任机制",《法学家》2003 年第 4 期,第 103 页。

③ 张成福:"公共危机管理全面整合的模式与中国的战略选择",《中国行政管理》2003 年第 7 期,第 6 页。

④ 参见杨冠琼:"危机性事件的特征、类别与政府危机管理",《新视野》2003 年第 6 期,第 44 页。

险,是指"政府拥有的公共资源不足以履行其应承担的支出责任和义务,以至于经济、社会的稳定发展受到损害的可能性"。① 财政风险并非单纯的财政部门风险,而是政府和整个社会经济系统最终面临的公共风险。凡是责任最终归属于财政的风险都可属于财政风险,而不论该种风险的性质如何,自然风险、社会风险、经济风险、政治风险等都与财政风险有关。财政风险在平时不容易显现,只有当风险累积到一定程度,从而以财政危机的形式爆发时,才取得公开的表现形式。相当一部分财政风险源于各种公共风险向财政领域的传递,它们的化解不能仅仅依靠财政部门通过财政活动来进行,而必须由政府牵头,调动社会各方面的力量,采取综合措施才能达到目的。② 财政风险大多为政府的财政供给不当或者负债所致。在目前的制度环境、官员激励机制和约束机制下,经济增长和地方政绩是以财政风险的不断增加为代价的,地方政府主动累积各种负债进而累积财政风险。③ 在各级政府之间,下一级政府的所有债务实际上都是上一级政府的"或有负债",在各届政府之间,本届政府可以通过大量融资来搞各种"建设",但可能将存在的风险和财政包袱留给下一届政府。④

---

① 姜长云:"县乡财政风险及其防范",《中国经贸导刊》2004年第10期,第41页。

② 参见李胜:"地方财政风险的制度性成因",《财政研究》2007年第3期,第61页。

③ 参见马骏、刘亚平:"中国地方政府财政风险研究:'逆向软预算约束'理论的视角",《学术研究》2005年第11期,第77页。

④ 参见刘尚希:"中国财政风险的制度特征:'风险大锅饭'",《管理世界》2004年第7期,第39页。

从财政政策改革的角度讲,财政部门的主要职责是提供资金保障,加强资金管理。一是将常规性、常年性服务经费纳入年度财政预算,重大突发事项应据实追加预算。省级政策性转移支付资金应全额用于农村公益性服务,区乡财政应逐年增加投入。二是明确"以钱养事"资金支出范围,推行服务经费预算制度。把省补资金与区乡财政安排的"以钱养事"资金统筹使用,用于解决服务人员的报酬、住房公积金和养老、医疗、失业、工伤等社会保险和工作经费支出,只有他们得到保障才可能全身心为民众提供服务。事实上,有将"以钱养事"资金用做乡镇(街道、开发区)机关的工作经费,或者用于集镇建设、"村村通"工程等建设项目和其他非农村公益性服务项目的情况。三是明确公益服务人员报酬标准。每年年初要科学确定当年在岗公益性服务人员的年均服务报酬标准,作为计算服务岗位经费总额的参考依据,各服务中心根据年初与中心服务人员签订的合同,考核兑现到个人。四是明确资金拨付方式。服务岗位经费按平时70%预拨,其余30%在年终考核后按完成情况结算,其他"以钱养事"经费按时间进度足额到位。五是明确基本服务经费力求公平,项目经费突出重点。要根据财力可能,加大对农村公益性项目的支持、扶持力度,重点安排必要的设施设备购置,新品种、新技术的引进、示范和推广等。

但仅靠财政的手段还不能全部解决问题,需要将危机风险纳入系统考虑,在处理显性风险的同时不能忽视隐性风险和潜在风险的存在及其可能的影响。

随着城市化进程加快,城乡二元格局导致的城乡差距进一步扩大,社会不稳定因素进一步增加,县级成为社会风险的聚集区。

农民因失业失地,基本利益得不到保障,加之信息流动渠道的改变,农民通过电视等媒体对国家相关政策了解程度增加,这与基层政府工作的非透明度形成较大反差。所以,农民相信中央政策,而不信任地方政府,要到上级"讨说法",而上级政府又通过综合治理"一票否决"来监督考核下级政府。所以,一旦有一个人上访,往往有几十个政府官员参与解决,耗费大量的人财物。

Y区的风险危机存在如下特征:第一,阶段性特征。这与全国性的政策改变具有对应性。比如,国家的农业税改革等财政支农政策实施、乡镇综合改革政策等,这实际上涉及利益关系调整,要重构比较稳定的利益格局,需要面对一定风险并处理相关危机。第二,群体性特征。根据Y区人口结构和产业结构,除了国家政策明文规定均等化分享外,分享公共财政和公共服务具有选择性,换句话说,县级政策的实施具有加大非均衡性可能。首先,移民安置政策与非移民政策不同,政府不断加大移民安置政策力度,但移民村里的意见依然很大,不少人认为远远不能达到以前的状态。而原住民不能分享移民政策也感到不平等,一系列难题都摆在政府面前,但财政资源总是有限的,这些问题并非短期能解决。其次,从产业发展扶持政策分享看,Y区以生猪、奶牛、茶叶、柑橘作为主打产业,追求规模经营,也是财政重点扶持的领域。但并非每个农民都具有这样的知识储备和经济实力,政府的扶持具有担保性质,能降低受扶持者的经营风险。相当部分农民还是从事传统的种养殖业,"靠天吃饭"的不在少数,得不到贷款,也无人愿意为其担保,在风险差距对比下,他们也有怨言。第三,区域性特征。Y区地理结构中,有相当部分农民居住在山区,这里交通不便,农民生产生活条件比较差,改变的难度较大。比如"村村通"工程,中央和省级都按照一定标准给予转移支付,但这个标准根本无法满足资金要求,有规定地方政府不可举债,农民集资可能性太小。这些地域的农民与山下农民相比差距较大,其他方面均等化就更不容易,心里很难平衡。

从这个角度看,Y区提升应急反应能力任重而道远。

第六章 讨论与总结

县级政府是中国行政体制的基层枢纽,所有涉及基层民众的公共政策最终都通过县级政府来执行。县级治理直接关系到党和国家的方针政策在广大农村的落实效果,事关社会的稳定与发展。在县级治理中,县级财政是县级政权存在和正常运作的基础,也是地方治理的基础。

本书以中部地区的一个县级单位——湖北省Y区为个案,考察财政对县级治理的影响。研究从梳理Y区财政制度及财政关系的变迁入手,探讨其治理背景;接着从财政收入能力、财政支出能力及财政平衡能力等三个方面考察了解该区的财政能力;随后,对照农民实际需求,分析了该区的公共服务财政投入结构和力度,以此来考察其公共服务能力。研究还在分析Y区财政支出结构及管理实践的基础上,探讨了该区的风险应急机制和危机管理能力。本章将对前文研究的结论进行讨论,并在此基础上提出"互赖地方治理模型",表达对善治的期待。

第一节 研究发现

一、财政关系与制度变迁

一定的财政是基层政府存在及其运作的前提,也是地方治理的基础。地方政府的财政状况在相当程度上决定和影响着地方治理能力和地方治理绩效。对地方政府来说,财政能力和财政状况不仅受制于地方财政来源,也受制于国家财政制度,尤其是中央与地方及各级地方政府之间的财政关系及其制度安排,因此,地方财政能力及其治理能力体现为国家财政对地方财政资源的分配,反映各级政府之间的财政关系及其利益。

财政制度决定财政分配关系,财政制度的设置与变迁是财政关系的确立与财政分配的基础。财政制度改革的主要目的是调整和平衡上下级政府间的财政关系。政府之间的财政关系调整主要是通过税收制度的改革来改变各级政府的财政收支结构,收支结构的变化直接影响着地方政府的财政能力,财政制度作为行政管理制度的基础,其变化必将带来治理行为和治理能力的变化。

本书从"对上财政关系"、"对下财政关系"和"本级财政关系"三个层面考察了Y区财政关系变化情况。研究表明,"对上"(中央、省、市)的财政关系具有明显依赖性,较多地受到上级财政关系调整的影响,而较少自主性。一方面,由于实行分税制而带来的税种的划分,原本效益较好的税种列入中央税收,也由于县级财政因农业特产税减免、农业税取消以及乡镇企业的不景气而面临困难,加上公共服务的责任分担,使得Y区财政面临困境。另一方面,由于实行市管县体制,Y区财政隶属和结算关系也由省对县改为市对县,这不仅使得Y区的实际财政关系中增加了地级市这一管辖层级,也使得Y区这样一个事实上的农业大区得不到省管县体制下的优惠政策。这进一步加剧了Y区的财政困难。

县级政府面对财政压力,不得不通过法外途径扩大财源,同时调整区乡财政关系。这客观上加强了县级财政的自主性和独立

第六章 讨论与总结

性,但也有可能成为财政非规范运作的制度强化因素。比如,研究中观察到的真实财政收支与账面数字的差距,以及财政收入中"非税收入"、"其他收入"所占比例较高等。因此,要提高地方政府特别是县级政府的治理能力,除了在县级经济发展过程中,通过财税体制改革来增加财政能力之外,更重要的是推进行政体制领域的改革,在经济上实行"省直管县"政策后,在行政体制上也应推行"省直管县"模式。

Y区在"本级"财政制度改革方面实行了税款直达、零户统管、工资直达、乡镇优抚经费直达、政府资金三分两统、国债生态资金县级报账、城建资金集中收付、基建资金集中收付、政府采购制度、预算外资金管理制度、对口支援制度等改革措施,其中很多成分具有首创价值,具有自主创新性特征。

在"对下财政关系"方面,Y区从1986年开始探索建立乡镇财政体制以来,先后制定、实施了7轮乡镇财政体制改革,体现出县级单位的财政分配主导性和财政均衡调节作用,在县乡财政关系中体现了分税制特征。这种改革受到了在全国范围内逐步铺开的农村税费改革实践的影响,也是后者中的一部分。农村税费改革的核心内容涉及乡镇主要收入来源的调整与变革,收入来源的减少直接影响乡镇的支出方向与能力,更有甚者其自身的运行可能都会受到影响。在不断改革与完善县、乡财政体制关系的同时,如何降低行政成本与提高行政效率成为决策者不得不考虑的问题。因而,乡镇机构的改革对乡镇财政体制改革特别是已实施了一段时期后来讲是必不可少的,而且很大程度上会影响乡镇财政体制改革的进程与效果。

二、财政结构与财政能力

地方治理能力表现为服务能力,而服务能力以财政能力为基础,财政能力由其财政结构决定。财政结构通常包括财政收入、财政支出和财政平衡三个方面,地方财政结构反映地方政府的财政收入来源及其财政支出特征。这在相当程度上反映地方政府的财政职能,体现着地方政府的财政能力、政务重点及其治理特征。

(一) 财政收入

财政收支数据能反映地方政府的财政结构特点。研究考察有数据记录年份以来 Y 区全地域性财政收入,包括税收收入与非税收入的结构和内部构成,以及预算外支出的发展变动情况,并重点考察了 2003—2007 年间其县乡财政预决算及其变动。研究发现:

第一,自 2004 年以后,Y 区地域性财政收入明显增加,这意味着 Y 区可供支配的资源有了较大增长,也说明政府获取社会资源的能力有所增强,但其财政自给率和税收贡献率不高,财政质量不高,呈递减趋势,并且乡村负债严重。这既表明 Y 区是农业大县但还不是农业强县,也表明其财政变革的效应还没有充分显现出来,县域经济的发展才刚刚起步。

第二,从 Y 区财政一般预算收入中的税收收入与非税收入的数额与比重可以明显地看出,税收收入作为 Y 区财政一般预算收入的"绝对主力"构成,是财政收入的主体和关键,具有非税收入无可替代的地位。虽然可以说非税收入是其财政一般预算收入的重要组成部分,但后者对前者的依赖还是比较小的。在县一级税收收入中,增值税与营业税两税占据了近一半的比例,这也可以从一个侧面说明招商引资在地方发展经济中的重要分量。在增值税收入构成中,股份制企业增值税增长最为明显,而且此项税种所占增值税的比重也最大。而在企业所得税收入构成中,股份制企业所得税增长也是最为明显的,此项税种所占企业所得税的比重也是最大的,而国有企业所得税也同样呈现总体下降的趋势,而同期的企业所得税其他构成项目不仅数额低而且所占比重也偏低。

第三,从超千万税种、工商税收中的增值税与企业所得税等角度分析Y区的财政收入结构,发现县级政府在税收方面特别是税源方面,一方面受到中央政策的影响很大,例如农业税的取消在很大程度上成为县乡财政困境的直接原因,因为农业税的主要功能是属于地方税种,直接削弱县级政府可支配财力。另一方面也受到政府自身的调度能力影响,比如县级政府在招商引资方面的能力直接影响其税收收入的高低,这种情况在增值税、企业所得税等主要工商税种中表现得尤为突出。当然,这种形式上的增长并不表示Y区的财力一定具有很大提升,因为增值税与企业所得税都是属于共享税种,随着增值税征收范围的扩大,会进一步压缩营业税增长空间,地方政府通常会尽可能寻找其他收入。

第四,预算外收入作为财政收入,相比财政一般预算收入,在一定程度上体现出了政府在预算管理体制外的一种社会资源汲取能力,预算外收入的多与少直接影响一个政府在预算管理体制方面的完善与否。Y区随着预算外财政收入的快速增长,政府对预算外财政收入的依赖逐年加深,仅有的财政一般预算收入已无法满足政府财政的正常开支,而对于预算外收入的讨论已不再是留与删的问题了,而是如何有效地去控制预算外收入,从而使政府的财政收入及其管理更加规范。

(二)财政支出

地方财政支出是地方财政将批准的预算额度分配到各种公共

用途上。县级财政支出能反映其支出范围和方向,通过对 Y 区政府财政支出结构与规模的分析,可以从总体上把握其财政支出能力及其特点。研究发现:

第一,行政管理支出是政府财政一般预算支出中单项支出比重最大的,一般预算中的 1/5 强用在了政府运行上,而行政管理支出在其政府运行中也只是其中的一部分。Y 区行政管理人员支出的比例在减少,而减少的部分移动到了公用支出部分,成为公用支出的增长点。并且,政府财政一般预算支出中的行政支出仅是政府运行成本中的一部分,其他的政府运行成本还包括预算外行政管理费、专项资金转移行政管理费。而且,人均行政管理支出始终是高于农民人均纯收入的,无论是数值上还是增长率上均高于后者,而从这个角度来看,面对增长较快的人均行政管理支出,农民人均纯收入在缓慢增长的同时,却隐含着不断增长的支付政府本身运行的成本负担,而且从一定程度上讲,这样的成本负担超越了农民人均纯收入的承受能力。

第二,政府自身运行成本的人员支出始终高于公用支出,而政府提供公共服务的成本中却是公用支出始终高于人员支出,两者正好呈相反的状况。而且政府自身运行成本中的公用支出增长率与政府提供公共服务的成本中的人员支出增长率分别高于其政府自身运行成本中的人员支出增长率与政府提供公共服务的成本中的公用支出增长率。在政府自身运行中用于"人"的支出减少了,用于"事"的支出增加了,即要办的事增加了,行政效率也提高了。而在政府提供公共服务的成本中用于"人"的支出的不断增长说明了政府通过增加报酬的手段激励处于提供公共服务一线的人员更好地做"事"以不断满足民众日益增长的需求。

第三,地方政府在招商引资方面付出较大成本。因为,招商引资作为上级政府对下级政府政绩考核的重要内容,采用"一票否决"的做法去激励地方政府大规模的招商引资行为,从而促进GDP、固定资产投资以及税收的增长。Y区2005年用于招商引资的花费在400万元以上,而当年的全社会固定资产投资较上一年增长了24.06%,这说明政府在招商引资方面付出的成本也是有相当的回报的。但招商引资是要付出成本的,而且由政府出面的招商引资其成本是要列入政府财政支出的,而其在决算表中则位于"其他支出"中,这样的一种安排在一定程度上体现出政府也意识到这样的政府作为必定是要付出成本的。而现在的问题是招商引资该不该由政府来做,如果政府是解决市场所解决不了的问题的,而且为市场与社会正常运转提供良好的秩序,资本的流动要靠市场的资源配置这一基础功能来解决,那政府在招商引资方面的作为在很大程度上不是解决资本的盲目流动,而是去影响资本的正常流动。地方政府招商引资不仅要付出显性成本,而且还要付出比显性成本大得多的隐性成本——若干附加条件和优惠政策的影响。因而,对地方政府招商引资支出的控制不仅仅是对显性支出的控制,更重要的是对其所带来的隐性支出的控制。

第四,从县乡两级财政角度上看,无论是一般预算收入与一般预算支出,都体现出了向县一级的"移动",从这个角度讲,在一定程度上削弱了乡这一级在"一级政府、一级财政"中所应体现的作用;同时也从另外的角度体现出农业税取消后,乡级财政较县级财政更为困难的境况。Y区12个乡镇的经济发展水平是有相当的差距的,发展快的只是少数,其余的乡镇与发展较快的乡镇均有较大的差距,这对于Y区经济发展水平的整体提升甚至财政收入的不断提高都会产生不同程度的负面影响。因此,乡镇财政安排的优先顺序是保工资、保运转、还债务、保稳定、搞建设、求发展。从Y区乡镇的财政状况来看,其财政质量不高,对上级财政的依赖性较大,所潜在的财政风险都向区级财政转移。

(三) 财政平衡

衡量财政平衡能力通常根据下一级财政的赤字面、赤字率、债务依存度和各种欠账。保持财政平衡是政府的重要职责,可以减轻财政风险的转移,是地方政府的财政能力体现。Y区县乡财政体制改革的主要目的就是通过财政平衡来促进乡镇发展,从而为区级财政提供充足的财源。

第一,Y区财政自给率总体呈下降态势,10年间下降了近30个百分点。而且也正是由于财政支出11年间增长了4倍多而同期的财政一般预算收入增长了不到2倍,使得财政自给率在11年间下降近30个百分点。不断走低的财政自给率表明Y区财政存在超越其财政收入规模去安排财政支出的状况,这就必然会出现显性的赤字支出和举债,乡镇债务已经成为区级财政的沉重负担,这都会逐渐转化为财政风险,增加财政平衡难度。除此之外,还有隐性的赤字支出,比如变相政府举债。这种"提前消费"从财政平衡角度看是为政府留下了沉重的包袱,给财政平衡留下隐患。

第二,从村级收入来源看,农业税与农业特产税附加在2005年就已取消,乡镇农村税费改革转移支付补助由610万元增长到910万元,村集体收入则由407万元增加到1391万元,而其他收入则由794万元增长到3234万元。从村级支出项目情况来看,主要有四大项支出,组织正常运转、优抚救济支出、"一事一议"支出与其他支出,而同期的其他支出占了很大的比例。因此,从Y

区财政收入与支出的结余方面看,其对于债务偿还的能力还是有很大的空间的。

第三,负债最少的乡镇其收支差额是正值中最多的,而负债最多的乡镇其收支差额是负值中绝对值最大的,而且收支差额为负值的乡镇其负债数额都比较多。从以上分析不难看出,乡镇一级的负债现状使得县级政府能够汲取的资源是有限的,而县级政府财政收支的平衡更多是通过从上级获得收入补助来弥补不断下降的财政自给率。不仅如此,在乡镇财政困难的情况下,财政违规现象也随之出现。

(四) 财政能力

财政能力是指一级政府在财政资源方面的运筹能力,包括财政资源的汲取、分配、使用及其整个过程中的组织、管理与协调。它是政府发挥其职能的基础,也是完成一定任务或达到一定目标的必备条件。对财政能力的考察的最终目的是要了解该地域的地方治理能力,我们选取财政自给率、财政一般预算收入中的税收收入比重、财政一般预算收入占全部财政收入的比重及财政一般预算收入占GDP比重4个指标。财政自给率反映了一个地区在财政资源汲取与支配方面是否对等。该比值如果等于1,则说明这一地区在财政资源汲取与支配方面完全对等,基本上不存在多余的财政资源可供汲取与支配;而如果小于1,则说明这一地区只能汲取有限的财政资源,需要上级的财政转移支付以满足其对财政资源的分配;该比例如果大于1,则相反,其有多余的财政资源可供支配,但又不需要支配,就会向下级转移。财政一般收入中有税收收入和非税收入,税收收入比例反映政府辖区内税源情况。财政一般预算收入占全部财政收入的比重反映当前运行的财政体制。这一比值说明该地区的相当部分的资源由于体制的设计转移给上级政府了;而财政一般预算收入占 GDP 比重则是该地区的中口径的宏观税负水平,直接体现了该地区本级的财政资源汲取水平。研究发现:

第一,对人均财政支出与人均 GDP 比值的影响居首位的是财政一般预算收入占 GDP 比重,即对地方治理能力背景下的财政能力的首要影响是地方本级财政一般预算收入占 GDP 的比重,而这一比重的高低直接影响财政能力水平的发挥。Y 区财政收入占 GDP 比重的偏低使其财政能力处于低水平运行。正如前文所言,该指标直接体现了此地区本级的财政资源汲取水平,既有充足的资源可供汲取,也有可靠的资源可供支配。

第二,财政一般预算收入占全部财政收入比重与财政自给率对财政能力有相当影响。财政一般预算收入占全部财政收入的影响居首位,对地方财政能力的影响不能忽视,只是其影响力少一些。财政自给率对地方财政能力具有影响,但方向相反。因财政一般预算收入与人均 GDP 是同向的,这与我们前文提到的对财政能力居首位影响的是一般预算收入占 GDP 比重是相吻合的,因此财政自给率与地方财政能力的这种负面影响也证明了我们上面提出的一般预算收入占 GDP 比重对地方财政能力的影响是最重要的。

第三,税收收入比重对地方财政能力的影响是很小的,甚至没有影响。这也就在一定程度上说明了税收虽然是政府财政收入的主要组成部分,但对于地方政府讲,如何更好地提升其财政能力,不仅仅要单靠税收收入,还靠非税收入。

通过以上分析我们不难发现,Y 区的中口径宏观税负较全国而讲是比较低的,而我们通过计算又得出影响财政能力的首要因素是中口径的宏观税负,即财政一般预算收入占 GDP 比重,因而 Y 区较低的财政一般预算收入占 GDP 比重直接影响了其财政能力低水平发挥,进而影响其地方治理能力。

三、民生财政与服务能力

如果说在地方治理的能力结构中,财政能力属于基础能力,那么服务能力就是核心能力。因为,财政是庶政之基,民生乃和谐之本。庶政指一切公共政务,向国民提供基本的公共服务是政府财政支出最重要的职能,要实现普通民众"学有所教、劳有所得、病有所医、老有所养、住有所居",就应在财政支出结构中,提升公共服务的财政支出比例和支出质量,通过民生财政来强化地方政府的公共服务职能,这是构建和谐社会的根本所在。取民代表政权汲取与深入的一面,养民代表政权合理与正当的一面。养民的方式就是地方政府应该提供公共服务的范围。养民的效果可以通过服务能力来体现,通过绩效评估来判断地方政府的公共服务能力。对于民众而言,不但面临课税的直接负担,而且还将支付通货膨胀、物价上涨、工农业产品剪刀差的难以计算的间接成本。这就更需要政府通过公共服务的方式予以弥补。

民生财政关系到老百姓的基本生活和切身利益,事关社会的公平、正义、和谐,是构建和谐社会的核心和基础。本书选择医疗卫生、社会保障、涉农专项资金、义务教育、农村文化等五个方面来分析 Y 区民生财政的支出特点,并对农民公共服务需求问卷进行分析,来考察民众的需求位序。基于大量第一手资料的分类处理,分别从发展概况、财政投入特点、财政结构影响三条路线来分析五个方面的财政支出,考察 Y 区庶政状况。首先分析公共服务结果与需求位序是否相一致,即公共服务是否具有对应性;其次分析县级政府所提供的公共服务是否使得政策相关对象得到实际服务，政策是否满足他们需求、偏好或价值的程度，即公共服务是否具有普及度；最后分析了县级政府所提供的公共服务达到预期结果或影响的程度，即公共服务的贯彻力。研究发现：

第一，民生财政支出逐年增加，但增幅差异较大，这既与国家政策压力有关，也与Y区的本级财政有关。民生财政投入更多地依赖于上级政府的转移支付，产生了一定的效应，民众的生存、生产与生活状况有较大改善。但农民的需求位序与政府的投入重点存在偏离，也就是政府的公共服务投入重点与农民的公共服务需求顺序还存在一定的差异。如果地方政府按照自己的设计来提供公共服务，就存在着与民众需求不相契合的可能，即便是投入很多资源，民众不但不会认同，反而认为是政府为自己的政绩工程浪费资源。所以，一些官员抱怨老百姓不理解、政府工作费力不讨好。但却很少反思自己对民众到底了解多少，他们真正需要什么，地方政府到底应该如何制定和执行政策。事实证明，脱离民众需求的政策难以产生应有效果。而且，就Y区调查发现，其民众的公共服务需求还处于较低层面，地方政府要有针对性地提供公共服务，方能体现治理绩效。地方财政在提供公共服务过程中，不应是简单的、对于上级转移支付的对应配套，而应是尽量弥补政策空隙之不足。

第二，Y区的教育财政支出占一般预算支出的比例也是不断下降的，虽然对教育的投入在不断增加，但是从总量上来看仍然不足，距离4%的目标仍有较大的距离，并且同整个财政支出变化情况相比，教育财政支出的增幅明显低于其他项目的支出。如果没有上级政府尤其是中央政府对教育的转移支付，Y区的教育事业将难以为继。其支出特点一是教育财政支出的大部分经费用于养人,"人头费"支出占了教育财政支出大部分,整个教育财政支出中有接近一半的经费是被人"吃"掉了,留给公用支出的空间不大。二是公用支出所占比例的上升并不是因为 Y 区本级财政对公用支出的支持力度加大,而是因为中央和省级政府加大了对该项经费的转移支付力度,客观上造成了比重的上升。三是 Y 区人均教育经费的充裕程度弱于全国教育经费充裕程度,同时,Y 区的人均教育经费增长率同全国相比呈现出较大的波动状态;从人均教育经费占人均财政支出的比例来看,Y 区的教育经费占人均财政支出的比例波动情况较为明显,呈现出明显的下降趋势,这说明 Y 区人均教育经费的增长幅度没有赶上同期其他项目人均财政支出的增长幅度,从而使得人均教育经费所占的比例呈现出下降的趋势,而同期全国的这一比例则变化不大。四是 Y 区本级财政受到税费改革的冲击,"以县为主"体制下区级政府所承担的投资责任很难通过挤压自身的财力来完成。由于大部分资金用于人员支出,公用经费相对匮乏,基建和危房改造更是无从谈起。"以县为主"的体制无法回避县乡财政困难的窘境,农村义务教育的治理仍处在困境之中。

第三,农村文化支出在政府财政一般预算中比重非常小。Y 区政府将其一般预算中的 1/40 用在文化支出中(而 1/5 强用于行政支出),文化支出在整个财政支出中比例偏低。人员支出的比例在减少,公用支出部分的比例总体上也略呈下降的趋势,而减少的部分则向对个人和家庭的补助支出方面转移了。Y 区人均文化支出经费的充裕程度弱于全国人均文化支出经费充裕程度,同时,Y 区的人均文化支出的增长率同全国相比呈现出较大的波动状态。乡镇文化站主要围绕乡镇政府所谓的"中心"工作(如征税、计划生育等)而运转,几乎没有精力进行农村基层文化建设、从事农村公共文化服务工作,场地挪作他用、侵占变卖,大量农村文化人才"跳槽"、外流。"以钱养事"的新机制解决了传统文化体制、机制激励不足的弊病,竞争机制的引入带来了农村公益性文化服务的一系列变化,尤其是形成了农民群众检验、优胜劣汰的局面,极大地激发了农村文化服务人员工作的积极性和主动性,改变了之前乡镇文化站的职能"虚化"状况,也正在改变"送文化"这种"喂食"式的文化供给体制。

第四,在Y区的财政支出结构中,医疗卫生事业的支出所占比例甚小,财政拨款的波动情况比较大,而且逐年呈现下降的趋势。其医疗卫生事业的支出经费中只有很少一部分是通过本级财政拨款来解决的,甚至可以说,其本级财政拨款用于支付人员工资都仍然存在缺口。首先,同一般预算支出的增幅相比,Y区医疗卫生事业支出的增长幅度不大,经费投入有限;其次,Y区本级财政用于医疗卫生事业的支出有限,实际支出中只有很少的一部分(低于30%)是依靠本级财政支出解决的;最后,在实际支出的三个项目中,公用经费所占的比重较大,历年这项支出所占的比重超过了人员支出与对个人和家庭的补助支出这两项所占的比重的总和。人均医疗卫生支出所占的比例呈现出下降的趋势,而同期全国的这一比例则变化不大。

第五,农村社会保障是社会发展的"稳定器",是经济可持续发展的"调节器",是实现社会公平与经济效益的"平衡器"。Y区已形成覆盖城镇各类企业职工及灵活就业人员享有基本养老保险、医疗保险、失业保险、工伤保险、生育保险,机关事业单位全体职工享有医疗保险,除国家公务员以外机关事业单位职工享有基本养老保险、失业保险的社会保险体系。其支出特点为：首先，近年来尤其是2006年，Y区用于社会保障事业的财政支出增长幅度较大，经费投入有较大幅度的增加；其次，在Y区各年份用于社会保障事业的支出中，本级财政拨款占了实际支出的绝大多数，也就是说Y区社会保障对上级转移支付的依赖度较低；最后，在整个社会保障支出结构中，人员支出和公用支出总量较小，所占比例有限，但是各年份间呈现出一定的波动情况，而对个人和家庭的补助支出占了整个社会保障支出的绝大部分，增长幅度明显高于其他两项支出。

第六，转移支付制度成为财政管理体制中平衡地区间财力差异和实现中央政府宏观调控措施的重要制度。在专项资金构成中，涉农专项资金占有较大的比重。Y区财政局所列专项资金数目达70多种，其中61项支出涉及三农。包括农村社会发展、农业经济发展、农村基础设施建设资金筹集与管理、农村公共服务供给、农村基层组织建设、农村税费改革等。上级对Y区的涉农专项资金中的绝大部分是用于农业经济发展和税费改革，这两项远远高于其他几项，中央和省级政府专项资金的重点是在这两个项目上。2007年，Y区的农村公共服务经历了农村义务教育经费保障机制的改革和新型农村合作医疗制度改革，中央通过专项资金的方式并要求地方对其予以配套，加大投入力度，这些政策的变化是导致结构变化的根本原因。

第七，Y区在提供基本公共服务绩效方面具有如下特点，首先是在基本公共服务的投入方面，地方财政确实是向这些项目发生了倾斜，增加了财政资金的投入量，而且投入增长幅度要高于同期GDP的增长幅度；其次，增加了的财政投入确实对这些基本公共服务的普及起到了一定的效果，从统计数据层面来看，地方政府提供的这些基本公共服务的质量和普及度确实有所提高；最后，Y区加大了对基本公共服务的投入，这些投入确实对各项公共服务产生了一定的积极效应。

第八，本书基于经济因素、财政因素、制度因素、主观偏好等综合考量，选择人均公共服务支出、人均GDP、财政自给率和财政支出相对规模、公共服务支出占财政支出比重等几个指标进行综合分析。研究发现，理论上认为提高当地人均GDP和当地财政支出占GDP的比重将有利于该区公共服务能力的提高，在实际中受到政绩考核和扩大财政能力冲动影响的地方政府和官员确实是提高了这两个指标，客观上有利于提高其公共服务能力；然而，虽然加大对公共服务的财政投入有利于提高公共服务能力，但由于其他财政支出的加大，这并没有使得地方政府的财政支出偏好发生太大的变化，这表明Y区的公共服务能力并无明显提升。由于公共服务不能充分满足民众需求，在县级治理中就存在不确定因素，这将影响县级政府的治理绩效。

四、财政风险与应急能力

在任何社会中，社会需求都具有无限性，而财政资源及政府供给能力都具有有限性。特别是随着现代化发展，人们的各种需求日益增加，地方政府财政的入不敷出使之处于财政紧缺与财政风险之中，正因如此，地方财政赤字和财政困难表现得非常突出，地方政府采取不少措施来应对这一系列风险。财政是政权的表现，财政危机和风险不仅造成政府管理危机、经济危机，也造成政治危机和社会危机。因此，在现代社会中，如何防范财政危机和风险，是各级政府普遍关注的问题。所有的社会风险都与财政具有直接

或间接的相关性,财政风险会引起其他的风险增加,其他的风险也需要通过财政的途径来加以解决。研究发现:

第一,评判县级政府的应急反应能力,可以依据公共事件的预案制度设置、财政预备费、预备费的比率以及其他可调动的资源等指标。Y区的财政预算中没有直接表明总预备费数量,只是2005年说明预备费300万元,其余年份均是在预算报告中说明"总预备费在预算执行中已列支到上述有关科目"。至于单独各项以及总体上按照什么标准,并未说明。这本身就是一种潜在风险,不能对应急预案的实施提供保障。

第二,在民生财政支出中,因县乡政府并无足够的财政支撑,更无体现防范风险的财政制度安排,财政预算数与实际执行数有较大差距,涉及民生的重要方面难有实质性改变;同时,政策目标与社会实际不完全符合,县级财政是落实上级转移支付政策的对应性配套支出,并未对政策空隙予以弥补,加大了偏离程度;再加上"千条线"的财政资源到达县级政府后未能得到整合利用,而且乡镇政府和政府部门出于自己的部门利益而导致财政资源供给不足并浪费严重,这无疑增加了风险,并由财政风险向其他风险转化。

第三,县级政府承担社会稳定的政治责任,"一票否决"直接影响上级财政奖励。县级政府最后选择加大维持社会稳定的掌控力度,成立专门队伍,构建维持稳定网络,但与民众沟通不足,执行成本不断增加。由于原本应急反应能力不足,增加了风险可能性,进一步削弱应急反应能力,形成恶性循环。财政风险的增加意味着县级政府应急反应能力降低,这直接影响县级治理能力。因为,如果民众的合理需要得不到满足,就可能出现绕过县级政府向更高层级政府寻求需要的满足或者通过其他渠道将自身的需要表达出来，从而引发县级治理的危机。县级政府应更多地改善与民间社会的关系，由控制型管理方式向沟通协商型治理方式转变，减少不确定性因素，节约公共政策执行成本。

第四，理论上讲，财政风险并无确切的时空限制，在地方财政的收入、支出以及管理运行过程中都有可能产生，所以这不是一个独立的问题，而是一个系统反映。Y区的本级财政一般预算收支差距很大，如果没有其他资金来保持收支平衡，存在较大资金缺口是无法回避的事实，这表明存在的风险较大。Y区一般预算财政收入的波动性较大，税收收入的质量和结构调整的空间较大，非税收入所占比例逐年提高，除专项收入平稳增长外，其余都处于非平稳性，特别是增值税、企业所得税、其他收入等处于大起大落状态，这说明基础财源不稳定。这种状态就充满着不确定性，潜伏着危机。Y区财政支农资金在整个财政支出结构中所占份额原本较少，但实际上这有限的预算也没有落到实处，没有落实到预算数额的一半。换言之，县级财政支农支出预算的数额应该是该领域满足需求的底线，然而实际执行的额度远远达不到这一底线，相关的需求得不到满足，自然会产生风险，不是显性的就会是隐性的。

第五，财政结构失衡既是财政管理导致的结果，又会加大财政管理的风险。从Y区每年的经济社会发展公报和财政预决算审计报告可以看出，Y区存在着一定的风险，既有政策因素，也有人为原因。总体上存在下列问题：一是财源结构不合理，地方可用财力占财政总收入的比重仍然偏低。主导Y区财力的仍然是资源型经济，即矿产经济。制造业发展很不平衡，仍然存在"腿短"问题，这些问题的存在，导致了收入的结构不优和收入质量偏低的财政现状。二是由于上级财政出台政策性增支因素较多,本级配套支出压力增大,其支出的结构性矛盾日益显现,财政平衡压力不断加大,资金调度十分困难。三是农业和农村抗灾害及风险能力脆弱,增产增收压力大。四是预算约束、财政财务监督还有待进一步加强,财政专项资金的管理有待进一步规范。财政预算执行仍然存在控制不严的问题,支出追加较多。如不加以控制,支出预算将严重失控。

第六,乡镇财政发展极不平衡,部分乡镇财政困难,自求平衡能力越来越弱。收入项目未按政策规定执行到位,少数乡镇政策性支出安排不到位,预算指标追加程序不合法,收支缺口大;挤占、滞留财政专项资金现象较多;财务监管不得力。在经贸办、农业办等非预算单位设置账簿,派出所在安保队列支费用等;票据管理不严。部分乡镇变相买税,大量预算外资金的使用透明度不高;有少数乡镇政府以招商引资、盘活资产等为名,将属于集体、企业的资产低价处置,造成公用资产的流失,债务悬空。由于政府部门在支农项目管理职能上交叉,导致乡镇专项资金管理分散,情况不明。尤其是对项目多、资金量大的乡镇,未按规定对资金实行专项核算。乡镇债务居高不下,化解措施乏力,部分乡镇的债务不降反增。收支矛盾日益突出,减弱了政府抗风险能力。"假平衡、真赤字"现象,不仅增大了地方财政收入的水分,而且直接构成地方财政风险。

第七,如果财政结构和财政管理中存在的风险进一步演进,就可能产生突发事件。为应对突发公共事件,各级政府都会通过相应制度设置来确保对突发事件的妥善处理,这是显示政府功能的最后防线。突发公共事件是公共服务不到位的综合反映,与财政运行和管理所存在的问题有极大关系,但又不仅仅是财政的问题。随着科学技术的发展,社会的不确定性和不可预测性日益增多,人们不得不面对更多的风险。现代社会的风险更具多发性、突发性、扩散性、全局性、复杂性和危害性,具有与以往社会不同的逻辑和特征。农村公共危机外延到农村经济、政治、文化、社会服务和自然等方面,甚至对整个国民经济和社会政治经济安危产生极强的外部性影响。在目前的制度环境、官员激励机制和约束机制下,经济增长和地方政绩是以财政风险的不断增加为代价的,地方政府主动累积各种负债进而累积财政风险。因此,仅靠财政的手段还不能全部解决问题,需要将危机风险纳入系统考虑,在处理显性风险的同时不能忽视隐性风险和潜在风险的存在及其可能的影响。

第八,Y区的风险危机总体上存在三大特征:一是阶段性特征,这与全国性的政策改变具有对应性。二是群体性特征,由于移民安置政策与非移民政策不同,安置移民和原住民都感到不平等;同时,从产业发展扶持政策分享看,Y区以生猪、奶牛、茶叶、柑橘作为主打产业,也是财政重点扶持的领域。相当部分农民还是从事传统的种养殖业,"靠天吃饭"而得不到贷款,他们有怨言。三是区域性特征,Y区地理结构中,有相当部分农民居住在山区,这些地域的农民与山下农民相比差距较大,其他方面均等化就更不容易,心里很难平衡。从这个角度看,Y区提升应急反应能力任重而道远。

研究表明,地方政府要提供良好的公共服务与地方政府的治理能力有密切关系。治理能力体现在财政能力、服务能力和应急能力三个方面。虽然地方政府在这三个方面都可以表现出较强的自主性,但治理强调的不是一个单向性特征,而是追求与民间社会的互动与支持,公共政策的制定需要考虑民间资源状况,公共政策的执行也需要以满足民间需求为目标,这样才能体现良治的精神,本书以公共服务均等化为目标的政策绩效分析充分表达了这一愿望。本书还通过地方治理中财政投入的时效性、回应性、公正性和投入度构成的贯彻力以及相关的财政投入的对应性和普及度来判断地方政府的公共服务政策执行效果,通过这一效果来判断县级政府的治理能力以及地方政府和民间社会的关系与特点。

第二节 互赖地方治理模型

基于上述认识,本书设计了"互赖地方治理模型"来表述对地方治理中公共服务的期待(见图6-1)。"互赖"则是指在政策问题日益复杂情况下,地方政府为提升政策执行效果,必须与民间社会建立制度联结。但相联结并不意味政府将因而失去权力或权威,相反地,政府亦可借此取得重要资源,强化政策规划能力,有效提升政策执行效果。在"互赖"前提下的"治理"是地方政府与民间社会共同组成一个执行结构,并经由互动过程,建构执行共识以及有效的执行行为,在此过程中体现出"互赖"的倾向。因此,本书试图"以互动观点取代以往二分法或是支配与反支配的观点"①。事实上,距离民众最近的地方政府不可能与民间社会保持相当的距离,民间社会的所有行动都在地方政府的视野之中,并将对此作出反应。互赖治理强调地方政府与民间社会各自享有自主性,不过基于政策目标的达成,双方必须在互信互赖情况下,相互合作、共同

---

① 甘阳:"民间社会概念批判",《中国论坛》1991年第2期,第66—73页。

协商。地方政府要有效执行政策,必须先建立一套明确的、能同时体现政府能力和民间资源的治理结构。

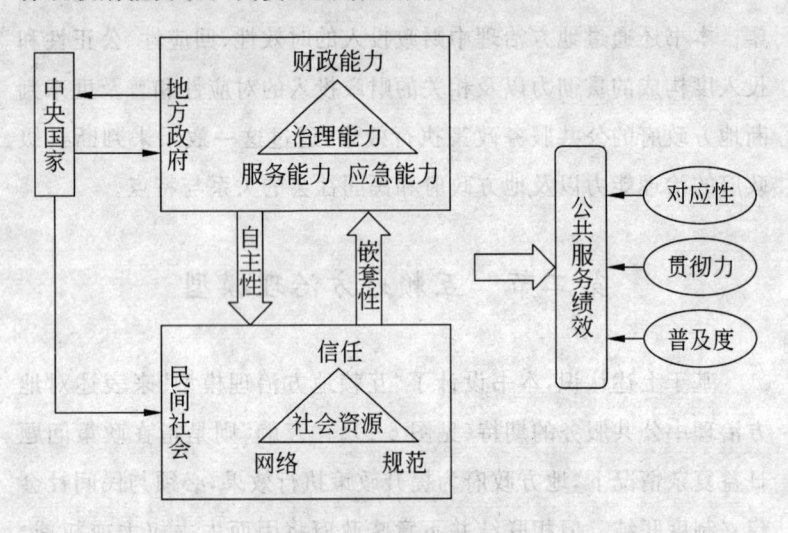

图 6-1　互赖地方治理模型

毫无疑问,地方政府的首要特征是其自主性,政府有法庭、监狱、警察等强制机关作支撑,能充分体现其自主性。由于具有这种自主性,地方政府不论是在问题认定、目标陈述、解决方法的界定以及执行策略的拟定上均享有特殊的有利条件。因此,地方政府在相当程度上可以积极制定公共政策、改变社会结构、主导社会转型甚至在经济发展过程中扮演着主导角色。然而,政府若与社会完全隔离,纵使政府具备绝对自主性与能力,也不可能达成经济发展的预期目标,因无法从民间社会取得所需要的资讯。① 换言之,

---

① P. B. Evans, *Embedded Autonomy: State and Industrial Transformation*. Princeton, NJ: Princeton University Press, pp. 11-15 & 77-81, 1995.

政府仅凭自主性推行政策,本质上是属于专断性权力,政策实施结果多半是零和竞赛。计划经济时代的地方政府充分体现这一特征,通常的国家与社会对立观点是基于这一背景的反思。当然,不同的学术流派基于不同的理论假设,会有不同的结论与主张。但无论何种观点,有一个基本的事实是明确的,那就是政府已不是原来的政府,社会也不是原来的社会。在这一国家与社会的转型过程中,地方政府除了自主性特征之外,嵌套性(embeddedness)特征越来越多地显现出来。

所谓嵌套性就是镶嵌性,是指政府机关不仅内部能保持一致性(coherent),对外亦与民间社会有很强的联结性(connectedness)且能够深入(penetration)民间社会。[1] 自主性是提升政府治理能力的要件之一,但另一要件就是加强与民间社会的联结性,缺少嵌套性将导致政策无法继续推行。拥有较高治理能力的政府同时具备这两大特征,地方政府更不例外。民间社会也有其自主性,其既有权力关系是一种非零和竞赛(nonzero-sum),[2] 而非"相互排斥关系"。[3] 政府和民间社会基于相互联结与互动,可以相互授能(mutually empowering),在此共生状态中持续形塑对方,改变对

---

[1] P. B. Evans, *Embedded Autonomy: State and Industrial Transformation*. Princeton, NJ: Princeton University Press, p. 9, 1995.

[2] T. Parsons, "Power and Social System," in Steven Lukes (ed.), *Power*, p. 103. New York: New York University Press, 1986.

[3] M. Weber, *The Theory of Social and Economic Organization*, translated by A. M. Henderson and T. Parsons, New York: Free Press of Glencoe, p. 152, 1947.

方的结构与目标。① 所以,地方政府的自主性与政策目标并非固定不变,而要视民间社会的反应而调整。

要建立地方政府与民间社会基于治理的相互依赖联结,就必须一方面强调民间社会的管理需求功能,另一方面重视地方政府本身的治理能力。唯有同时兼备治理需求与治理能力的地方政府才能具备可治理性(governability)。② 这并非主张要削弱地方政府的治理能力,相反,随着民间社会的发育和健全,通过一定渠道将社会需求向地方政府反馈,这有利于提升地方政府治理能力。这对地方政府而言,可以克服或降低政策难以执行的问题,亦可缩短双方对政策认知的差距,来降低互动过程中的交易成本。对公民社会而言,也可以提高其参与意愿、权能感以及责任意识。

公共服务政策的执行是一个复杂的联合行动,有赖于行动参与各方彼此互赖方能达成政策目标,一旦政府未针对社会环境变迁而采取应对措施或者政府自身运作不当,将会产生治理危机,从此意义上讲,治理危机产生的根本原因在于地方政府未能拥有一个稳固的治理结构。所以,治理能力高低与治理结构运作息息相关,地方政府必须具备良好的治理能力方可维持政治稳定以及社会秩序。

---

① J. S. Migdal, "A Model of State-Society Relations," in H. J. Wiarda (ed.), *New Directions in Comparative Politics*, pp. 45-58. Boulder, CO: Westview Press, 2001.

② J. Kooiman, "Governance and Governability: Using Complexity, Dynamics, and Diversity," in J. Kooiman (ed.), *Modern Governance: New Government-Society Interactions*, pp. 35-48. Newbury Park, CA: Sage Publications, 1993.

第六章 讨论与总结

很显然,在本书的互赖地方治理模型中,并不强调以任何一方为中心,也不认为良治的格局能由任何单独一方造就。而应通过制度联结达成协商互动的情境,形成有效的互赖治理结构,方能克服政策执行的困境并产生乘数效应。

民间资源可视为达成政策目标的重要资源以及工具。① 提供公共服务是一动态过程,充满不确定因素,无法如预期般地顺利执行,地方政府有责任减少不确定因素的产生。当然,单凭政府能力无法有效地达成政策目标,有赖于民间社会的行动配合。但是否愿意配合并采取适当行动,则取决于其对决策过程的信任程度。所以,民意与政策运作具有互动的双向关系。② 政府如拥有充足的民间资源,将可克服公民追求私利,解决集体行动的困境,进而提高治理能力。③ 因为民间社会比地方政府更明了什么是好的政策,而且具有采取各种策略来试图影响政策目标的实力与潜力。

这对于处于转型期的中国社会与地方政府格外重要,因为一方面,我们在经济社会发展过程中需要有较高能力的地方政府,但另一方面,地方政府在进行综合改革时,亦须民间力量的支持,以巩固改革成果。面对一个复杂、动态且多元参与的环境,地方政府很难持续以往的管理方式,必须摒弃以往的单向(由上而下)管理方式,转而采取注重双向互动的治理方式,如此方能减少治理危机

---

① A. Linkeles, "Measuring Social Capital and Its Consequences," *Policy Sciences*, 33: pp. 245-268, 2000.

② 参见吴定:《公共政策》,台北:华视教学部1995年版,第523—524页。

③ R. D. Putnam, "The Prosperous Community: Social Capital and Public Life," *American Prospect*, 13: p. 37, 1993.

情形的产生。① 互赖治理结构中的嵌套性与自主性应紧密相连。若政府缺乏自主性,则很难达成预期政策目标;如嵌套性不强,则"造就一个独揽大权的政府,对于国家发展而言,系百害而无一益"②,因此,"官僚制度应包含或嵌套于社会之中,唯有自主性与镶嵌性相结合,政府才有发展能力"③。政府必须结合民间力量,维持治理需求与治理能力之间的动态平衡,才能有效处理治理危机(包括不可治理与不当治理)的问题。

加强地方政府治理能力,提升其应急反应能力非常重要,主要是强化其事先防范与随机应变的能力,事先预防有赖于组织对环境具有敏感度,以防范非预期因素的产生;随机应变指政府在政策执行之后,能够解决未预期但实际发生的问题。因此,地方政府与民间社会一旦确立互信、互惠的关系,对提升公共服务效果极为有利。如果地方政府不与民间社会相联结,公共服务过程将难免产生政策脱轨(policy derailment)现象;所制定出的政策充其量仅是次优化(sub-optimization)的选择,不能发挥应有的政策效能。④ 双方若能建立一个相互依赖的治理关系,不仅可以克服或降低政

---

① J. Kooiman, "Governance and Governability: Using Complexity, Dynamics, and Diversity," in J. Kooiman (ed.), *Modern Governance: New Government-Society Interactions*, pp. 35-48. Newbury Park, CA: Sage Publications, 1993.

② P. B. Evans, *Embedded Autonomy: State and Industrial Transformation*. Princeton, NJ: Princeton University Press, pp. 72-73, 1995.

③ P. B. Evans, *Embedded Autonomy: State and Industrial Transformation*. Princeton, NJ: Princeton University Press, p. 12, 1995.

④ S. D. Deep, *Human Relations in Management*. Encino, CA: Glencoe Publishing Co., pp. 185-188, 1978.

策难以执行的问题,也能缩短双方对政策认知的差距,同时降低互动过程中的交易成本。①

特别需要指出的是,在县级治理过程中,影响其治理能力的有上述原因,并应强调地方政府与民间社会的互赖。除此之外,其实,县级政府与上级政府之间也是一种相互依赖的关系,这种上下垂直关系因财政关系的改变而改变,并且因财政制度的变化而使这种互赖性进一步加强。

县级政府首先自主性地实施公共政策,为辖区民众提供公共服务,同时也嵌套于所在社会环境之中,其行为无法离开相应的社会经济环境。社会是一个复杂的系统,随着社会的转型,民众的需求也发生了很大变化,县级政府不可避免地面临治理危机的考验,并在处理危机中发展。通过良好的庶政,不仅可以满足民众生存、生产、生活需求,还能培育出相应的认同感与文化特征,最后能为政府提供更为丰富的资源,有利于政府治理。如果只取不予或多取少予,这无异于抽水机一般,汲干资源而自身也失去存在的基础。此即在互赖中治理,在治理中互赖。自主性和嵌套性这两方面同时决定政府的特点和公共政策的执行绩效。生活在这一环境中的民众与民间力量的参与和配合,对于政府公共政策的制定与执行绩效具有直接影响。

总之,随着社会转型,地方政府也不断转变其执政理念,关注民生成为目前和今后政策选择的重点,这表明,地方政府不能像计划经济时代一样管理。而应在具备相应自主性的同时,关注民间

---

① 参见林水波:"员工入股组织的管理",《人事月刊》2001年第2期,第33—41页。

社会的嵌套性,并与之合作。事实证明,地方政府与民间社会是一体两面,"合则两利,分则两害"。应在地方治理中体现出互赖性,产生合超效应(synergistic effect),体现社群认同感,从而提升地方政府的治理能力和水平。

第三节 进一步研究的问题

对一个县级财政进行实证研究并不是一件容易的工作,收集系统资料就使不少有意研究者望而却步,否则研究的成果早已汗牛充栋。因此,收集详细的专题资料将是一件继续不间断的任务,没有资料的研究,事实表达就无从谈起,无论话语多精美也只是空中楼阁。

不同环境中的地方治理应该具有不同的特点,尤其是基于不同区域、不同经济发展水平的县级财政能力对地方治理的影响应有相当的差异。因此,日后研究工作可以继续对 Y 区进行跟踪,观察其变化。同时,还可以选择不同的案例,分别从地方政府及民间社会的角度观察其对公共服务执行力所造成的影响;再进一步由整体互赖关系加以分析,并比较其与上述单面向思考的差异,来验证本书最后提出的互赖地方治理模型的适应性。这是横向的空间。

从纵向角度看,县级治理并不是孤立的事物,县级财政也是上下相连、彼此影响的,上级政府通过一定的方式确保下级政府服从自己的政策目标。因此,通过某一较长时段内政府间的财政目标责任制来考察不同层级政府间的治理能力差异对民间社会的影响也是一个很重要的工作。

第六章 讨论与总结

为民众提供公共服务是一个永恒的主题,地方政府目前是包揽所有的服务,其结果不尽如人意,这并非个别现象,面对越来越大的财政压力,地方政府是否可以改变理念、转变方式来更好地解决公共服务问题?非政府组织和其他行动者能否以及如何加入这一行列?如何发挥民众自身的积极性,提供相应的制度渠道让民众参与?这是今后无法避免的工作。

公共服务的绩效评估的最终目的是以民众的需求为标准,但如何判定民众需求与政府实际能力的契合度,是一个尚未解决的问题,尽管有若干基于民众需求的量化指标,但这些指标的科学性、适应性还需要检验。因为不同区域、不同经济水准、不同社会环境的民众对同一种公共服务的需求程度不尽相同,况且,随着社会经济的发展,人民的需求在不断发生变化,目前是迫切需要的公共服务,过一段时间可能就会有其他的新的需求。因此,追寻科学的标准是一项重要的工作。

以上也是本书不足之所在,有待今后的继续研究来努力加以完善和推进。

参考文献

一、中文部分

1. 阿伦·威尔达夫斯基:《预算过程中的新政治学》,上海:上海财经大学出版社 2006 年版。
2. 阿耶·L. 希尔曼:《公共财政与公共政策》,北京:中国社会科学出版社 2006 年版。
3. 安徽省财政厅课题组:"构建 21 世纪的地方公共财政构架",《财政研究》2000 年第 1 期。
4. 奥斯特罗姆、帕克斯和惠特克等著:《公共服务的制度建构》,上海:上海三联书店 2000 年版。
5. 包凤云:"西部地区农村人口和计划生育公共服务问题初探",《人口研究》2007 年第 6 期。
6. 薄庆玖:《地方政府与自治》,台北:五南图书出版公司 1990 年版。
7. 财政部预算司:《缓解县乡财政困难促进财政可持续发展》,北京:中国财政经济出版社 2005 年版。
8. 陈昌盛、蔡跃洲:《中国政府公共服务:体制变迁与地区综合评估》,北京:中国社会科学出版社 2007 年版。
9. 陈淳斌:"地方政府预算决策行为与过程之研究:嘉义市政府的个案",《空大行政学报》2002 年第 14 期。
10. 陈恒钧:《治理互赖与政策执行》,台北:商鼎文化出版社 2002 年版。
11. 陈恒钧:"国家机关能力对政策执行效果之影响",《公共行政学报》2003 年第 8 期。
12. 陈锡文:《中国农村公共财政制度:理论·政策·实证研究》,北京:中国发展出版社 2005 年版。
13. 陈锡文:《中国县乡财政与农民增收问题研究》,太原:山西经济出版社 2003 年版。
14. 陈锡文:《中国政府支农资金使用与管理体制改革研究》,太原:山西经济出版社 2004 年版。
15. 陈志楣:《中国县乡财政风险问题研究》,北京:人民出版社 2007 年版。
16. 陈振明:"深化行政体制改革构建公共服务型政府——晋江市深化行政体制改革的调研与思考",《中国行政管理》2004 年第 12 期。
17. 程岚:"解析制约三农问题的两大财政制度障碍",《当代财经》2004 年第 8 期。
18. 程谦:《财政制度变迁与政策选择——基于经济体制转型期的研究》,北京:中国财政经济出版社 2006 年版。
19. 丛树海:《财政支出学》,北京:中国人民大学出版社 2006 年版。
20. 崔联会:《中国财政制度研究》,北京:经济科学出版社 2004 年版。
21. 大卫·N.海曼:《财政学理论在政策中的当代应用》,北京:北京大学出版社 2006 年版。
22. 戴维·奥斯本、特德·盖布勒:《改革政府——企业精神如何改革着公营部门》,上海:上海译文出版社 1996 年版。
23. 戴维·伊斯顿著,王浦劬译:《政治生活的系统分析》,北京:华夏出版社 1999 年版。
24. 范柏乃:《政府绩效评估理论与实务》,北京:人民出版社 2005 年版。
25. 方宁:《中部地区乡镇财政研究》,北京:清华大学出版社 2004 年版。
26. 甘阳、崔之元:《中国改革的政治经济学》,香港:牛津大学出版社 1997 年版。
27. 高培勇:《为中国公共财政建设勾画"路线图"》,北京:中国财政经济出版社 2007 年版。
28. 高如峰:《中国农村义务教育财政体制研究》,北京:人民出版社 2005 年版。
29. 高如峰:"农村义务教育财政体制比较:美国模式与日本模式",《教育研究》2003 年第 5 期。
30. 顾昕、方黎明:"公共财政体系与农村新型合作医疗筹资水平研究——促进公共服务横向均等化的制度思考",《财经研究》2007 年第 11 期。

31. 管欧:《地方自治》,台北:三民书局1996年版。
32. 郝书辰、曲顺兰:《新一轮税制改革对地方财政的影响研究》,北京:经济科学出版社2007年版。
33. 荷雷·H.阿尔布里奇:《财政学——理论与实践》,北京:经济科学出版社2005年版。
34. 何精华、岳海鹰、杨瑞梅、董颖瑶、李婷:"农村公共服务满意度及其差距的实证分析——以长江三角洲为案例",《中国行政管理》2006年第5期。
35. 何振国:《财政支农规模与结构问题研究》,北京:中国财政经济出版社2005年版。
36. 何增科、王海、舒耕德:"中国地方治理改革、政治参与和政治合法性初探",《经济社会体制比较》2007年第4期。
37. 胡豹、黄莉莉:《新型农村公共财政体系构建的理论与实证》,杭州:浙江大学出版社2007年版。
38. 胡龙腾:"公民引领之政府绩效管理:初探性模式建构",《行政暨政策学报》2007年第44期。
39. 胡宁生、张成福等:《中国政府形象战略》,北京:中共中央党校出版社1998年版。
40. 胡书东:《经济发展中的中央与地方关系——中国财政制度变迁研究》,上海:上海三联书店2001年版。
41. 胡伟:《制度变迁中的县级政府行为》,北京:中国社会科学出版社2007年版。
42. 华兴顺:"韩国的新村运动及其对中国新农村建设的启示",《当代世界与社会主义》2006年第3期。
43. 黄建兴:"地方财政努力之分析",《财税研究》2001年第5期。
44. 黄佩华编著:《中国地方财政问题研究》,北京:中国检察出版社1999年版。
45. 黄佩华等著:《中国:国家发展与地方财政》,北京:中信出版社2003年版。
46. 黄源协:"从强制性竞标到最佳价值——英国地方政府公共服务绩效管理之变革",《公共行政学报》2005年第15期。
47. 贾康:《地方财政问题研究》,北京:经济科学出版社2004年版。

48. 贾康:"财政的扁平化改革和政府间事权划分",《中共中央党校学报》2007年第6期。
49. 贾康:"农村公共产品供给机制创新机制研究——对江苏省农村低保、医疗卫生和教育情况的调研",《财政研究》2007年第5期。
50. 贾康:"农村公共产品与提供机制研究",《管理世界》2006年第12期。
51. 贾康:"改进省以下财政体制的中长期考虑与建议",《管理世界》2005年第8期。
52. 加布里埃尔·A. 阿尔蒙德和小G. 宾厄姆·鲍威尔著,曹沛霖等译:《比较政治学:体系、过程与政策》,上海:上海译文出版社1987年版。
53. 蒋洪、魏陆等:《公共支出分析的基本方法》,北京:中国财政经济出版社2000年版。
54. 姜岩、陈通、田翠杰:"农村乡镇公共服务体系评价研究",《经济问题》2006年第6期。
55. 杰尔拉德·J. 米勒:《政府财政管理学》,北京:经济科学出版社2004年版。
56. 肯耐斯·戴维:《地方财政》,武汉:湖北人民出版社1989年版。
57. 孔志峰:《中国特色的公共财政探索》,北京:经济科学出版社2003年版。
58. 理查德·C. 博克斯:《公民治理——引领21世纪的美国社区》,北京:中国人民大学出版社2005年版。
59. 李彬:《乡镇公共物品制度外供给分析》,北京:社会科学文献出版社2004年版。
60. 李成威:《公共产品的需求与供给评价与激励》,北京:中国财政经济出版社2005年版。
61. 李芳凡、郑则文、罗建平:"论公共服务型乡镇政府的构建——对赣州市新农村建设中的乡镇政府的调查",《江西社会科学》2006年第5期。
62. 李华:《中国农村公产品供给与财政制度创新》,北京:经济科学出版社2005年版。
63. 李含琳:《中国西部财政供养人口适度比例研究》,北京:人民出版社2003年版。
64. 李红:"我国地方财政支出结构问题研究",《财政研究》2003年第6期。
65. 李文志、萧全政:《社会科学在台湾》,台北:国立暨南国际大学公共行政与政策学系府际关系研究中心2002年版。

66. 李学军、刘尚希:《地方政府财政能力研究——以新疆维吾尔自治区为例》,北京:中国财政经济出版社2007年版。
67. 李小云、张雪梅:《中国财政扶贫资金的瞄准与偏离》,北京:社会科学文献出版社2006年版。
68. 李芝兰、吴理财:"倒逼还是反倒逼——农村税费改革前后中央和地方之间的互动",《社会学研究》2005年第4期。
69. 李宗勋:"再造'政府再造'的立基:签约外包的理论与策略",《公共行政学报》1999年第3期。
70. 蓝玉春:"欧盟多层次治理:论点与现象",《政治科学论丛》2005年第24期。
71. 梁朋:《中国新一轮财税体制改革目标与路径》,北京:经济科学出版社2004年版。
72. 廖坤荣、吴秋菊:"扛不起来的未来:地方财政困境之研究——嘉义县乡镇市案例分析",《公共行政学报》2005年第14期。
73. 林南:《社会资本——关于社会结构与行动的理论》,上海:上海人民出版社2004年版。
74. 林健次、蔡吉源:"由十年岁出预决算看桃园财政——兼论台湾地方财政问题",《财税研究》2001年第5期。
75. 林水波、陈志玮:"财政导向的政府再造策略",《政治科学论丛》1999年第11期。
76. 林文灿:"建构策略行政导向的绩效管理模型——政府部门推动绩效资金暨绩效管理制度的参考做法",《空大行政学报》2005年第15期。
77. 刘汉屏:《地方政府财政能力问题研究》,北京:中国财政经济出版社2002年版。
78. 刘汉屏、李春根:《乡镇财政与政权关联研究》,北京:中国财政经济出版社2006年版。
79. 刘坤仪:"地方治理与地方政府角色职能的转变",《空大行政学报》2003年第13期。
80. 刘尚希:"公共支出范围:分析与界定",《经济研究》2002年第6期。
81. 刘尚希:"财政风险:一个分析框架",《经济研究》2003年第5期。
82. 刘尚希:"构建公共财政应急反应机制",《财政研究》2003年第8期。
83. 刘尚希:"地方政府财政能力研究——以新疆为案例的分析",《财政研究》2007年第9期。

84. 刘尚希:"基本公共服务均等化与政府财政责任",《财会研究》2008年第6期。
85. 刘尚希、傅志华:《缓解县乡财政困难的路径选择》,北京:中国财政经济出版社2006年版。
86. 刘星、刘谊:《中国地方财政风险及其控制与防范》,北京:中国财政经济出版社2006年版。
87. 刘宜君:"地方政府财务管理问题之研究:公共政策的病理观点",《公共行政学报》2002年第7期。
88. 刘兆佳:《华人社会的变貌:社会指标的分析》,香港:香港中文大学香港亚太研究所1998年版。
89. 柳亮:"农村配套改革后的乡镇地位与公共服务职能的建立",《社会主义研究》2006年第5期。
90. 龙兴海:"农村公共服务观察:公平问题及对策",《求索》2006年第11期。
91. 罗伯特·B.丹哈特、珍妮特·V.丹哈特:"新公共服务:服务而非掌舵",《中国行政管理》2002年第10期。
92. 罗清俊:"分配政策与预算制定之政治分析",《政治科学论丛》2004年第21期。
93. 卢文:《经济转型中的政府担保与财政成本》,北京:经济科学出版社2003年版。
94. 吕炜:《我们离公共财政有多远》,北京:经济科学出版社2005年版。
95. 吕亚力:《政治学方法论》,台北:三民书局股份有限公司2002年版。
96. 吕育诚:"永续发展观点对地方政府管理意涵与影响之研究",《公共行政学报》2003年第9期。
97. 倪星:"地方政府绩效评估指标的设计与筛选",《武汉大学学报(哲学社会科学版)》2007年第2期。
98. 马庆钰:"公共服务的几个基本理论问题",《中共中央党校学报》2005年2月第1期。
99. 马克·薛尔顿:"中国农村福利制度",《香港社会科学学报》1997年秋季第1期。
100. 迈克尔·麦金尼斯:《多中心治道与发展》,上海:上海三联书店2000年版。

101. 孟华:《政府绩效评估:美国的经验与中国的实践》,上海:上海人民出版社 2006 年版。
102. 彭国甫:《地方政府公共事业管理绩效评价研究》,长沙:湖南人民出版社 2004 年版。
103. 彭国甫:《县级政府管理模式创新研究》,长沙:湖南人民出版社 2005 年版。
104. 彭锦鹏:"全观型治理:理论与制度化策略",《政治科学论丛》2005 年第 23 期。
105. 彭向刚、梁学伟:"以公共服务为主旨构建当代中央与地方关系",《社会科学战线》2006 年第 6 期。
106. 帕萨·达古斯普特:《社会资本——一个多角度的观点》,北京:中国人民大学出版社 2005 年版。
107. 普雷克尔、朗根布伦纳:《明智的支出:为穷人购买医疗卫生服务》,北京:中国财政经济出版社 2006 年版。
108. 乔宝云、范剑勇、彭骥鸣:"政府间转移支付与地方财政努力",《管理世界》2006 年第 3 期。
109. 阙忠东:《转型期中国地方政府行为研究》,北京:中央编译出版社 2005 年版。
110. 阮新邦、朱伟志:《社会科学本土化:多元视角解读》,台北:八方文化企业公司 2001 年版。
111. 沙安文、乔宝云:《政府间财政关系国际经验评述》,北京:人民出版社 2005 年版。
112. 沙安文、沈春丽:《地方政府与地方财政建设》,北京:中信出版社 2005 年版。
113. 斯蒂芬·范埃佛拉:《政治学研究方法指南》,北京:北京大学出版社 2006 年版。
114. 沈玉平:《公共选择理论与地方公共财政制度创新》,北京:中国财政经济出版社 2004 年版。
115. 沈远新:《中国转型期的政治治理》,北京:中央编译出版社 2007 年版。
116. 世界经济合作与发展组织:《中国公共支出所面临的挑战:通往更有效和公平之路》,北京:清华大学出版社 2006 年版。
117. 世界银行:《2004 年世界发展报告——让服务惠及穷人》,北京:中国财政经济出版社 2004 年版。
118. 史文忠:《中国县政改造》,县市行政讲习所 1937 年版。
119. 施雪华:"论政府能力及其特征",《政治学研究》1996 年第 1 期。
120. 施雪华:《国家权能理论》,杭州:浙江人民出版社 1998 年版。
121. 宋洪远:《中国乡村财政与公共管理研究》,北京:中国财政经济出版社 2004 年版。
122. 孙柏瑛:《当代地方治理》,北京:中国人民大学出版社 2004 年版。
123. 孙长清、李晖:《基于经济增长的财政支出最优化》,北京:中国经济出版社 2006 年版。
124. 孙开:《财政体制问题研究》,北京:经济科学出版社 2004 年版。
125. 陶勇:《地方财政学》,上海:上海财经大学出版社 2006 年版。
126. 陶勇:"地方财政支出改革基本判断与调整思路",《世界经济文汇》2001 年第 5 期。
127. 汤京平、陈金哲:"新公共管理与邻避政治:以嘉义县市跨域合作为例",《政治科学论丛》2005 年第 23 期。
128. 腾霞光:《农村税费改革与地方财政体制建设》,北京:经济科学出版社 2003 年版。
129. 田发:"构建三级政府财政:以政府体制层级改革为视角",《当代财经》2006 年第 4 期。
130. 田发、周琛影:"地方财政体制变革下的县乡财政解困",《经济体制改革》2007 年第 4 期。
131. 童道友:《效益财政建设》,北京:中国经济出版社 2000 年版。
132. 童道友:《地方政府运行成本研究》,北京:经济科学出版社 2002 年版。
133. 王安栋:《中国地方公共财政与城市发展》,北京:中国经济出版社 2005 年版。
134. 王朝才:《地方财政风险管理与控制研究》,北京:经济科学出版社 2003 年版。
135. 王华新:《农村税费改革财政政策研究》,武汉:湖北省财政学会 2003 年版。
136. 王军:《中外专家谈地方财政建设》,北京:中国财政经济出版社 2006 年版。
137. 王敏:《县级财政收支分析》,武汉:武汉大学出版社 2007 年版。

138. 王宁:《地方财政改革研究》,成都:西南财经大学出版社2004年版。
139. 王圣诵:《县级政府管理模式创新探讨》,北京:人民出版社2006年版。
140. 王绍光、胡鞍钢:《中国国家能力报告》,沈阳:辽宁人民出版社1993年版。
141. 王纬:《地方财政学》,武汉:武汉大学出版社2006年版。
142. 王小林:《结构转型中的农村公共服务与公共财政政策》,北京:中国发展出版社2008年版。
143. 王雍君:"地方政府财政自给能力的比较分析",《中央财经大学学报》2000年第5期。
144. 汪永成:"中国现代化进程中的政府能力",《政治学研究》2001年第4期。
145. 魏红英:《宪政架构下的地方政府模式研究》,北京:中国社会科学出版社2004年版。
146. 文海英:《中国政府人工成本》,北京:中国人事出版社2001年版。
147. 吴春梅、陈文科:"农业技术推广领域中的政府支持与公共服务职能研究",《中国科技论坛》2004年第2期。
148. 吴定:《公共政策辞典》,台北:五南图书公司1998年版。
149. 吴国光、郑永年:《论中央—地方关系:中国制度转型中的一个轴心问题》,香港:牛津大学出版社1995年版。
150. 吴量福:《政治学研究方法与论文撰写》,天津:天津人民出版社2007年版。
151. 吴理财:"地方财政约束下的农村基础教育问题",《人文杂志》2005年第5期。
152. 吴理财:"服务型政府构建与民众参与——以乡镇职能转变为例",《学习月刊》2008年第1期。
153. 吴理财:"中国农村治理体制:检讨与创新",《调研世界》2008年第7期。
154. 吴理财:"以钱养事:构建城乡服务型政府新机制——以湖北咸安为例",《上海城市管理职业技术学院学报》2008年第2期。
155. 吴理财:"农民的文化生活:兴衰与重建——以安徽省为例",《中国农村观察》2007年第2期。
156. 吴理财:"农村教育背后的社会与政治逻辑",《华南师范大学学报(社会科学版)》2006年第1期。

参考文献   349

157. 吴理财:"罗田政改:从党内民主启动的县政改革",《决策》2005年第1期。
158. 吴琼恩:"公共行政学发展趋势的研究:三种治理模式的互补关系及其政治理论的基础",《公共行政学报》2002年第7期。
159. 项继权:"短缺财政下的乡村政治发展",《中国农村观察》2002年第3期。
160. 项继权:"从咸安政改到湖北改制:一种新型乡镇治理模式的探索",《中国农村经济》2005年第11期。
161. 项继权:"后税改时代农村基层治理体系的改革",《学习与实践》2006年第3期。
162. 项继权:"基本公共服务均等化:政策目标与制度保障",《华中师范大学学报(人文社会科学版)》2008年第1期。
163. 项继权:"农村社区建设:社会融合与治理转型",《社会主义研究》2008年第2期。
164. 项继权:"中国乡村治理的层级及其变迁——兼论当前乡村体制的改革",《开放时代》2008年第3期。
165. 项继权、罗峰、许远旺:"构建新型农村公共服务体系——湖北省乡镇事业单位改革调查与研究",《华中师范大学学报(人文社会科学版)》2007年第5期。
166. 项继权、袁方成:"我国基本公共服务均等化的财政投入与需求分析",《公共行政评论》2008年第3期。
167. 谢俊义:"社会资本、政策资源与政府绩效",《公共行政学报》2002年第6期。
168. 辛波:《政府间财政能力配置问题研究》,北京:中国经济出版社2005年版。
169. 肖毅敏:《地方财政公共支出分析》,北京:中央文献出版社2007年版。
170. 徐仁辉:"地方政府支出预算决策的研究",《公共行政学报》2001年第5期。
171. 徐曙娜:《公共支出过程中的信息不对称与制度约束》,北京:中国财政经济出版社2005年版。
172. 徐贤春:"招商引资与地方政府职能",《经济体制改革》2004年第1期。
173. 徐勇:《包产到户沉浮录》,珠海:珠海出版社1998年版。

174. 徐勇:"行政下乡:动员、任务与命令——现代国家向乡土社会渗透的行政机制",《华中师范大学学报(人文社会科学版)》2007年第5期。
175. 徐勇:"政权下乡:现代国家对乡土社会的整合",《贵州社会科学》2007年第11期。
176. 徐勇:"建构以农民为主体,让农民得实惠的乡村治理机制",《理论月刊》2007年第4期。
177. 徐勇:"回归国家与现代国家构建",《东南学术》2006年第4期。
178. 徐勇:"国家整合与社会主义新农村建设",《社会主义研究》2006年第1期。
179. 徐勇、项继权:《参与式财政与乡村治理经验与实例》,西安:西北大学出版社2006年版。
180. 许建国:《湖北财政发展报告》,武汉:湖北人民出版社2002年版。
181. 姚绍学、成军等著:《地方财政运行分析系统》,北京:经济科学出版社2003年版。
182. 叶维钧、潘小娟:《中国县级政府机构改革》,北京:社会科学文献出版社1996年版。
183. 叶文君、黄永政、牟树青、李金红:"韩国地方财政的收支状况及其影响",《江汉论坛》2003年第10期。
184. 俞可平:《治理与善治》,北京:社会科学文献出版社2000年版。
185. 于国安:《县级财政管理》,北京:经济科学出版社2004年版。
186. 于海峰:《中国现行税制税收运行成本分析》,北京:中国财政经济出版社2002年版。
187. 于建嵘:"利益表达、法定秩序与社会习惯——对当代中国农民维权抗争行为取向的实证研究",《中国农村观察》2007年第6期。
188. 于建嵘:"新农村建设需要新的农民组织",《华中师范大学学报(人文社会科学版)》2007年第1期。
189. 于建嵘:"农会组织与建设新农村——基于台湾经验的政策建议",《中国农村观察》2006年第2期。
190. 于建嵘:"当代中国农民维权组织的发育与成长——基于衡阳农民协会的实证研究",《中国农村观察》2005年第2期。
191. 于建嵘:"对信访制度改革争论的反思",《党政干部论坛》2005年第5期。

192. 于建嵘:"当前农民维权活动的一种解释框架",《社会学研究》2004年第2期。
193. 于建嵘:"我国现阶段农村群体性事件的主要原因",《中国农村观察》2003年第6期。
194. 阎坤、王进杰:《公共支出理论前沿》,北京:中国人民大学出版社2004年版。
195. 杨林、韩彦平、孙志敏:"公共财政框架下农村基础设施的有效供给",《农业发展》2005年第10期。
196. 杨全社、郑健翔:《地方财政学》,天津:南开大学出版社2005年版。
197. 杨绪春:《中国过渡经济下的财政制度研究》,北京:中国财政经济出版社2002年版。
198. 杨雪冬:"公共权力、合法性与公共服务性政府建设",《华中师范大学学报(人文社会科学版)》2007年第2期。
199. 杨之刚:《财政分权理论与基层公共财政改革》,北京:经济科学出版社2006年版。
200. 应若平:"参与式公共服务的制度分析——以农民参与灌溉管理为例",《求索》2006年第7期。
201. 袁方成:"我国政府改革的阶段性特征:分析与前瞻",《社会主义研究》2008年第3期。
202. 袁方成:"提升与扩展:20世纪90年代以来当代海外中国农村研究述评",《中国农村观察》2008年第2期。
203. 詹姆斯·M.布坎南:《公共财政与公共选择两种截然不同的国家观》,北京:中国财政经济出版社2000年版。
204. 张雷宝:《地方政府公共投资效率研究》,北京:中国财政经济出版社2005年版。
205. 张世贤:《公共政策析论》,台北:五南图书出版公司1986年版。
206. 张新:"论农村公共产品供给与地方财政改革的路径依赖——一个基于地方公共物品理论的分析框架",《财经问题研究》2006年第8期。
207. 张馨:《构建公共财政框架问题研究》,北京:经济科学出版社2004年版。
208. 张雪平:"地方财政自给能力与中央对地方转移支付的实证分析",《财经论丛》2004年第3期。

209. 张秀英、刘金玲:《中国西部地区乡镇负债问题研究》,北京:人民出版社2004年版。
210. 张其仔:《社会资本论:社会资本与经济发展》,北京:社会科学文献出版社1997年版。
211. 赵伦、李红霞:《地方财政体制改革研究》,北京:电子工业出版社2006年版。
212. 赵阳、周飞舟:"农民负担和财税体制:从县、乡两级的财税体制看农民负担的制度原因",《香港社会科学学报》2000年秋季第17期。
213. 赵永茂:"地方政府组织设计与组织重组问题之探讨",《政治科学论丛》1997年第8期。
214. 赵永茂:"英国地方治理的社会建构与发展困境",《欧美研究》2007年第4期。
215. 赵永茂:"地方政治生态与地方行政的关系",《政治科学论丛》1998年第9期。
216. 赵云旗:《分税制财政体制研究》,北京:经济科学出版社2005年版。
217. 珍妮·M.特凯丽:《地方政府绩效预算》,上海:上海财经大学出版社2007年版。
218. 周飞舟、赵阳:"剖析农村公共财政:乡镇财政的困境和成因——对中西部地区乡镇财政的案例研究",《中国农村问题观察》2003年第4期。
219. 周平:《当代中国地方政府》,北京:人民出版社2007年版。
220. 周庆智:《中国县级行政结构及其运行——对W县的社会学考察》,贵阳:贵阳人民出版社2004年版。
221. 周仕雅:《财政层级制度研究——中国财政层级制度改革的互动论》,北京:经济科学出版社2007年版。
222. 周业安:"地方财政收支的国际比较",《财经科学》2000年第3期。
223. 周业安:"县乡级财政支出管理体制改革的理论与对策",《中国金融·财政研究》2000年第5期。
224. 周永松:《宜昌县财政制度创新》,武汉:湖北辞书出版社2001年版。
225. 朱钢、贾康:《中国农村财政理论与实践》,太原:山西经济出版社2006年版。
226. 朱钢、谭秋成:《乡村债务》,北京:社会科学文献出版社2006年版。

二、英文部分

1. Beth Honadle, James M. Costa, Beverly A. Cigler, "Fiscal Health for Local Governments: An Introduction to Concepts," *Practical Analysis, and Strategies*, San Diego: Elsevier Academic Press, 2004.
2. Christine P. W. Wong, *Financing Local Government in the People's Republic of China*, Oxford: Oxford University Press, 1997.
3. Christopher McMahon, *Authority and Democracy: A General Theory of Government and Management*, Princeton: Princeton University Press, 1994.
4. Danny Burns, Robin Hambleton, Paul Hoggett, *The Politics of Decentralisation: Revitalising Local Democracy*, London: The Macmillan Press Ltd., 1994.
5. J. A. Chandler, *Local Government Today*, Manchester: Manchester University Press, 1996.
6. Jae Ho Chung, *Central Control and Local Discretion in China*, Oxford: Oxford University Press, 2000.
7. Jia Hao, Lin Zhimin, *Changing Central-Local Government Relations in China: Reform and State Capacity*, Colorado: Westview Press., 1994.
8. Jude Howell, *Governance in China*, Lanham: Rowman & Littlefield Publishers, 2004.
9. Linda Chelan Li, "Differentiated Actors: Central and Local Politics in China's Rural Tax Reforms," *Modern Asian Studies*, 2006, Vol. 40, Part 1.
10. Linda Chelan Li, "Working for the Peasants? Strategic Interactions and Unintended Consequences in the Chinese Rural Tax Reform," *The China Journal*, 2007, Iss. 57.
11. Linda Chelan Li, "Understanding Institutional Change: Fiscal Management in Local China," *Journal of Contemporary Asia*, 2005, Vol. 35, Iss. 1.
12. Peter Bogason, *Public Policy and Local Governance Institutions in Postmodern Society*, Northampton: Edward Elgar Publishing Limited, 2000.
13. Pola Giancarlo, France George, Levaggi Rosella, *Developments in Local*

Government Finance: Theory and Policy, Northampton: Edward Elgar Publishing Limited,1996.
14. Richard A. Higgott, *Political Development Theory: the Contemporary Debate*, London: Croom Helm Ltd. ,1983.
15. Robert Agranoff, Michael McGuire, *Collaborative Public Management: New Strategies for Local Governments*, Washington, D. C. : Georgetown University Press,2003.
16. Roy Bahl, Paul Smoke, *Restructuring Local Government Finance in Developing Countries*, Northampton: Edward Elgar Publishing Limited, 2003.
17. Tony Travers, *The Politics of Local Government Finance*, London: Allen & Unwin (Publishers) Ltd. ,1986.
18. William L. Miller, Malcolm Dickson, Gerry Stoker, *Models of Local Governance: Public Opinion and Political Theory in Britain*, New York: Palgrave Press,2000.
19. World Bank,"China National Development and Subnational Finance—A Review of Provincial Expenditures," Washington, D. C. : the World Bank,2002.
20. Yang Zhong, *Local Government and Politics in China: Challenges from Below*, New York: M. E. Sharpe, Inc. ,2003.

后　　记

　　自 1996 年 7 月跟随张厚安教授、徐勇教授和项继权教授涉足农村实证研究,至今已有十余年了。十余年间,我关注的问题从村民自治到村治实验,从农民负担到乡村关系,从农税减免到乡镇改革,从反哺农村政策到参与式社区建设,最终将县级治理确定为自己的学术研究领域。一路走来,其间几经周折,个中甘苦自知。关注焦点的变化并非赶时髦,而是多年游走于乡村之间,时常深刻感受到乡村同构背景下的财政关联对基层治理的实质性影响,于是自然想要去追问乡镇在多大程度上、如何影响村庄事务。而当我将注意力集中于乡镇财政问题对村级治理的影响时,却发现乡镇的独立性和自主性越来越有限。一个村庄的事情往往要由县、乡、村共同决定;乡镇更多扮演沟通者和执行者角色,最后"拍板"和"兜底"的是县级政府;而且村庄也经常跨越乡镇直接与县级政府沟通。这使我意识到县级财政对于县级治理的意义。就在我困惑于是否要进一步探究县级财政之时,项继权老师给我鼓励并指点迷津,使我得以忝列门墙,专注于县级财政对地方治理影响的研究。

　　本书从选题到框架、从资料处理到行文定稿都是在项老师指导下进行的。恩师在我求学过程中多有鼓励而少予批评,这既给我很大空间,又使我不敢退缩。研究中每有困惑,老师总能为我开启一扇扇新的门窗,并屡次赠我相关著作、资料,促进我对问题的理解。他曾说"学问来不得虚假,写东西要有干货"。在跟随老师做财政部、教育部、民政部等重大项目的过程中,对老师严谨治学的态度深有感悟!在自己的研究与写作过程中,我也尽力以此作为标尺。

中国农村问题研究中心是国内农村研究的重镇之一。在徐勇老师等诸多学者的多年努力经营下,形成了"面向社会、面向基层、面向农村"的学术风气和"实际、实证、实验"研究路线,聚集了一大批优秀的学者。我先是在这里求学,后来又成为其中的一员,有幸继续得到徐勇老师等诸多著名学者的教诲和指点,还有理财兄、大才兄、东航兄等的诸多帮助,深表感谢!

本书所进行的问卷调查是华中师范大学中国农村问题研究中心常务副主任项继权教授主持的教育部重大项目的一部分,我作为参与人员之一,将课题组用于全国调研的问卷应用于 Y 区,分享了集体成果。同时,课题组还派成员协助 Y 区问卷调查,节约了问卷制作与调研成本,这是单个人根本无法完成的工作。特别致谢!

我自 2003 年调到华中师范大学学报编辑部工作,着力打造并经营学报的"中国农村研究"栏目等学术交流平台。这使我得以与许多重要学术团队建立联系,与若干学术前贤交流并成为朋友,包括中国人民大学的张鸣教授、张小劲教授、景跃进教授,中山大学的任剑涛教授、肖滨教授、马骏教授,南开大学的朱光磊教授,中国社科院的党国英研究员、王晓毅研究员,财政部财科所的贾康研究员、严坤研究员、刘军民研究员,中央编译局的杨雪冬研究员,等等。他们的成果不仅提升了学报质量,其学术智慧也给我极大启发。

感谢我们学报的主编王教授,他为人宽厚,为我的研究提供了很多方便。我还要感谢学报同仁,特别是梅莉、曾新和张静诸君,他们在我访学和撰写论文期间分担了我的很多工作,使我得以专注于创作。与期刊界同仁的交流也对我的学术研究提供了极大支持。

在我求学过程中,有幸得到许多高人指点,他们的无私帮助令我难以忘怀。中国社会科学院农村发展研究所的于建嵘教授多年来给予我的诸多关照不是一声感谢所能表达的,他对底层社会的深度关切及其学术的敏感与执著时常令我感叹!香港城市大学的李芝兰教授在学术研究上给我很多帮助,本书的研究选点就得益于她的引荐,我在与她的交流中学到了实证研究的理路。国务院发展研究中心的赵树凯研究员对县乡研究具有丰富经验,著述颇丰,常给我许多非常有效的指点。

感谢中国研究服务中心的熊景明老师为我提供到香港中文大学访学的机会,使我能够就自己的研究求教于许多来自不同国家和地区的著名专家。他们是澳洲国立大学当代中国研究中心主任安戈教授及其夫人陈佩华教授,美国南加州大学东亚研究中心主任骆思典教授,美国杜克大学的牛铭实教授,澳门大学的郝志东教授,新加坡南洋理工大学的张梦中教授以及香港中文大学的王绍光教授和曹景钧教授。他们不但给我建议,还提供了许多宝贵的参考资料。在香港中文大学的几个月,熊景明老师、萧今老师、章晓野老师给我留下了许多美好的回忆,但熊老师在周末带我登山途中摔断了手,令我愧疚至今。

感谢湖北省委政策研究室的敖毅处长,他为我的调研提供了很多机会。在与他一起到湖北省一些地区的农村调研中,他的敬业精神和理论素养令我钦佩。我要特别感谢Y区财政局的三任局长:赵重九局长、秦玉龙局长和袁世明局长,没有他们的支持,我就不会认识Y区的很多朋友,本书对Y区的研究也不可能继续下去。这些年来,我无能为他们做点什么,常觉得欠他们太多,祝他们幸福快乐!

我还要感谢我所指导的几届研究生,他们随我参加调研,整理录音,并对资料进行分类处理,为研究做了大量的工作。很多情况下,调研条件很艰苦,令80后的他们吃苦不少。

感谢本书参考文献的作者以及许多未列出名字的学界同行,没有他们卓有成效的工作,我将还在黑暗中摸索。还要感谢盲审的专家,他们的鼓励与鞭策将促使我的研究继续前行。

感谢我的家人。妻子周凤华博士是我论文的第一读者和评论人。她反复通读了论文初稿,并从自己的专业角度提出了许多睿智的修改意见。没有她的付出,本书的出版或许要再等来年。即将到哈佛学习的她是我前行的动力。儿子王治砚已有八岁,每当我上班时他还在熟睡,而当我夜晚从办公室回家他已进入梦乡。多少次凝望他熟睡的脸,愧疚自己陪他的时间太少。

致谢的话很短,要感谢的名单很长!在今后的学术生涯中,唯愿不辜负各位师长和亲友的期望!

王敬尧

2010年1月于桂子山